基于农村金融增量改革的农户融资约束缓解研究

李明贤 罗荷花 叶慧敏 著

Jiyu Nongcun Jinrong Zengliang Gaige De
Nonghu Rongzi Yueshu Huanjie Yanjiu

人民出版社

CONTENTS

目　录

绪　论

一、农村金融增量改革及农户融资约束
问题提出的背景、目的和意义

（一）问题研究的背景

我国是农业大国，农业、农村和农民问题始终是关系我国经济社会发展和现代化建设的重大问题，也是社会各界普遍关注的焦点问题。金融是经济的核心，农村经济的可持续发展、农村产业结构的优化调整、农民收入的不断增加和"三农"问题的破解都离不开农村金融的大力支持。但是，我国金融体系长期呈现出明显的"二元结构"特征，特别是在"重城市、轻农村"的歧视性金融制度安排下（谢平[①]，2001；林毅夫、孙希芳[②]，2005），城乡金融发展不平衡日益加剧，导致农村金融至少落后城市金融10年（于奎[③]，2006；唐双宁[④]，2006），加上长期计划经济的影响，我国农村金融抑制问题非常突出，农户受到融资约束的现象相当普遍，阻碍了农村经济增长和农民生活水平的提高。

根据现代融资理论，融资约束是指当经济主体自有资金不足以实施意愿投资转而寻求外源融资时所面临的摩擦。我国农业的基本经营制度是家庭经营，农户作为农业生产经营的主体面临着来自正规金融机构的融资约束，即难以从传统的正规金融机构获得所需要的融资。这是因为农业是高风险产业，

---

① 谢平：《中国农村信用合作社体制改革的争论》，《金融研究》2001年第1期。
② 林毅夫、孙希芳：《信息、非正规金融与中小企业融资》，《经济研究》2005年第7期。
③ 于奎：《农村金融制度创新与城乡和谐市场构建》，《经济经纬》2006年第2期。
④ 唐双宁：《高度重视城乡金融发展的不平衡》，《第一财经日报》2006年10月23日。

农户作为从事农业生产的经济主体，一般处于弱势地位，其生产活动跟家庭经营、小生意紧密联系，规模较小且不正规，没有财务报表和完整的经营记录，也缺乏长期信用记录；同时，农户缺乏金融机构所要求的抵押担保品，难以满足金融机构对于抵押担保品的要求；且农户居住分散、人口密度低，交通运输等基础设施条件较差等，决定了农户及农业生产本身的特殊性，也决定了农户的资金需求具有一定的特点：一是家庭经营的规模决定了用于家庭生活和生产的贷款需求额度小；二是由于农户可用于抵押担保的资产很少，因而希望采用较少抵押甚至无抵押的信用贷款方式；三是由于农户的贷款需求具有很强的季节性，加上农户金融知识缺乏和文化素质较低，因而农户希望贷款手续简便、灵活、及时，以避免烦琐的手续贻误生产经营时机。总之，由于信息不对称和高交易成本，农村金融机构会对农户实施信贷配给，其信贷资源一般会向有一定资本积累的富人或生活在城市的居民、企业倾斜，而那些拥有生产技能和创业能力但缺少启动资金的低收入弱势群体却被排斥在金融机构的大门之外，形成严重的供给型融资约束。据调查，我国只有 27% 的农户能获得正规渠道贷款，在有融资需求的农户中，大约 40% 以上不能获得正规信贷支持（杜晓山，2010)[1]，农户面临着严重的融资约束，导致在工业化、城市化步伐不断推进的背景下，外出打工成了农户的主要选择，农村精壮劳动力大量转移到城市，农业面临着被边缘化的危险，国家粮食安全问题日益严峻，现代农业发展受到制约。

改革开放以来，随着农业和农村经济的改革和发展，我国农村金融改革也一直没有停止过，2006 年之前围绕农村信用社的农村金融存量改革因为存量农村金融机构具有极强的外生性，很难适应农村经济主体对金融服务的需求。加上存量农村金融机构改革具有明显的"路径依赖"，其多年形成的重城市轻农村、重工业轻农业、重大中型企业轻小微企业和农户的行为惯性难以改变，导致了各种改革措施的效果并不理想。

为了打破农村信用社垄断农村金融市场的局面，在农村金融市场形成有效的竞争，中央监管部门开始鼓励民营和海外资本进入小额信贷领域。2005年，中国人民银行在欠发达的中西部地区民间融资比较活跃的 5 省（自治区）

---

① 杜晓山：《小额信贷与普惠金融体系》，《中国金融》2010 年第 10 期。

开始了组建民营小额贷款公司的试点，先后组建了山西的"晋源泰""日升隆"，陕西的"信昌""大洋汇鑫"，贵州的"华地"，四川的"全力"和内蒙古的"融丰"等7家小额贷款公司。小额贷款公司主要以股东缴纳的资本金和其他捐赠资金作为主要资金来源，或从不超过两个银行业金融机构融入资金。2006年12月，中国银监会出台了《中国银行业监督管理委员会关于调整放宽农村地区银行业金融机构准入政策　更好支持社会主义新农村建设的若干意见》，允许在农村地区设立新型农村金融机构，主要有"村镇银行""贷款公司""农村资金互助社"等，表明我国农村金融改革进入"增量"改革阶段。其后的几年，以村镇银行、贷款公司、农村资金互助社为代表的三类新型农村金融机构和民营小额贷款公司的试点逐步扩大到全国，并取得了快速发展。截至2016年6月末，我国已批准开业村镇银行1371家。截至2016年3月末，全国村镇银行资产总额10061亿元。截至2015年12月末，村镇银行各项存款余额7480亿元，各项贷款余额达到了5880亿元，其中农户贷款和小微企业贷款分别为2665亿元和2802亿元，实现利润153亿元，不良贷款率1.4%。另外，在2008年5月中国人民银行与银监会共同发布的《关于小额贷款公司试点的指导意见》以及2009年6月银监会出台的《小额贷款公司改制设立村镇银行暂行规定》的推动下，我国小额贷款公司更是出现了"爆发式"增长，根据2011年发布的《中国农村金融服务报告》数据显示，小额贷款公司数量从2008年的不到500家，迅速增加到2614家。到2016年3月末，全国共有小额贷款公司8867家，贷款余额9380亿元，无论是机构数量还是贷款余额都出现了翻倍的增长。

但是从供给质量的角度分析却发现，农户金融服务需求的满足程度并没有太大改观，农村金融供需失衡现象依然严重，资金在农村金融市场的配置效率仍然较低，大部分农户仍受到不同程度的融资约束。

农村金融机构在过去相当长一段时间里主要承担着资金动员而不是资金配置的功能，基于追求利润最大化的经营目的，我国外生性农村金融机构仅仅只是作为一个"吸储机"而存在，是由国家控制的动员农村储蓄以向工业和城市输送农村经济资源与剩余的一个管道。比如我国农村存贷款比例大部分时间都大于1，表明大量农村存款并没有用在农村发放贷款，而是以存贷差的形式在金融机构中沉淀下来，然后又从农村流入城市。据中国银监会统计，我国农村约 1.2 亿农户有贷款需求，然而能获得贷款的农户比例仅为 33.2%。从《清华经管学院中国农村金融发展研究报告完结篇（2006—2010）》公布的数据来看，能够从正规金融机构获得贷款的农户比例大约为 32%。即使是在 2006 年中国银监会出台农村金融改革"新政"，希望通过新型农村金融机构缓解农户融资困难，解除农户融资约束，但是出于自身经济利益的考虑，新型农村金融机构在为农户提供贷款时也出现了"使命漂移"。村镇银行在商业银行的控股下，以追求利润最大化为目标，在服务对象上"偏富厌穷"或"择大弃小"，在贷款程序上与一般商业银行没太大差异，不愿真正为弱势群体服务；小额贷款公司没有服务"三农"的动机，民间资本进入小额贷款公司的目的在于获取金融机构的特许权价值，将发起小额贷款公司看作是自身业务延伸或业务多元化的一部分，希望借助小额贷款公司而最终拥有银行执照。

可见，现行农村金融改革政策制定者的改革思路是正确的，即通过成立村镇银行、贷款公司和农村资金互助社等一批新型农村金融机构的增量式改革达到帮助那些有愿望、有潜力发展但受制于缺乏资金的低收入农户获得提高收入和摆脱贫困的机会。但现实情况却是我国农村金融增量改革后，与农村金融机构的数量和种类明显增加不一致的是，农户面临的融资难问题依然故我。那么，在工业化、城镇化、信息化、农业现代化同步推进的背景下，我国农户融资需求的特点是什么？增量农村金融机构的行为逻辑是什么？新型农村金融机构为什么缓解农户融资约束的效果不佳？其成长所需要的外部条件是什么？如何发育适合我国农户融资需求特点的新型农村金融机构等都是我们需要研究解决的问题。

（二）问题研究的目的

农户是我国农业生产经营的基本单位，大量调查研究表明，农户融资难是制约农业发展、农村社会进步和农民收入增长的主要障碍之一。农户融资难，到底难在哪里呢？理论界大多数观点认为农户融资约束主要根源于金融机构信贷门槛太高，农户融资渠道窄，农户缺乏符合金融机构所要求的有效抵押物等，但这些因素都只是农户融资难问题的表象，其根本原因在于现有农村金融服务供给与农户需求的不相适应。因此，解决问题的最根本思路和对策在于真正了解各类农户的融资需求特点，创新建立适合不同类型农户金融服务需求特点、适应农村经济发展需求的融资方式和金融机构组织类型。为了突围现存金融体系无力破解当前农户和农村小微经济主体融资难的困境，增加农村地区资金的有效供给，打破长期以来农村信用社垄断农村金融市场的局面，2006 年 12 月，中国银监会允许在农村地区设立新型农村金融机构，以利用其小法人优势和"熟人信息"减少信息不对称问题，并提供个性化金融产品，满足多样化的农村金融服务需求。很明显可以看出政府的目的是寄希望于从农村金融市场内部培养出新兴金融元素，从而构建一个"内生性"的农村金融体系。那么，这样的改革效果如何？其所期望目标的实现程度如何？

基于以上疑问，本研究的目的在于：第一，了解农户融资约束的状况及原因。通过实地调查，了解农户的金融服务需求和融资行为特点，并对农户融资约束的状况进行衡量，分析我国农户面临融资约束的现状及原因。第二，回顾我国农村金融改革发展进程，总结农村金融存量改革缓解农户融资约束效果不佳的原因。第三，对 2006 年以来我国各项农村金融改革政策出台的背景进行研究，分析其后出台的一系列关于新型农村金融机构改革的规章制度、条例、暂行办法等。并了解在这些相关规定下农村金融增量改革进展情况，了解"村镇银行""贷款公司""农村资金互助社"等新型农村金融机构的发展动态和业务开展情况。第四，通过农户对增量农村金融机构金融服务的满意度调查，研究增量农村金融机构缓解农户融资约束的效果，并对我国增量农村金融机构缓解农户融资约束效果不佳的原因进行探讨。第五，探讨金融内生状态下农户金融活动的参与及融资约束的缓解机制。第六，基于内生成长，对农村金融增量改革与发展条件下缓解农户融资约束的机制进行设计，探讨缓解农户融资约束所需要的金融基础设施等环境条件，并提出缓解农户融资约束的对策建议。

（三）问题研究的意义

研究农村金融增量改革背景下的农户融资约束缓解问题，有利于把握我国农村金融增量改革的进展情况及其存在的问题，更好地了解农村金融供求状况，为寻求更好地为农户提供全面、优质、便利的金融服务提出有针对性的政策建议，解决农村低收入弱势群体的融资难问题，帮助农户抓住市场机会，激发其参与经济活动的热情，发挥潜力，改善生产生活状况，实现小康社会和和谐社会建设的目标。

研究农村金融增量改革背景下的农户融资约束缓解问题，有利于为在广大农村地区培育和发展新型农村金融机构进行谋划和设计，从而打破农村金融体系的现有格局，使农村金融机构的种类和数量迅速增加，满足农村经济主体多元化金融服务需求；有助于在我国农村形成投资多元、种类多样、治理灵活、服务高效的金融体系，促进农村金融业的健康可持续发展。

研究农村金融增量改革背景下的农户融资约束缓解问题，有利于引导各方力量更加关注农村金融改革，更加关注农村地区低收入农户和弱势群体的金融服务需求，使农村金融服务覆盖面不断拓宽，服务深度不断加深，从而为农村广大弱势群体创造一个良好的金融服务环境，推动和支持农村经济发展。

二、农村金融增量改革及农户融资约束问题研究的已有成果

（一）国外研究成果

1. 国外关于企业融资约束问题的研究

（1）国外关于企业融资约束现状的研究

国外学者对融资约束问题的研究是从企业面临的融资约束开始的，已有大量实证研究表明各国企业普遍面临着融资约束问题。如法扎里、哈伯德和彼得森（Fazzari、Hubbard 和 Petersen，1988）[1]、怀特（Whited，2002）[2]、卡什亚普（Kashyap，1994）、卡彭特等[3]（Carpenter et al.，1998）；布伦德尔等

---

① Fazzari, S. M. , Hubbard, R. G. , Petersen, B. C. , "Financing Constraints and Corporate Investment", *Brookings Papers on Economic Activity*, 1988, pp. 141-195.

② Whited, T. , "Debt, Liquidity Constraints and Corporate Investment: Evidence from Panel Data", *Journal of Finance*, Vol. 47, 2002, pp. 1425-1460.

③ Carpenter, R. , S. Fazzari and B. Petersen, "Financing Constraints and Inventory Investment: A Comparative Study with High-frequency Panel Data", *Review of Economics and Statistics*, Vol. 80, 1998, pp. 513-519.

（Blundell et al.，1992）① 、邦德和梅吉尔（Bond 和 Meghir，1994）② 、贝尼托
（Benito，2010）③ 等；星等（Hoshi et al.，1991）④ ；哈拉米略等（Jaramillo et
al.，1996）⑤ 、卡尔等（Cull et al.，2007）⑥ 等的研究表明美国、英国、日本
等以及发展中国家企业均面临融资约束。法扎里、哈伯德和彼得森认为，区
分企业受到融资约束程度的标准是现金股利发放的高低，并建立投资现金流
敏感性模型分析融资约束对企业投资行为的影响，发现企业投资对内部现金
流的敏感性与企业融资约束程度成正比。然而，卡普兰和津加莱斯（Kaplan
和 Zingales，1997）⑦ 、阿尔蒂（Alti，2003）⑧ 则对这一观点提出了质疑。卡
普兰和津加莱斯建立 KZ 指数后的研究发现，投资—现金流敏感性与融资约束
成负相关关系。此外，拉蒙特等（Lamont et al，2001）⑨ 和贝克等（Baker et
al.，2003）⑩ 的研究还表明，融资约束对公司价值有很大的影响。

（2）国外关于企业融资约束产生原因的研究

默迪格利亚尼和米勒（Modigliani 和 Miller，1959）⑪ 认为，在完善的资本

① Blundell，R.，S. Bond，M. Devereux and F. Schiantarelli，"Investment and Tobin's Q：Some Evidence from Panel Data"，*Journal of Econometrics*，Vol. 51，1992，pp. 233-257.

② Bond，S. and C. Meghir，"Dynamic Investment Models and the Firm's Financial Policy"，*Review of Economic Studies*，Vol. 61，1994，pp. 197-222.

③ Benito，A.，"Financial Pressure，Monetary Policy Effects and Inventories：Firm-level Evidence from a Market-based and a Bank-based Financial System"，*Economica*，Vol. 72，2010，pp. 201-224.

④ Hoshi T.，Kashyap A. and Scharfstein D.，"Corporate Capital Structure，Liquidity，and Investment：Evidence from Japanese Industrial Groups"，*Quarterly Journal of Economics*，Vol. 106，1991，pp. 33-60.

⑤ Jaramillo F.，Schiantarelli F. and Weiss A.，"Capital Market Imperfections before and after Financial Liberalization：An Euler Equation Approach to Panel Data for Ecuadorian Firms"，*Journal of Development Economics*，Vol. 51，1996，pp. 367-386.

⑥ Cull，R.，L. C. Xu and T. Zhu，"The World Bank and China Europe International Business School"，Working Paper，2007.

⑦ Kaplan，S.，and L. Zingales，"Do Investment-Cash Flow Sensitivities Provide Useful Measures of Financing Constraints？"，*Quarterly Journal of Economics*，Vol. 112，1997，pp. 169-215.

⑧ Alti，A.，"How Sensitive is Investment to Cash Flow When Financing is Frictionless？"，*Journal of Finance*，Vol. 58，2003，pp. 707-722.

⑨ Lamont，O.，C. Polk and J. Saá-Requejo，"Financial Constraints and Stock Returns"，*Review of Financial Studies*，Vol. 14，2001，pp. 529-554.

⑩ Baker，M.，J. Stein and J. Wurgler，"When Does the Market Matter？Stock Price and the Investment of Equity-Dependent Firms"，*Quarterly Journal of Economics*，Vol. 118，2003，pp. 969-1005.

⑪ Modigliani，F. and Miller M. H.，"The Cost of Capital，Corporate Finance，and the Theory of Investment"，*American Economic Review*，Vol. 48，1959，pp. 261-297.

市场假设下，一个公司不存在融资约束问题，因为其投资决策与融资决策相互独立，当且仅当其现金流净现值超过其资本支出时才会考虑对某项目进行投资，并且公司总能以与内部资金相当的成本筹集到外部资金。但是，现实中关于资本市场的假设并不符合默迪格利亚尼和米勒完美假设的结果，因此公司的资本结构与投资有一定的关系。格林沃尔德、斯蒂格利茨和韦斯（Greenwald、Stiglitz 和 Weiss，1984）在放松了资本市场的完美性假设后，把信息不对称理论引入资本市场研究中，建立了优序融资理论，认为公司在高度依赖内部融资后容易出现投资不足，因为公司的内部融资成本一般远远低于外部融资成本，公司在无法得到最优投资支出所需的资金支持后只能选择内部融资。[①] 在不完美的资本市场中，信息不对称导致了较高的交易成本和信息成本，从而使企业的融资成本增加，外部融资受到限制，使企业筹资在一定程度上只能依赖于内部现金流，外部融资和内部融资成本差异越大，其融资约束的效应越强。

（3）国外关于缓解企业融资约束对策的研究

针对缓解企业融资约束问题，比艾和戈利耶（Biais 和 Gollier，1997）[②] 与伯卡特和埃林森（Burkart 和 Ellingsen，2004）[③] 分别从信息不对称以及"实物"融资流动性的角度证明了商业信用对融资约束具有缓解作用。也有部分学者从金融发展规模和效率两个角度研究了企业缓解融资约束的对策。他们的结论和建议是：金融发展有利于拓宽金融资源、丰富金融产品而带来规模效应，为企业提供更多的信贷资金，降低投资者的风险和交易成本；金融发展有助于降低信息不对称，提高资金配置效率，缓解企业融资约束。拉詹和津加莱斯（Rajan 和 Zingales，1998）利用跨国数据研究了一国金融发展对依靠外部融资行业成长性的影响，结果表明，金融规模越大、市场越完善的国家，其依赖外部融资的行业能有更好的成长，即金融发展能为企业带来融资

---

① Greenwald, Bruce, Stiglitz, Joseph E. and Weiss, Andrew, "Informational Imperfections in the Capital Market and Macroeconomic Fluctuations", *American Economic Review*, 1984.

② Biais, B. and C. Gollier, "Trade Credit and Credit Rationing", *Review of Financial Studies*, Vol. 10, 1997, pp. 903-937.

③ Burkart, M. and T. Ellingsen, "In-Kind Finance: A Theory of Trade Credit", *American Economic Review*, Vol. 94, No. 3, 2004, pp. 569-590.

便利，相反，金融市场发展不完善的国家，由于受到当地金融机构规模的限制，企业一般缺乏通畅的融资渠道，容易受到融资约束。[1] 德半尔居斯肯特（Demirguc-Kunt，1998）的研究表明，发达的金融业能够为投资者提供正确的投融资决策信息，同时能为企业提供充足的外部资金，缓解其融资约束。[2] 洛夫（Love，2003）通过对40多个国家的数据研究表明，金融发展有利于减少信息不对称导致的资本市场不完善，帮助企业克服"道德风险"和"逆向选择"问题，缓解企业的融资约束。[3]

2. 国外关于农户融资约束问题的研究

（1）国外关于农户融资作用的研究

国外许多学者对农户获得小额贷款后收入水平提高和生活质量改善的情况展开了研究。莱特（Wright，1993）[4]、汉得克（Khandker，1999）[5]、伊丽莎白和乔纳森·默多克（Elizabeth 和 Jonathan Morduch，2003）[6] 等认为，农户通过小额贷款获得生产资金，帮助自己捕捉商业机会，平滑消费和生产，有利于改善低收入状况，提高生活质量和减少脆弱性，提高福利状况，最终促进农业和农村经济发展。阿西夫·道拉和迪帕尔·巴鲁阿（Asif Dowla 和 Dipal Barua，2007）研究格莱珉银行的大量事实后发现，穷人从格莱珉银行融入小额信贷资金，会对其就业、收入、消费和抗风险能力以及教育、生育、健康、妇女权力等产生正向作用。[7] 詹妮弗和陈（Jennefer 和 Chen，1996）的研究表明，小额信贷对其所服务的社区居民生活改善具有非常重大的影响，

---

① Rajan R. and Zingales L. ,"Financial Dependence and Growth", *American Economic Review*, Vol. 88, 1998, pp. 108-125.

② Demirguc-Kunt A. ,"Law, Finance, and Firm Growth", *Journal of Finance*, Vol. 53, 1998, pp. 2107-2137.

③ Love L. ,"Financial Development and Financial Constraints: International Evidence from the Structural Investment Model", *The World Bank Working Paper*, Vol. 16, 2003, pp. 765-791.

④ Wright, B. D. and Hewitt, J. A. ,"Crop Insurance for Developing Countries In Food Security and Food Inventories in Developing Countries", *Edited by Peter Berck and David Bigman*. Wallingford, UK: CAB International. Cha pter 6, 1993.

⑤ Shahidur R. Khandker, Rashidur R Faruqee. , The Impact of Farm Credit in Pakistan, *The World Bank Working Paper*, 1999.

⑥ Elizabeth Littlefield, Jonathan Morduch & Syed Hashemi, "Is Microfinance an Effective Strategy to Reach the Millennium Development Goals?", *Focus Notes*, No. 24, 2003.

⑦ Asif Dowla, Dipal Barua, The Poor Always Pay Back, *Beijing: China City Press*, 2007.

这些影响包括：增加微小型经营活动的收入、改善金融资产管理以及创造新的就业机会等，并且这种影响不单是经济方面的，还包括穷人和过去被社会排斥在外的人由此受到"教化"等也都是其收益的重要体现。[①] 门伊和本杰明（Remenyi 和 Benjamin，2000）认为没有得到信贷支持的家庭比得到信贷支持的家庭收入明显要低。[②] 在印度尼西亚，年均收入增加的贷款户比例为12.9%，而非贷款户年均收入增加的比例仅有3%；在孟加拉国，年均收入增加的贷款户有29.3%，非贷款户为22%；在斯里兰卡，15.6%的贷款户年均收入增加，非贷款户年均收入增加的比例仅为9%；在印度，46%的贷款户年均收入有增加，非贷款户只有24%收入有增加。他们的研究结果还表明信贷效果较明显的是刚刚低于贫困线的农户。此外，班纳吉和纽曼（Banerjee 和 Newman，1993）[③] 以及艾林和蒋（Ahlin 和 Jiang，2005）[④] 的理论分析表明：农民选择成为企业主并雇佣工人或成为雇佣工人的职业选择决策与金融约束有很大关联。布莱克和斯特拉恩（Black 和 Stranhan，2010）[⑤]、克拉普拉和拉文那等（Klappera 和 Laevena et al.，2006）[⑥] 分析了金融约束对创业行为的影响，发现发达完善的信贷市场和充分的创业信贷支持有利于企业的成长，或促进创业的产生。因为发达的信贷市场能使缺乏初始启动资金的人获得融资而进入创业市场，缓解暂时性的资金约束，同时宽松的信贷环境能降低人们的风险规避程度，激发创业热情。

（2）国外关于农户融资约束现状的研究

在发展中国家的农村地区，农户受到融资约束的现象相当普遍，融资约

---

① Jennefer Sebstad and Gregory Chen, "Overview of Studies on the Impact of Microenterprises Credit", Washington D. C. ,1996.

② Remenyi Joe and Quinones Benjamin, "Microfinance and Poverty Alleviation: Case Studies from Asia and the Pacific", Pinter, 2000.

③ Banerjee A. V. , Newman A. F. , "Occupational Choice and the Process of Development", *Journal of Political Economy* , Vol. 101,1993, pp. 274-298.

④ Ahlin C. , Jiang N. , " Can Micro-credit Bring Development", *Journal of Development Economics*, Vol. 86,2005, pp. 1-21.

⑤ Black S. E. , Strahan D. E. , "Entrepreneurship and Bank Credit Availability", *Journal of Finance*, Vol. 57 2010, pp. 2807-2833.

⑥ Klappera L. , Laevena L. , Rajah R. , "Entry Regulation as a Barrier to Entrepreneurship", *Journal of Financial Economics*, Vol. 82,2006, pp. 591- 629.

束一直被认为是阻碍农村居民收入和生活水平提高以及经济增长的关键因素，因为发展中国家的金融体系呈现明显的"金融二元性"特征（迈因特，1978）①，即传统金融部门和现代金融部门并存，存在"金融抑制"（麦金农②，1973；爱德华·肖③，1973）。同时，国有银行垄断性较强，集中度较高，利率扭曲，资金供需存在矛盾，信用形式单一，信用工具不足，存在"补贴性信贷利率和信贷配给"（爱德华·肖，1973）④，从而导致农村信贷市场资金配置效率低下。皮施克、亚当和唐纳德（Pischke、Adams 和 Donald，1987）考察了农户与正规金融机构之间的借贷交易行为，认为能获得正规金融机构贷款的农民仅是一小部分，在非洲比例为 5%，在亚洲、拉丁美洲也只有 15%，并且这些贷款都集中在少数大生产者手中。⑤ 通常的情况是借款者中 5% 的人得到了贷款总额的 80%，或者说，在典型的低收入国家，贷款总额中 80% 的部分由不到 1% 的农民得到了，15% 的农民得到剩下 20% 的贷款，其余超过 80% 的农民根本得不到贷款。此外，以农业为主要产业的国家，商业银行仅将其贷款总额的 5%—10% 贷放给农业部门，并且，其中大部分都由大农户、农场和农业销售公司占有。对智利农村传统信贷市场的抽样调查表明，能成为国家金融机构、经济改革机构或私人商业银行客户的约只有 30% 的农村人口，其余大部分农村人口主要从非正式融资市场获得资金（麦金农，1973）。⑥

（3）国外关于农户融资约束形成原因的研究

弗雷德里克·S. 米什金（2006）指出，在不完善的金融市场中，一方由

① ［英］H. 迈因特：《发展中国家的经济学》，复旦大学国际政治系编译组译，商务印书馆 1978 年版。

② ［美］罗纳德·I. 麦金农：《经济发展中的货币和资本》，陈昕、卢骢译，上海人民出版社、上海三联书店 1997 年版。

③ Shaw E. S., "Financial Deepening in Economic Development", *Economic Journal*, 1973, Vol. 84 (333), p. 227.

④ Shaw E. S., "Financial Deepening in Economic Development", *Economic Journal*, 1973, Vol. 84 (333), p. 227.

⑤ Pischke, Adams, Donald, "Rural Financial Markets in Developing Countries", *The Johns Hopkins University Press*, 1987.

⑥ ［美］罗纳德·I. 麦金农：《经济发展中的货币和资本》，陈昕、卢骢译，上海人民出版社、上海三联书店 1997 年版。

于不能掌握对方足够的信息，从而作出的决策不一定准确；信息不对称的存在，容易导致逆向选择与道德风险，即信息优势占有方发生损害信息劣势方利益的行为。[1] 斯蒂格利茨和韦斯（Stiglitz 和 Weiss，1981）《不完全信息市场中的信贷配给》的发表标志着信贷配给理论的成熟和完善，他们认为信息不对称和逆向选择效应的存在使得信贷配给成为市场的长期均衡状态。[2] 卡特（Carter，1988）[3]、阿吉翁和波尔顿（Aghion 和 Bolton，1997）[4]、康宁和尤德里（Conning 和 Udry，2007）[5]、基顿（Keeton，1979）[6] 指出，由于农户生产经营活动的高度分散，同时容易受天气、市场环境、健康等不确定性因素的冲击，金融中介难以在事前了解农户的信息或类型，也难以在事后对农户贷款的使用进行有效监督，一般借助于抵押担保机制，而贫困农户又缺乏合格的抵押品，因此，往往容易形成均衡的信贷配给。而交易费用理论的产生则为农户面临融资约束以及正规金融机构不愿为居住分散的贫困弱势群体提供小额信贷服务提供了另一理论解释。冯·皮施克（Von Pischke，1991）[7]、班尼特（Bennett，1994）[8]、罗森伯格（Rosenberg，2002）[9] 的研究表明，由于穷人无法提供担保、贷款数额小、风险大、缺乏公开的财务信息，导致贷款使用监测困难，银行管理这类贷款的成本高，使穷人一般在市场经济条件下的信贷市场中处于边缘地位，面临严重的融资约束。此外，埃文和约万诺维

---

① ［美］弗雷德里克·S. 米什金：《货币金融学》，郑艳文译，中国人民大学出版社 2006 年版。

② Joseph E. Stiglitz and Andrew Weiss.，"Credit Rationing in Markets with Imperfect Information"，*The American Economic Review*，Vol. 71，No. 3，1981，pp. 393-410.

③ Carter，M. R.，"Equilibrium Credit Rationing of Small Farm Agriculture"，*Journal of Development Studies*，Vol. 28(1)，1988，pp. 83-103.

④ Aghion，P. and Bolton，P. A，"Theory of Trickle-down Growth and Development"，*Review of Economic Studies*，Vol. 64，No. 2，1997，pp. 151-172.

⑤ Conning，J. and Udry，C. "Rural Financial Markets in Developing Countries in Evenson"，R. and Pingali，P.（eds.）：*Agricultural Development：Farmers，Farm Production and Farm Markets*，Amsterdam：North Holland，2007.

⑥ Keeton，W.，"Equilibrium Credit Rationing"，New York：Garland Press，1979.

⑦ Von Pischke，J. D.，*Finance at the Frontier. World Bank，Economic Development Institute*，Washington，D. C.，1991.

⑧ Bennett，"The Necessity and the Dangers of Combining Social and Financial Intermediation to Reach the Poor"，*Paper Presented at a Conference on Financial Services and the Poor at the Brookings Institution*，September 28-30，Washington，D. C.，1994.

⑨ Rosenberg R.，"Microcredit Interest Rates"，CGAP Occasional Papter，The World Bank，2002.

奇（Evans 和 Jovanovic，1989）指出，造成农户融资约束的主要原因是"有限责任约束"和"道德风险"问题。① 在受到有限责任约束的情况下，一些拥有创业机会的农民可能由于筹不到钱而无法成为企业家，已经创业的农民也可能受到融资约束而使得投资的规模受到限制。于是，农户的发展就会陷入"财富水平低→小信贷规模→小投资规模→低投资回报→低财富水平"的陷阱。而由于信息和激励机制扭曲导致的"道德风险"问题，会形成另一个陷阱：金融机构惜贷→借款人偷懒→项目失败概率上升→金融机构惜贷→借贷利率上升→借款人偷懒。"道德风险"问题还会造成融资成本上升和金融机构惜贷，从而农户成为企业家的可能性受到限制。

除了从供给角度考察金融部门对金融需求主体的信贷配给，近年来，有很多学者注意到，农户面临的融资约束不仅来自金融部门的信贷配给，还来自需求者自身的风险规避、认知偏差和需求压抑等因素。贝达、迈耶斯和阿尔佛雷德（Baydas、Meyers 和 Aguilera-Alfred，1994）②、科恩和斯托里（Kon 和 Storey，2003）③、鲍彻（Boucher，2008）④ 从农户自身的角度提出了借款需求者的"无信心申贷"，即借款者误认为自己肯定不能获得贷款而自愿放弃贷款申请。

3. 国外关于农村金融增量改革问题的研究

国外对农村金融增量改革的研究主要侧重于对新型农村金融机构的研究。目前，国际上比较成熟的新型农村金融组织模式主要有孟加拉国格莱珉乡村银行模式、玻利维亚阳光银行模式、印度尼西亚人民银行小额信贷部模式以及乌干达乡村银行模式。阿西夫·道拉和迪帕尔·巴鲁阿（Asif Dowla 和 Dipal Barua，2007）通过对格莱珉乡村银行大量事实的研究发现，格莱珉乡村

---

① Evans D. S. , Jovanovic. B. , "An Estimated Model of Entrepreneurial Choice under Liquidity Constraints", *Journal of Political Economics*, Vol. 97,1989, pp. 808-827.

② Baydas, M. , Meyers, R. and Aguilera-Alfred, N. , "Discrimination against Women in Formal Credit Markets: Reality or Rhetoric?", *World Development*, Vol. 22, No. 7, 1994, pp. 1073-1082.

③ Kon, Y. and Storey, D. J. , "A Theory of Discouraged Borrowers", *Small Business Economics*, Vol. 21, 2003, pp. 37-49.

④ Boucher, S. , Carter, R. M. and Guirkinger, C. , "Risk Rationing and Wealth Effects in Credit Markets: Theory and Implications for Agricultural Development", *American Journal of Agricultural Economics*, Vol. 90, No. 2, 2008, pp. 409-423.

银行小额信贷对穷人的收入、就业、消费和抗风险能力等产生了积极的作用，也对穷人的健康、教育、生育、妇女权利等产生了正面作用。[①] 侯赛因（Hossain，1988）对 GB 模式进行评估，发现 GB 模式使曾经被商业银行等机构拒绝的人获得了贷款，该模式在帮助穷人上是成功的。[②] 冈萨雷斯维加等（Gonzalezvega et al.，1996）通过研究发现，玻利维亚阳光银行模式是一种非政府组织的项目成功地转制为专门从事小额信贷业务的私人商业银行模式，阳光银行模式不管是在服务的深度、广度和服务质量上，还是在组织可持续发展方面都取得了巨大成功。[③]

国外新型农村金融机构的另一种主要形式是社区银行。大卫·奥朗德、罗丝·沃德罗普和威廉·库塔（David Holland、Ross Waldrop 和 Willian Kuta，1996）[④]，罗伯特·德扬和威廉·C. 亨特（Rbert Deyoung 和 Willian C. Hunter，2004）[⑤] 等在对社区银行进行理论分析和实证调查的基础上，探讨了社区银行能在大银行林立、银行并购盛行、技术进步快速、管制放松的环境下生存发展的原因。蒂姆·克里奇菲尔德、泰勒·戴维斯、李·戴维森和乔治（Tim S. Critchfield、Tyler Davis、Lee Davison 和 George，2004）在比较分析了社区银行与大中型银行的业绩后，研究了社区银行的生存能力。[⑥] 罗伯特 B. 艾弗里和凯瑟琳 A. 桑默里克（Robert B. Avery 和 Katherine A. Samolyk，2004）等认为社区银行相对大中型银行而言在对中小企业融资方面有比较优势，因为社区银行能较好地掌握客户的软信息。[⑦] 娜达·科贝丝、张坤（2009）认为社

① Asif Dowla，Dipal Barua，*The Poor Always Pay Back*，Beijing：China City Press，2007.

② Hossain M.，"Nature and Impact of the Green Revolution in Bangladesh"，*International Food Policy Research Institute（IFPRI）*，1988，pp. 107-115.

③ Gonzalezvega C.，Schreiner M.，Meyer R. L.，Rodriguezmeza J.，Navajas S.，"Bancosol：the Challenge of Growth for Microfinance Organizations"，*Economics and Sociology Occasional Papers*，1996.

④ Holland，D.，R. Waldrop，and W. Kuta，"Interstate Banking-The Past，Present，and Future"，*FDIC Banking Review*，Vol. 6，No 1，1996，pp. 1-17.

⑤ Deyoung，R.，Hunter，W. C.，Udell，G. F.，"Whither the Community Bank?"，*Journal of Financial Services Research*，Vol. 25，No.（2-3），2004，pp. 81-84.

⑥ Critchfield，T. S.，Tyler Davis，Lee Davison，George，"The Future of Banking in America -Community Banks：Their Recent Past，Current Performance，and Future Prospects"，*Social Science Electronic Publishing*，2004.

⑦ Avery，R. B.，Samolyk，K. A.，"Bank Consolidation and Small Business Lending：The Role of Community Banks"，*Journal of Financial Services Research*，Vol. 25，No. 2-3，2004，pp. 291-325.

区银行需要借鉴美国《社区再投资法案》，以凸显银行业监管的重要性，并指出银行是社会变化和经济发展的引擎。[1] 伯杰和亨特（Berger 和 Hunter，1993）在研究中小银行的竞争优势和效率测度的基础上，认为中小银行通过制度创新可以拥有比相同区域内大银行更强的竞争力和更高的效率。[2] 中小银行具有获取小企业"软信息"的融资成本低（Berger 和 Udell[3]，1995）、基层信贷人员的代理成本低（Berger 和 Udell[4]，2002）以及信息传递链条短（Hauswald 和 Marquez[5]，2001）等比较优势，即所谓的"小银行优势"贾亚拉特纳和沃尔肯（Jayaratne 和 Wolken，1999）[6]。另外，格雷厄姆和那加拉干（Graham 和 Nagarajan，1997）研究了贫困国家农村金融互助组织的优缺点，认为农村金融互助组织的优点主要体现在集体借贷、客户信息收集较为完整和快速等，缺点主要是规模过小、产权不明等。[7]

此外，国外对于新型农村金融组织发展的可持续性、服务广度与深度、对社会的福利影响方面也有丰富的研究成果。泽勒等（Zeller et al.，2002）[8]、沙曼和施里德（Sharma 和 Schrieder，2012）[9]、奥利瓦雷斯-波朗科（Olivares-Polanco，2005）[10] 发现，提高新型农村金融组织对穷人的福利影响会提高服务

① 娜达·科贝丝、张坤：《银行是经济发展和社会变化的引擎》，《银行家》2009 年第 1 期。

② Berger, A. N., Hunter, W. C., Timme, S. G., "The Efficiency of Financial Institutions：A Review and Preview of Research Past, Present and Future", *Journal of Banking & Finance*, Vol. 17, No. 2 – 3, 1993, pp. 221-249.

③ Berger, A. N., Udell, G. F., "Relationship Lending and Lines of Credit in Small Firm Finance", *Journal of Business*, Vol. 68, No. 3, 1995, pp. 351-381.

④ Berger, A. N., Udell, G. F., "Small Business Credit Availability and Relationship Lending：The Importance of Bank Organisational Structuer", *Economic Journal*, Vol. 112, No. 477, 2002, pp. F32 – F53.

⑤ Hauswald R. B. H., Marquez R., "Competition and Strategic Focus in Lending Relationships", *Social Science Electronic Publishing*, 2001.

⑥ Jayaratne J., Wolken J, "How Importamt are Small Banks to Small Business Lending？ New Evidence from a Suruey of Small Firms", *Journal of Banking and Finance*, Vol. 23, No. 2 – 4, 1999, pp. 427 – 458.

⑦ Graham D. H., Nagarajan G., "Financial Likeralization, Bank Restructuring and the Implication for Non-bank Intermediaries in the Financial Markets of Africa：Lessons from the Gambiat", *International Association of Agricultural Economists*, 1997.

⑧ Zeller M., Sharma M., Meyer R. L., "Access to and Demand for Financial Services by the Rural Poor：A Multicountry Synthesis", *CAB Direct*, 2002.

⑨ Sharma M., Schrieder G., "Impact of Finance and Povery Alleviation：A Review and Synthesis of Empirical Evidence", *AGRIS*, 2012.

⑩ Olivares-Polanco F., "Commercializing Microfinance and Deepening Outreach？ Empirical Evidence from Latin America", *Journal of Microfinance*, Vol. 7, No. 2, 2005.

的复杂程度，增加运营成本，一定程度上不利于其可持续发展。针对农村金融机构商业化趋势日趋明显的现象，休姆和莫斯利（Humle 和 Mosley，1996）[1]、奥特罗和莱恩（Otero 和 Rhyne，1994）[2] 认为对利润的追求将会使新型农村金融机构的注意力不再集中在提高穷人和弱势群体的利益方面，会使原定社会目标发生偏移。默多克（Morduch，1999）认为，资金来源对新型农村金融机构的发展很重要，一旦资金来源不具有可持续性，机构发展将面临很大威胁。[3] 与之前学者研究结论不同的是，康宁（Conning，1999）[4]、莱普努和泽勒（Lapenu 和 Zeller，2002）[5] 认为，提高金融服务广度和深度与金融机构可持续发展可以同时达到，提高金融服务广度和深度，为更多穷人提供金融服务，从长期来看可以获得规模效应，有利于实现新型农村金融机构的可持续发展。

关于更好地促进新型农村金融机构发展方面，吉本斯（Gibbons，2002）认为吸引私人投资将会是一个有效而可行的扭转微型金融机构由于缺乏资金而没有服务到全世界 8 亿贫困家庭的局面的办法。[6] 罗宾逊（Robinson，2002）提出经过合理设计的金融产品和服务，使许多穷人能够扩大经济活动范围，增加收入，提高自信心，微型金融在获得广泛客户的同时，能获得利润和达到自我持续，不再需要政府和出资人提供补贴和资助。[7] 伯杰和尤戴尔（Berger 和 Udell，2002）认为，"关系融资"有效性的发挥与银行本身的组织结构有很大关系，规模较小的银行其关系融资能发挥更大作用。[8]

---

[1] Hulme, David, Paul Mosley, "Finance against poverty", *Psychology Press*, Vol. 2, 1996, pp. 89- 101.

[2] Otero M., Rhyne E., "The New World of Microenterprise Finance: Building Healthy Financial Institutions for the Poor", *Small Business Economics*, Vol. 6, 1994, pp. 479- 482.

[3] Jonathan Morduch, "The Microfinance Promise", *Journal of Economic Literature*, Vol. 37, No. 4, 1999, pp. 1569-1613.

[4] Conning J. Outreach, "Sustainability and Leverage in Monitored and Peer-monitored Lending", *Journal of Development Economics*, Vol. 60, No. 1, 1999, pp. 51-77.

[5] Lapenu C., Zeller M., "Distribution, Growth, and Performance of the Microfinance Institutions in Africa, Asia and Latin America: A Recent Inventory", *Savings & Development*, Vol. 26, No. 1, 2002, pp. 87-111.

[6] Gibbons D. S., Financing Microfinace for Poverty Reduction, Development Bulletin, 2002.

[7] Robinson, M. S., "The Microfinance Revolution : Volume 2. Lessons from Indonesia", *World Bank Publications*, 2002.

[8] Berger, A. N., Udell, G. F., "Small Business Credit Availability and Relationship Lending: The Importance of Bank Organisational Structuer", *Economic Journal*, Vol. 112, No. 477, 2002, pp. F32-F53.

（二）国内研究成果

1. 国内关于企业融资约束问题的研究

国内学术界对企业融资约束的研究起步较晚，而且大多数都是以上市公司为研究对象。冯巍（1999）利用沪深交易所上市的 135 家制造业公司1995—1997 年数据的研究表明，企业投资率与内部现金流量有很大关系，国家重点企业、低股利、无主办行制度的公司其现金流量对投资的影响较大，较好地验证了企业融资约束在中国的普遍存在。① 郑江淮、何旭强、王华（2001）实证分析了上市公司股权结构对其融资约束的影响，结果表明，国家股占比与外源融资约束成正向关系，即国家股比重越低的上市公司其受到的外源融资约束越不严重。② 黎来芳、黄磊、李焰（2009）对中国上市公司1997—2006 年数据研究表明，在目前的制度背景下，一个有效缓解融资约束的办法是企业实施集团化运作。③ 连玉君、彭方平、苏治（2010）研究了融资约束对上市公司流动性管理行为的影响，认为出于预防性或投机性动机，受到融资约束的公司会在公司内部留存更多的现金或现金等价物，从而表现出更强的现金—现金流敏感性；而且受到融资约束的公司流动性管理行为更加积极和谨慎，当公司偏离目标现金持有水平后其调整速度明显快于非融资约束公司。④ 此外，国内学者还对融资约束的影响进行了研究，包括从不同角度研究融资约束对投资的影响（魏锋、刘星⑤，2004；李延喜等⑥，2007），以及对公司行业竞争策略的影响（李科、徐龙炳⑦，2009）。在此基础上，罗

---

① 冯巍：《内部现金流与企业投资——来自我国股票市场上市公司财务报告的证据》，《经济科学》1999 年第 1 期。

② 郑江淮、何旭强：《上市公司投资的融资约束：从股权结构角度的实证分析》，《金融研究》2001 年第 11 期。

③ 黎来芳、黄磊、李焰：《企业集团化运作与融资约束——基于静态和动态视角的分析》，《中国软科学》2009 年第 4 期。

④ 连玉君、彭方平、苏治：《融资约束与流动性管理行为》，《金融研究》2010 年第 10 期。

⑤ 魏锋、刘星：《融资约束、不确定性对公司投资行为的影响》，《经济科学》2004 年第 2 期。

⑥ 李延喜、杜瑞、高锐、李宁：《上市公司投资支出与融资约束敏感性研究》，《管理科学》2007 年第 1 期。

⑦ 李科、徐龙炳：《资本结构、行业竞争与外部治理环境》，《经济研究》2009 年第 6 期。

琦、肖文翀、夏新平（2007）①，罗党论、甄丽明（2008）②，邓建平、曾勇
（2011）③，黄福广、李西文（2009）④，李焰、陈才东、黄磊（2007）⑤ 从不
同角度探讨了缓解我国企业融资约束的对策，包括持有现金充当对冲工具、
参与政治关系、创造金融关联、建立社会资本等。

2. 国内关于农户融资约束问题的研究

（1）国内关于农户融资特征的研究

国内学者主要是通过实地调查并对所获得的数据进行统计描述来分析农
户融资行为，且研究的重点主要是农户融资需求的特征，包括融资方式、融
资动机、融资规模和融资用途等。史清华、陈凯（2002）通过对欠发达地区
农民借贷行为的调研表明，农户家庭生命周期、家庭收入水平以及农民本身
的文化程度与融资动机有密切关系。⑥ 处于家庭生命周期黄金期（31—40 岁）
且具有初中以上文化程度的农民，其融资的生产性动机明显高于生活性动机。
随着收入水平的提高，用于盈利性的投资入股、短期经营的融资需求倾向明
显增强，而用于生活性的住房建设、婚丧嫁娶、应付伤病及天灾等的融资需
求倾向则明显减弱。周脉伏、徐进前（2004）总结的农户融资需求特征主要
有：以家庭经营为主的特点决定了农户用于生产的贷款需求规模小；由于农
户可用于银行抵押担保的资产很少，因而希望贷款时采用较少抵押甚至无抵
押的方式；由于农户的贷款需求具有很强的季节性和时间性，农户希望贷款
手续简便、灵活，资金能及时到位，以免贻误投资时机。⑦ 在融资用途方面，

　　① 罗琦、肖文翀、夏新平：《融资约束抑或过度投资——中国上市企业投资—现金流敏感度的经
验证据》，《中国工业经济》2007 年第 9 期。
　　② 罗党论、甄丽明：《民营控制、政治关系与企业融资约束——基于中国民营上市公司的经验证
据》，《金融研究》2008 年第 12 期。
　　③ 邓建平、曾勇：《金融关联能否缓解民营企业的融资约束》，《金融研究》2011 年第 8 期。
　　④ 黄福广、李西文：《风险资本对中小企业融资约束的影响研究——来自我国中小企业板上市公
司的证据》，《山西财经大学学报》2009 年第 10 期。
　　⑤ 李焰、陈才东、黄磊：《集团化运作、融资约束与财务风险——基于上海复星集团案例研
究》，《管理世界》2007 年第 12 期。
　　⑥ 史清华、陈凯：《欠发达地区农民借贷行为的实证分析——山西 745 户农民家庭的借贷行为的
调查》，《农业经济问题》2002 年第 10 期。
　　⑦ 周脉伏、徐进前：《信息成本、不完全契约与农村金融机构设置——从农户融资视角的分
析》，《中国农村观察》2004 年第 5 期。

曹力群、庞丽华（2000）①，朱守银、张照新、张海阳、汪承先（2003）②，张杰（2005）③，王芳（2005）④，郭梅亮（2011）⑤ 则分别从生活消费性用途和生产性用途的角度进行了研究。熊建国（2006）提出了农户融资原生态的概念，认为落后的融资需求要有"落后"的金融服务与之匹配，并通过调研发现，农户融资具有三种原生态的特征，即融资需求规模微小、融资和金融服务需求简单、融资保证以原始的个人道德信誉、公众口碑为抵押品。⑥ 黄祖辉、刘西川、程恩江（2007）指出，传统的主流观点认为贫困地区农户从正规信贷渠道获得的资金主要以生产性活动为主，而对非正规信贷的需求以消费性为主，之所以高估了农户对正规信贷的生产性需求，是因为在概念理解、研究思路以及问卷设计方面出现了偏差。⑦ 为了准确揭示中国农户信贷需求的用途特征，研究者提出了一个可以控制住信贷可得性的意愿调查及假想式问题的改进思路，实证分析结果表明，调查样本地区的大部分农户无论是正规信贷还是非正规信贷的需求均以生活消费性用途为主。此外，周宗安（2010）⑧，马晓青、黄祖辉（2010）⑨ 的调研表明，生活在不同地区的农户的融资动机是不相同的。

在融资次序方面，费孝通（1998）认为，农户的融资需求遵循特殊的差序格局，其融资顺序依次为：增加非农收入进行的内源融资、利用亲缘关系进行的友情借贷、利用本社区其他非正式信贷形式、国家信贷或带有官方性质的正规信贷、其他商业性信贷。⑩ 黄宗智（2000）利用"拐杖逻辑"认为

① 曹力群、庞丽华：《改革以来农户生活消费的变动特征及近期的发展趋势》，《中国农村经济》2000 年第 11 期。

② 朱守银、张照新、张海阳、汪承先：《中国农村金融市场供给和需求——以传统农区为例》，《管理世界》2003 年第 3 期。

③ 张杰：《农户、国家与中国农贷制度：一个长期视角》，《金融研究》2005 年第 2 期。

④ 王芳：《我国农村金融需求与农村金融制度：一个理论框架》，《金融研究》2005 年第 4 期。

⑤ 郭梅亮：《传统文化习俗下的农村消费性金融需求分析》，《中国经济问题》2011 年第 1 期。

⑥ 熊建国：《中国农户融资的现状分析与民间金融——来自江西省上饶市的个案调查与思考》，《中国农村经济》2006 年第 3 期。

⑦ 黄祖辉、刘西川、程恩江：《中国农户的信贷需求：生产性抑或消费性——方法比较与实证分析》，《管理世界》2007 年第 3 期。

⑧ 周宗安：《农户信贷需求的调查与评析：以山东省为例》，《金融研究》2010 年第 2 期。

⑨ 马晓青、黄祖辉：《农户信贷需求与融资偏好差异化比较研究——基于江苏省 588 户农户调查问卷》，《南京农业大学学报（社会科学版）》2010 年第 10 期。

⑩ 费孝通：《乡土中国　生育制度》，北京大学出版社 1998 年版。

农户融资渠道主要有内源性融资和外源性融资两个，其中"内源性融资"指当农户家庭农业收入不足以维持其生存时，采取经商、打工或救济等方式获得非农收入以满足自身生存需要；"外源性融资"指农户通过正规金融机构、非正规金融机构和个人等经济主体获得融资以填补家庭维生费用与家庭收入（农业和非农收入总和）之间的差额。[①] 此外，温铁军（2001）[②]，何广文（1999，2002）[③]，霍学喜、屈小博（2005）[④]，李锐、李超（2007）[⑤]，韩俊（2007）[⑥]，马晓青、朱喜、史清华（2010）[⑦] 等研究了农户融资次序问题，主要从正规渠道融资与非正规渠道融资，内源性融资和外源性融资这两个角度进行了分析。

　　农户在自身积累、民间融资以及正规金融机构融资等多种融资渠道选择中，哪些因素影响着农户融资渠道偏好呢？已有研究成果讨论的主要是农户融资的路径偏好及其影响因素，并形成了一些重要结论。农户收入水平越高，从正规金融机构融资的偏好就越强（马晓青、黄祖辉，2010）。[⑧] 与高收入农户相比，中低收入农户更倾向于从非正规金融机构获得融资（史清华、陈凯[⑨]，2002；王静、吕罡、周宗放[⑩]，2011）。陈鹏、刘锡良（2011）的研究表明，中国农户显著偏向内源融资，这集中反映了中国农户借贷行为具有

　　① 黄宗智：《华北的小农经济与社会变迁》，中华书局2000年版；《长江三角洲小农家庭与乡村发展》，中华书局2000年版。

　　② 温铁军：《农户信用与民间借贷研究》，《中国经济信息网》2001年6月7日。

　　③ 何广文：《从农村居民资金借贷行为看农村金融抑制与金融深化》，《中国农村经济》1999年第10期；《农村金融服务供求现状、问题及对策建议》，《农业部"中国农业和农村经济结构战略调整"课题》，2002年。

　　④ 霍学喜、屈小博：《西部传统农业区域农户资金借贷需求与供给分析——对陕西渭北地区农户资金借贷的调查与思考》，《中国农村经济》2005年第8期。

　　⑤ 李锐、李超：《农户借贷行为和偏好的计量分析》，《中国农村经济》2007年第8期。

　　⑥ 韩俊：《中国农村金融调查》，上海远东出版社2007年版。

　　⑦ 马晓青、朱喜、史清华：《农户融资渠道偏好顺序及其决定因素——来自五省农户调查的微观证据》，《社会科学战线》2010年第4期。

　　⑧ 马晓青、黄祖辉：《农户信贷需求与融资偏好差异化比较研究——基于江苏省588户农户调查问卷》，《南京农业大学学报（社会科学版）》2010年第10期。

　　⑨ 史清华、陈凯：《欠发达地区农民借贷行为的实证分析——山西745户农民家庭的借贷行为的调查》，《农业经济问题》2002年第10期。

　　⑩ 王静、吕罡、周宗放：《信贷配给突变分析——破解信贷配给难题的理论模型》，《金融研究》2011年第8期。

"道义小农"假说的特点。① 胡士华、李伟毅（2011）从担保能力高低的角度分析了正规渠道融资和非正规渠道融资的难易程度。② 熊学萍、阮红新、易法海（2007）指出，从长远来看，正式融资制度是农户的最终选择。③ 此外，马晓青、刘莉亚、胡乃红、王照飞（2012）④，颜志杰、张林秀、张兵（2005）⑤，周小斌、耿洁、李秉龙（2004）⑥，杨小玲（2009）⑦ 等从户主年龄、农户家庭成员受教育程度、农户劳动力外出务工情况以及农户投资行为等方面对其融资路径偏好的影响因素进行了研究，发现这些因素都会对农户融资渠道的选择产生影响。

（2）国内关于农户融资约束现状的研究

农村金融研究的核心问题之一是农户融资问题。我国自 1978 年在农村实行家庭联产承包责任制以来，农户成为自主经营、自负盈亏的经济主体，农户的融资行为成为家庭经济行为而不再是"大而公"的集体行为，农村金融机构也开始逐步讲求经济效益，农户融资约束也由以前计划经济条件下的软约束变为硬约束。但在我国"重城市、轻农村"的歧视性金融制度安排下（谢平⑧，2001；林毅夫、孙希芳⑨，2005），城乡金融发展的不平衡性日益加剧，导致农村金融至少落后城市金融 10 年（于奎⑩，2006；唐双宁⑪，2006），农村金融抑制问题非常突出。农村金融发展滞后严重制约了农村经济

---

① 陈鹏、刘锡良：《中国农户融资选择意愿研究——来自 10 省 2 万家农户借贷调查的证据》，《金融研究》2011 年第 7 期。

② 胡士华、李伟毅：《信息结构、贷款技术与农户融资结构——基于农户调查数据的实证研究》，《管理世界》2011 年第 7 期。

③ 熊学萍、阮红新、易法海：《农户金融行为、融资需求及其融资制度需求指向研究——基于湖北省天门市的农户调查》，《金融研究》2007 年第 8 期。

④ 马晓青、刘莉亚、胡乃红、王照飞：《信贷需求与融资渠道偏好影响因素的实证分析》，《中国农村经济》2012 年第 5 期。

⑤ 颜志杰、张林秀、张兵：《中国农户信贷特征及其影响因素分析》，《农业技术经济》2005 年第 4 期。

⑥ 周小斌、耿洁、李秉龙：《影响中国农户借贷需求的因素分析》，《中国农村经济》2004 年第 8 期。

⑦ 杨小玲：《农村金融发展与农民收入结构的实证研究》，《经济问题探索》2009 年第 12 期。

⑧ 谢平：《中国农村信用合作社体制改革的争论》，《金融研究》2001 年第 1 期。

⑨ 林毅夫、孙希芳：《信息、非正规金融与中小企业融资》，《经济研究》2005 年第 7 期。

⑩ 于奎：《农村金融制度创新与城乡和谐市场构建》，《经济经纬》2006 年第 2 期。

⑪ 唐双宁：《高度重视城乡金融发展的不平衡》，《第一财经日报》2006 年 10 月 23 日。

发展，导致出现了农户信用度高与农户融资困难并存、农村资金外流与农村资金短缺并存的悖论（刘文璞①，1997；杜晓山②，2006）。尽管 2004—2017年连续十四年"中央一号文件"都明确指出要大力发展农村金融，强调加快推进农村金融体制改革与创新，增强农村金融服务农户的能力，提高农村金融服务水平和质量。然而，从向农村正规金融机构申请贷款的农户的贷款可获得性来看，仍有相当比例农户的资金需求无法得到满足，农户面临着严重的融资约束。

金融作为现代经济的核心，应该在现代农业发展中发挥重要作用。但是大量事实和数据表明，农村金融发展滞后，已成为制约我国农业农村经济健康发展的重要因素。据《中国金融年鉴（2010）》数据显示，农村信用社作为我国农村金融最重要的力量之一，却将80%的贷款投放到非农项目上。农村地区大量低收入弱势群体无法获得有效的资金支持，被排除在金融体系的服务之外（刘玲玲、杨思群、姜朋等，2010）。③ 即使是微型金融，在为农户提供贷款时为了追求盈利也会通过提高利率将客户中最贫困的人群排挤在外而出现"使命漂移"。据中国银监会统计，我国农村有贷款需求的农户约 1.2亿户，然而获得贷款的农户比例仅为 33.2%。李锐、朱喜（2007）运用Mstch 模型和 Probit 模型，利用 3000 户农户的微观数据，分析了我国农村金融抑制的程度，发现资金是农户家庭经营所需的要素中最稀缺的要素，大约70.92% 的农户受到融资约束，而导致农户融资约束的主要原因就是农村信贷市场的低效率。④ 褚保金、卢亚娟、张龙耀（2009）指出，与大多数发展中国家的情况类似，我国农户也面临着较为严重的正规信贷约束。⑤ 他们使用江苏省欠发达的北部地区 372 个农户调查样本，实证分析了经济欠发达地区农村的信贷配给状况，结果表明，实施信贷配给的主要是正规金融机构，其中受到信贷配给的样本中农户比例为 28.49%。

① 刘文璞：《中国农村小额信贷扶贫的理论与实践》，中国经济出版社 1997 年版。
② 杜晓山：《小额信贷的发展与普惠性金融体系框架》，《中国农村经济》2006 年第 8 期。
③ 刘玲玲、杨思群、姜朋等：《清华经管学院中国农村金融发展研究报告完结篇（2006—2010）》，清华大学出版社 2010 年版。
④ 李锐、朱喜：《农户金融抑制及其福利损失的计量分析》，《经济研究》2007 年第 2 期。
⑤ 褚保金、卢亚娟、张龙耀：《信贷配给下农户借贷的福利效果分析》，《中国农村经济》2009年第 6 期。

近年来，我国逐步放宽了农村地区金融准入政策，金融产品和服务的供给主体在数量和类型上得到了很大丰富，但是从供给质量来看，并没有很好地提高农户金融服务需求的满足程度，供需矛盾仍然存在，农村金融市场的资金配置效率依旧不高，大部分农户仍面临融资难题（刘艳华、王家传[①]，2009；马晓青、朱喜、史清华[②]，2010；张龙耀、江春[③]，2011；丁志国、谭伶俐、赵晶[④]，2011；薛薇、谢家智[⑤]，2011；顾宁、范振宇[⑥]，2012）。阚立娜、李录堂、薛凯文（2016）基于农户类型分化的背景，运用 Heckman 选择模型实证分析农户融资约束状况，结果表明，普通农户的信贷资金缺口最大，家庭农场和种养大户的信贷资金缺口次之，农民专业合作社信贷资金需求无法得到满足的程度最低。[⑦]

（3）国内关于农户融资约束形成原因的研究

在非正式金融得到重视之前，学者们的研究主要集中于正规融资。特别是自 1993 年由中国社会科学院农村发展研究所引入孟加拉国"乡村银行"小额信贷模式在河北易县创办扶贫经济合作社以来，农户通过小额信贷活动获得融资便成为学者们研究的重点。"小额信贷"是专门向低收入群体提供小额度持续信贷服务的机构或业务。小额信贷作为一种信贷活动，是以特定的目标群体——有生产能力的低收入者为服务对象的。这类群体具有以下几个特征：在非正式部门就业，收入低，其生产活动与家庭经营和小生意紧密联系，工资收入较低；跟工商企业不一样，没有完整的财务报表和经营记录，更没有长期信用记录；缺乏符合金融机构要求的受法律保护的抵押担保品。而在传统金融机构的实践过程中，贷款的审查是根据借款人的财务报表、收入证明等文件并依靠抵押担保作为还款保证的，这些传统方法在小额信贷领域都

①　刘艳华、王家传：《中国农村信贷配给效率的实证分析》，《农业经济问题》2009 年第 5 期。

②　马晓青、朱喜、史清华：《信贷抑制与农户投资回报——云南、宁夏农户调查案例分析》，《上海经济研究》2010 年第 9 期。

③　张龙耀、江春：《中国农村金融市场中非价格信贷配给的理论和实证分析》，《金融研究》2011 年第 7 期。

④　丁志国、谭伶俐、赵晶：《农村金融对减少贫困的作用研究》，《农业经济问题》2011 年第 11 期。

⑤　薛薇、谢家智：《我国农业资本配置效率的比较研究》，《农业技术经济》2011 年第 7 期。

⑥　顾宁、范振宇：《农户信贷需求结构分析》，《农业经济问题》2012 年第 8 期。

⑦　阚立娜、李录堂、薛凯文：《农地流转背景下新型农业经营主体信贷需求及约束研究——基于陕西杨凌农业示范区的调查分析》，《华中农业大学学报（社会科学版）》2016 年第 3 期。

无法应用，从而导致传统金融机构用于克服信息不对称的技术无法实施，也就不愿意为这类群体提供融资服务。张亚维（2004）通过对农户信贷市场研究认为我国农户信贷市场具有强的信息不可获得性与弱的信息不可确认性两大特征。[①] 陈军、曹远征（2008）指出，"正规金融机构不愿为农村低收入者和穷人提供金融服务的理由是明显的，在无抵押和担保条件下，由于信息约束，金融机构无法观测和监督农民的行为，因而向他们提供贷款是有风险的"[②]。周立（2005）指出，在农村地区，农户主要以土地、房屋、劳动力以及农机具等进行抵押，但金融机构一般不愿意接受这些抵押物，因为在农村没有一个处理抵押物的市场，金融机构处理这些抵押物的执行成本太高，或近乎不可执行。[③] 对非洲农村金融的调查表明，从金融机构手中买入抵押的土地、田舍等行为会遭到村民们的谴责。农村并不是缺乏抵押物，只是缺乏金融机构要求的抵押物，缺乏可以变现抵押物的机制。杨兆廷、连漪（2006）指出，由于农民信用观念差导致金融机构惜贷现象严重，加之缺乏对农户资信度进行评定的统一标准，小额信贷在我国的发展受到限制。而且，小额信贷风险保障机制缺位也制约了小额信贷的推广难以适应贫困户对借款期限、还款方式等的要求。[④] 姚先斌、程恩江（1998）认为，我国农村小额信贷市场提供的金融产品比较单一，难以适应农村小微主体多方面的需求。此外，小额信贷机构的资金一直靠外部供应，缺乏持续性，贷款给边远山区的贫困户成本较高，利息收入不足以补偿操作成本。[⑤] 刘安琪（2009）以某县农村信用社为例，指出农村小额信贷具有涉及面广、操作成本高的特点。[⑥] 王翼宁、赵顺龙（2007）认为，正规金融机构服务缺位只是造成农户融资困境的因素之一，导致农户陷入融资困境的关键原因是农户自身存在认知偏差和行为偏差。[⑦] 许圣道、田霖（2008）则指出，由于农村经济主体自身习惯、心

---

① 张亚维：《农户信贷市场的信息不对称与风险规避》，《农村金融研究》2004 年第 5 期。
② 陈军、曹远征：《农村金融深化与发展评析》，中国人民大学出版社 2008 年版。
③ 周立：《张大妈与一万元农贷的故事》，《银行家》2005 年第 7 期。
④ 杨兆廷、连漪：《农村小额贷款问题探析》，《农村金融研究》2006 年第 2 期。
⑤ 姚先斌、程恩江：《小额信贷的概念、原则及在中国的实践》，《中国农村经济》1998 年第 4 期。
⑥ 刘安琪：《农村小额信贷的问题分析与前景展望》，《金融发展研究》2009 年第 5 期。
⑦ 王翼宁、赵顺龙：《外部性约束、认知偏差、行为偏差与农户贷款困境——来自 716 户农户贷款调查问卷数据的实证检验》，《管理世界》2007 年第 9 期。

理、风俗等主观方面的原因也存在金融的自我排斥问题。[①] 甘宇、朱静、刘成玉（2015）通过实证研究发现，农户所拥有的社会资本和家庭资产总量对农户的融资能力有较为显著的正向影响。[②]

此外，国内许多学者对农户正规信贷可得性的影响因素进行了研究，认为户主个体特点、家庭基本特征、经营土地面积和偿债能力、对正规金融机构借贷政策的认知程度等对农户正规信贷可得性有显著影响（冯旭芳[③]，2007；贺莎莎[④]，2008；刘营军、褚保金、徐虹[⑤]，2011；易小兰[⑥]，2012）。

3. 国内关于农村金融增量改革问题的研究

2006 年开始推行的农村金融增量改革希望通过在现有农村金融体系的基础上成立新型农村金融机构，增加金融主体类型和数量，打破农村金融固有的格局。国内诸多专家学者对此问题进行了研究。王曙光、王丹莉（2008）认为，我国农村金融改革的成功主要在于通过渐进扶持增量部分推进边际式变革，以增量金融机构的发展推动农村金融产权主体的多元化，从而改善农村金融市场的竞争生态，提升农村金融体系服务"三农"的能力。[⑦] 雷立钧（2008）指出我国农村金融改革正经历从存量改革到增量改革的阶段，在存量改革与增量改革双轨并进过程中，不仅要通过增量改革吸引大量资金进入农村，引入竞争活跃农村正规金融，也要防止增量改革可能导致的农村金融市场恶性竞争和监管混乱等新问题。[⑧]

我国农村金融增量改革的主要形式是成立新型农村金融机构。黄文胜、

---

① 许圣道、田霖：《我国农村地区金融排斥研究》，《金融研究》2008 年第 7 期。

② 甘宇、朱静、刘成玉：《中国农户面临的信贷排斥——来自 4625 个样本的数据》，《财经理论与实践》2015 年第 6 期。

③ 冯旭芳：《贫困农户借贷特征及其影响因素分析——以世界银行某贫困项目监测区为例》，《中国农村观察》2007 年第 3 期。

④ 贺莎莎：《农户借贷行为及其影响因素分析——以湖南省花岩溪村为例》，《中国农村观察》2008 年第 1 期。

⑤ 刘营军、褚保金、徐虹：《政策性金融破解农户融资难研究——一个微观视角》，《农业经济问题》2011 年第 11 期。

⑥ 易小兰：《农户正规借贷需求及其正规贷款可获性的影响因素分析》，《中国农村经济》2012 年第 2 期。

⑦ 王曙光、王丹莉：《边际改革、制度创新与现代农村金融制度构建（1978—2008）》，《财贸经济》2008 年第 12 期。

⑧ 雷立钧：《基于增量改革的中国农村金融发展》，《财经问题研究》2008 年第 11 期。

陶建平（2009）认为，创新农村金融机构是破解农村金融边缘化、构建普惠金融体系的突破口，并对如何拓宽农村新型金融机构准入的广度与深度作了详细研究。[①] 张皓（2011）通过利益博弈模型分析，指出新型农村金融机构的产生源自农民的内在需求，能够很好地解决农户贷款难问题。[②] 沈杰、马九杰（2010）认为，新型农村金融机构增加农村金融供给的方式包括减少贷款手续和创新贷款产品，但是也存在资金规模约束、服务对象"高端化"、风险监管困难等问题。[③] 周文平、周素彦（2011）指出，我国新型农村金融机构发展速度慢于银监会的试点计划和三年工作安排进度，并对我国新型农村金融机构组建中的激励约束机制进行了分析。[④] 谢升峰（2010）比较分析了三类新型农村金融机构缓贫及对低收入群体的信贷支持情况，认为我国新型农村金融机构在缓贫及对低收入群体提供金融支持方面，目标定位尚不清晰，覆盖面、盈利性及可持续性受到挑战。[⑤] 洪正、王万峰、周轶海（2010）指出，新型农村金融机构应充分利用在资金提供、监督、技术咨询和担保上的优势，设计有效的融资结构，改善农户融资条件。[⑥] 马勇、陈雨露（2010）指出，作为"边际增量"的新型农村金融机构，其改革目标是真正从中国农村市场的内部去推动新兴金融元素的培育和增长，逐渐摆脱基于原有体制的"复制性增长"的惯性依赖，促进具有"内生性"特征的农村金融体系的形成。[⑦] 洪正（2011）比较分析了各类新型农村金融机构的监督效率及其对农户融资状况的影响，认为进一步改革需要逐步从政府外生主导模式向民间内生成长

[①] 黄文胜、陶建平：《创新农村新型金融机构，破解农村金融"边缘化"》，《生产力研究》2009年第4期。

[②] 张皓：《基于完善农村金融体系诉求下的新型农村金融机构发展研究》，《南方金融》2011年第9期。

[③] 沈杰、马九杰：《农村金融新政对增加农村金融信贷供给的作用——基于对新型农村金融机构的调查分析》，《现代经济探讨》2010年第7期。

[④] 周文平、周素彦：《我国新型农村金融机构发展中的激励机制分析》，《宏观经济研究》2011年第12期。

[⑤] 谢升峰：《微型金融与低收入群体信贷——理论及对我国新型农村金融机构的解析》，《宏观经济研究》2010年第9期。

[⑥] 洪正、王万峰、周轶海：《道德风险、监督结构与农村融资机制设计——兼论我国农村金融体系改革》，《金融研究》2010年第6期。

[⑦] 马勇、陈雨露：《作为"边际增量"的农村新型金融机构：几个基本问题》，《经济体制改革》2010年第1期。

模式转变。① 陆智强、熊德平、李红玉（2011）利用博弈分析方法，指出当前新型农村金融机构存在问题的主要原因是以中国银监会主导的监督企业行为的治理机制不合理，并利用组织行为学"激励→行为→目标"模型的分析框架构建了一个新型治理机制。② 葛永波、周倬君、马云倩（2011）运用层次分析法对新型农村金融机构可持续发展的影响因素进行了研究，表明产品与服务创新水平在所有影响因素中的权重最高，其次是员工素质，还有财税政策与金融环境、机构知名度、公司治理等，并据此提出了相应的对策。③ 郭峰、胡金焱（2012）指出，新型农村金融机构的设立实现了民间资本的正规化，在推进新型农村金融机构建设时，应避免"多而同"的模式。④ 梁静雅、王修华、杨刚（2012）分析了新型农村金融机构的发起类型、注册资本、地区分布、可持续经营状况等，发现新一轮农村金融增量改革与预期效果有一定差距。⑤ 偏差原因在于存在自上而下的强制性制度变迁、创新力度不足、政策目标与作为主发起行的商业银行利益长期不相容、监管制度设计存在缺陷等。

（三）国内外研究现状述评

综上所述，国内外学者关于农户融资约束问题的研究成果丰富，为后续研究打下了坚实的基础，但当前基于农村金融增量改革的农户融资约束缓解研究仍然存在以下几个方面的问题，需要不断丰富和完善：一是对农户融资特征的研究需要进一步拓展。从已有文献可以看出，学者们对农户融资问题的研究主要集中在对特定地区、特定时期农户融资的分析研究，对在工业化、城镇化、信息化、农业现代化同步推进的背景下，我国农户融资需求的特点

① 洪正：《新型农村金融机构改革可行吗？——基于监督效率视角的分析》，《经济研究》2011年第2期。
② 陆智强、熊德平、李红玉：《新型农村金融机构：治理困境与解决对策》，《农业经济问题》2011年第8期。
③ 葛永波、周倬君、马云倩：《新型农村金融机构可持续发展的影响因素与对策透视》，《农业经济问题》2011年第12期。
④ 郭峰、胡金焱：《农村二元金融的共生形式研究：竞争还是合作——基于福利最大化的新视角》，《金融研究》2012年第2期。
⑤ 梁静雅、王修华、杨刚：《农村金融增量改革实施效果研究》，《农业经济问题》2012年第3期。

及农户融资需求满足情况的研究较少。二是关于农村金融改革为何没有有效缓解农户融资约束问题的研究成果比较少见。农户融资难、融资贵始终制约我国农民收入增长和农业生产、农村经济发展，而我国一系列的农村金融改革措施是否真正有利于农户融资约束的缓解，仍待深入分析。三是缺乏对当前我国增量农村金融机构行为逻辑的研究。目前我国新型农村金融机构的组织结构、金融产品、服务方式等是否适应农户的融资需求，村镇银行、资金互助社、小额贷款公司等增量农村金融机构缓解农户融资约束的效果如何，有待深入研究。四是增量农村金融机构的改革与发展状况有待深入研究。自2006年12月中国银监会允许在农村地区设立新型农村金融机构以来，我国新型农村金融机构获得了较快发展，但增量农村金融机构在缓解农户融资约束方面效果不佳，原因是什么？其成长的路径是什么？要更好地缓解农户融资约束所需要的外部条件是什么？如何发育适合我国农户融资需求特点的增量农村金融机构等是我们需要进一步研究解决的问题。

三、本书的主要研究内容与研究方法

（一）研究内容

1. 我国农户金融服务需求的特点及其面临的融资约束。通过对湖北、湖南、广西、四川、贵州、云南、陕西、甘肃等8个省（自治区）2033户农户的实地调研，运用 Logit 模型对全体样本农户融资约束、相对较贫困农户、相对较富裕农户的总体融资约束、供给型融资约束、需求型融资约束的影响因素进行实证分析，并运用 Probit 模型进行了稳健性检验。

2. 我国存量农村金融机构改革及其缓解农户融资约束的效果研究。改革开放以来我国一直在对存量农村金融机构进行改革。通过回顾我国存量农村金融改革进程，分析存量改革下农村金融机构对农户信贷供给的意愿及行为，以及存量农村金融机构为克服农户信贷配给而进行的抵押担保创新，并运用层析分析法对创新型农户信贷抵押担保方式的实施效果进行评价。

3. 我国农村金融增量改革的背景、相关举措及增量农村金融机构的运行状况研究。对2006年以来我国有关村镇银行、小额贷款公司、农村资金互助社等新型农村金融机构改革政策出台的背景进行研究，并在政策出台后的一系列关于新型农村金融机构的规章制度、条例、暂行办法等背景下，研究新型农村金融机构的运行状况，深入剖析我国增量农村金融机构缓解农户融资约束效果不佳的原因。

4. 我国增量农村金融机构在缓解农户融资约束方面的满意度研究。在对农户进行问卷调查的基础上，运用 Pearson 相关系数对我国增量农村金融机构服务农户的满意度进行分析。我国增量农村金融机构缓解农户融资约束效果不佳的原因在于增量改革仍然沿用的是自上而下的强制性制度变迁方式，增量农村金融机构是存量金融机构体系的派生物和对增量农村金融机构的监管模式不合理等。

5. 有效缓解农户融资约束的增量农村金融成长路径研究。从金融成长路径的视角讨论破解农户融资难问题，认为我国农村金融的外生成长是农户融资难的症结所在，提出农村金融改革应走内生成长之路。基于局部知识、制度变迁和金融成长与内生成长的联系，论述农村金融内生成长的理论基础和优势，并结合我国农村社会"圈层结构"特征和差序格局，以及我国新型农村金融机构作用未得到发挥的现实情况，分析农村金融内生成长的现实必然性。由于不同成长路径下农户参与金融活动的程度不同，对缓解农户融资约束的效果也不一样，本研究认为内生成长路径下的融资约束缓解机制和自履约实施机制能有效缓解农户融资约束，实现农村金融的良性发展。

6. 增量农村金融机构缓解农户融资约束的信贷机制设计、策略与环境条件创设。从抵押替代机制、横向监督机制、动态激励还款机制等方面对增量农村金融机构缓解农户融资约束的信贷机制进行了设计，然后从放宽民间资本准入限制、增量农村金融机构树立普惠金融的理念、培育社会型的增量农村金融机构、提供专业微贷技术培训等方面提出促进增量农村金融机构内生成长的对策建议。

（二）研究方法

1. 实证分析与规范分析相结合的方法。本研究运用实证分析方法，探索我国由家庭经营特点所决定的农户融资需求的共性特征"是什么"，我国农户面临的融资约束现状及其影响因素"是什么"；运用规范分析方法，回答我国农村金融增量改革的目标和思路"应该是什么",以及实现我国增量农村金融机构成功改革与发展"应该怎么做"等问题。

2. 定性分析与定量分析相结合的方法。运用定性分析法对农户融资需求特征以及农户面临的融资约束进行分析,运用 Logit 模型对农户融资约束的影响因素进行实证分析,并运用 Probit 模型进行了稳健性检验。

3. 博弈分析的方法。运用完全且完美动态博弈模型和 Bertrand 价格博弈模型模拟合作社异质性社员的信贷行为和要素投入差异,探讨合作社内开展资金互助的条件和稳定性机制。

4. 对比分析的方法。运用对比分析法,分析相对较贫困农户和相对较富裕农户面临融资约束的差异,以及影响两种类型农户面临融资约束的因素的相同和不同之处。对比分析异质性社员参与资金互助业务的行为特征差异。

5. 案例分析的方法。运用案例分析法,分析湖南省沅陵县王家岭蛋鸡养殖专业合作社和常德市澧县锦绣千村合作社内部资金互助的情况,探讨合作社内资金互助缓解农户融资约束的效果。

四、本书的创新点

本书在分析我国农户融资需求特点的基础上,研究农户融资约束的度量方法和我国农户当前面临的融资约束状况,并详细分析全样本农户融资约束、相对较贫困农户、相对较富裕农户的总体融资约束、供给型融资约束、需求型融资约束的影响因素。

从我国农村金融增量改革的角度研究农户融资约束缓解问题,对农村金融增量改革进行反思,提出增量农村金融机构成长的方式创新。

论述农村金融内生成长的优势,结合我国农村社会的相关特征,分析农村金融内生成长的必然性以及内生金融的融资约束缓解机制、自履约实施机制和农户参与金融活动的积极性。

第一章 农户融资约束与农村金融
增量改革的理论基础

一、农户融资约束的内涵及其度量

（一）农户融资约束的内涵

融资约束问题一直是世界各国学术界普遍关注的问题。从理论上看，农户融资约束主要是考察农户资金需求的满足程度，即分析农户面临的"信贷配给"状况。按照《新帕尔格雷夫经济学大辞典》的解释，"信贷配给是指借贷市场上信贷需求方所面临的一种状况，即按照所提供的契约，信贷需求方无法得到所需要的信贷资金。主要表现为两种情况：一是只有一部分贷款申请者能获得贷款，另一部分申请者被排斥于借贷市场之外不能获得贷款；二是金融机构提供的资金少于借款者申请的金额，即申请得到贷款的人不能获得全部申请资金额，而只能获得其中的一部分"。斯蒂格利茨和韦斯最早将信息不对称引入融资约束分析，认为信息不对称引发的逆向选择是导致信贷门槛提高、融资供给约束产生的重要原因，从而使得信贷配给成为金融市场的长期均衡状态。[1] 另外一些学者指出，融资约束又称流动性约束或借贷限制，测度的是居民从正规或非正规渠道借贷以平滑未来收入波动或财富冲击的能力（如 Zeldes，1989）[2]。

本研究在以往学者研究的基础上，站在融资渠道的角度研究融资约束。

---

① Joseph E. Stiglitz and Andrew Weiss, "Credit Rationing in Markets with Imperfect Information", *The American Economic Review*, Vol. 71, No. 3, 1981, pp. 393-410.

② Zeldes, S. P., "Optimal Consumption with Stochastic Income: Deviations from Certainty Equivalence", *Quarterly Journal of Economics*, Vol. 104, No. 2, 1989, pp. 275-298.

一般来讲，农户家庭为了应对意外支出以及平滑消费和投资波动的第一道防线是农户的"内源融资"渠道，即储蓄存款；只有当这一自我积累不足以平滑消费支出时，农户才求助于"外源融资"渠道，即通过向金融机构、亲朋好友或从其他非正规融资渠道融入资金以寻求生产经营和生活消费的顺利进行。因此，根据现代融资理论，融资约束可以表述为：当经济主体自有资金不足以实施意愿投资转而寻求外源融资时所面临的摩擦。这种摩擦产生的主要原因在于借贷市场、资本市场的不完善和低效率，导致经济主体在投资过程中无法通过外部融资渠道获得流动性支持，或者是获得外部流动性支持的成本过高，从而影响和限制经济主体的投资和生产生活行为，影响经济增长和居民福利的改善。

改革开放以来，我国农户作为独立生产经营主体的地位得以确立，极大地调动了农户开展生产经营的积极性，但农户由于自有资金不足，外源融资难又一直制约着农户创业和发展经济的热情，导致在工业化、城市化不断推进的背景下，外出务工成了农户满足流动性需要的主要选择，农村精壮劳动力大量转移到城市，农业面临边缘化的境况，国家粮食安全问题日益严峻，现代农业发展受到制约。

（二）农户融资约束的衡量方法

1. 早期的衡量方法

早期研究者通常是通过观察农户的借贷行为，用已经发生的农户借贷行为来识别融资约束。但事实上我们只能观察到通过正规金融机构贷款的农户行为，也就是既有融资需求、也获得了正规金融机构贷款的农户的行为。这种研究思维将其他一切没有通过正规金融机构融资的农户归为受到了融资约束。现在看来，这种研究处理方法是不妥当的。因为农户没有通过正规金融渠道融资的原因很多，可能农户本身没有融资需求，或者通过其他渠道满足了资金需求。因此这种研究是不完善的，无法有效衡量农户面临的融资约束。

2. 间接衡量方法

间接衡量农户融资约束的方法主要有两种：第一种是基于生命周期假说或持续收入假说，其基本思想是如果农户没有受到融资约束，则其短期内的收入波动不会影响消费，因此可以通过建立实证模型检验农户的短期收入变动是否会影响其消费支出来判断农户是否受到融资约束。第二种是观察农户的投资—现金流敏感性，即随着农户融资可获得性的变化其生产活动是否会发生改变。第一种方法最为常见，但是这种方法受到了很多质疑，因为实证模型需要对长时间的农户数据进行检验，因此，如果没有获得长期数据，以生命周期假说为基础的各种方法就没有用处。因为农户的预防或谨慎行为也会使得消费支出随着收入的增减而变化，这就需要对农户的审慎行为和因为受到融资约束产生的行为进行区分。其次，这种方法研究的不是农户个体行为，而是研究一组农户的行为，最重要的是无法量化融资约束，它不能厘清农户融资约束的严重程度，只是说明一组农户都面临融资约束问题。因此，间接衡量融资约束的方法缺乏可靠性。

3. 直接衡量方法

直接衡量方法是在对农户调查问卷进行周密严谨设计的基础上，通过实地走访农户，利用调研掌握的资料和数据来判别受到融资约束的农户及融资约束的程度。学术界普遍认为直接衡量方法是当前更好的方法，但是衡量融资约束的准确程度与调查问卷的设计和识别机制息息相关，因此调研应注重农户融资约束识别机制的设计，力求数据准确、全面，涵盖供给型融资约束和需求型融资约束，同时注意控制能够预期到的影响因素。在调查过程中，一般会询问农户是否有融资需求，是否有向外借钱的行为，是否得到希望的借款数额，并且也要询问没有向外借款的原因。

本书采用直接衡量方法来识别和衡量农户融资约束状况。早期研究主要是从信贷配给角度出发，注重对信贷供给层面的分析，当前的研究越来越重视对信贷需求的剖析，更加追求研究视角的全面性。只有农户存在正规信贷需求，研究农户融资约束问题才有意义。一些农户没有正规信贷需求，可能有三方面的原因：一是没有融资需求，这可能是农户本身资金充足，能够应付生产和生活性资金需求；二是虽然有融资需求，但是通过非正规金融获得了所需的借款数额，这也算作缺乏正规金融融资需求；三是虽然有从正规金融机构贷款的想法，但是没有还本付息的能力或者预期的生产投资收益难以覆盖贷款成本，这也属于非市场有效的信贷需求。除去缺乏正规信贷需求的农户，剩下的农户分为两类：一类是有正规信贷需求并从正规金融机构获得了贷款；另一类是有正规信贷需求但是由于种种原因没有从正规金融机构获得贷款，这一类农户是本书重点分析的融资约束对象。

（三）农户面临融资约束的识别

农户融资约束一般可分为供给型融资约束和需求型融资约束两大类。

供给型融资约束是来自正规金融机构对农户实施信贷配给，通过设定较高的融资门槛，把农户排斥在融资服务之外，其包括完全数量约束和部分数量约束两种，具体可以通过获得贷款资金与预期贷款额度之比进行确定。而由于正规金融机构长期对农户设定较高的融资门槛和实施信贷配给行为，也会对农户融资需求产生间接影响，并影响农户的后续投资与融资行为，从而产生约束性制度下的农户需求型融资约束。

需求型融资约束是指农户在正规金融机构设定现有融资门槛条件下，因担心失去抵押品、申贷手续复杂、服务态度不好等原因选择自动放弃向正规金融机构申请贷款的现象，其包括交易成本约束、融资风险约束和社会资本约束三种。

本研究为了对农户融资约束进行精准识别，通过问题导向来对农户融资约束进行识别和衡量，并细分农户融资约束的具体类型（见图1-1）。

第一个层次"在生产、生活等过程中是否有融资需求"，该问题反映农户融资决策情况。如果农户回答没有融资需求，说明农户不需要贷款，不存在融资约束问题。

第二个层次"农户有融资需求，是否申请正规金融机构融资"，并具体分析申请融资情况和没有申请融资的原因。

如果农户没有申请融资的原因是申贷手续复杂、服务态度不好、距金融机构太远、担保费用太高、批准额度太小等，说明农户面临交易成本约束，其原因在于农户由于金融机构的贷款手续复杂和服务不到位，使得农户融资交易成本高，当农户贷款成本高于预期收益时，导致农户主动选择不申请融资行为。

如果农户没有申请融资的原因是担心失去抵押品或者担心还不起贷款，说明农户面临融资风险约束，其原因在于农户因担心承担生产投资失败而无法偿还贷款，或者对抵押品可能存在的风险过于规避，农户主动选择不申请融资行为。如果农户没有申请融资的原因是无熟人贷不到款、不知道贷款条件等，说明农户由于缺乏有效的社会关系而主动放弃向正规金融机构贷款的行为，形成了社会资本约束。

交易成本约束、融资风险约束和社会资本约束归属于需求型融资约束。

如果农户没有申请融资是因为无有效盈利项目、无能力承担还款、贷款未还清等原因，说明农户没有融资约束，其原因在于这些农户的融资需求是非有效市场需求。本书的研究基础是将农户融资需求界定为有效融资需求，即农户不仅有向正规金融机构融资的意愿，同时也有还本付息能力的需求。

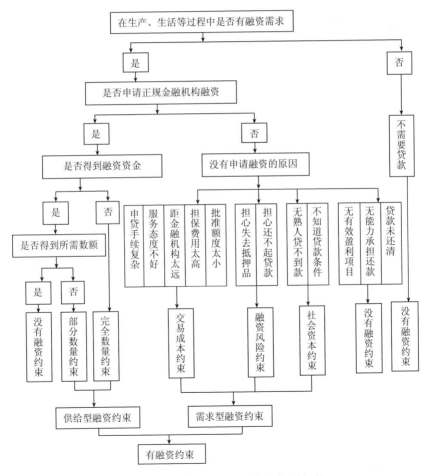

图 1-1　农户融资约束的判断和识别机制

第三个层次"农户申请融资，是否得到融资资金"，如果农户没有获得任何融资资金，说明农户面临完全数量约束，农户没有获得正规金融机构的任何融资资金，即农户融资申请被拒绝。如果农户获得融资资金，是否得到所需的数额？如果农户获得所需的全部融资资金，说明农户没有融资约束。如果农户获得所需的部分融资资金，说明农户面临部分数量约束。完全数量约束和部分数量约束均归属于供给型融资约束。

因此，本书因变量可分为"农户是否面临融资约束""农户是否面临供给型融资约束"和"农户是否面临需求型融资约束"三种情况。

二、农户融资约束的相关理论

（一）农业信贷补贴理论

20世纪80年代以前，农业信贷补贴理论在农村金融理论中处于主导地位。该理论认为农户特别是贫困农户没有储蓄能力，农村地区面临严重的资金供给不足，而且由于农业具有受市场风险和自然风险影响大、农产品生产周期长等产业特性，农业收入不稳定、投资回报期长、比较收益低，导致以利润最大化为目标的正规金融机构将农户拒之门外。同时，农业生产需要大量资金购买化肥、农耕机械等生产资料和设备，资金需求旺盛，而供给不足，出现了大量以高利率为特征的非正规金融供给主体，低收入农户和贫困农户借款人无力负担高利率，难以归还贷款。因此，为了缓解农村贫困和增加农业生产，农业信贷补贴理论主张政府干预农村金融市场，从农村外部注入政策性资金，并应广泛建立非营利性金融机构专门为农户提供融资服务。为了缩小农业与非农产业的收入差距，该理论还主张农业生产性贷款利率应低于非农产业，让农户能获得低于市场利率的贷款。大量低息政策性信贷供给投入农村地区，虽抑制了高利贷的进一步扩张，促进了农业生产发展，但总体上来说效果不彰。这种由政府主导的为金融机构农户贷款直接提供补贴的办法，农户可以持续获得廉价资金，缺乏储蓄的激励，农业信贷成为纯粹的财政压力，可能导致农村金融市场的扭曲。同时，也可能导致农村金融市场的寻租行为，那些与政府和金融机构关系密切的非贫困者可能会得到低息的资金，而真正需要资金的贫困农户可能受到信贷配给而被排斥在金融服务之外，信贷补贴的目标难以真正实现；另外农村金融机构在政府的干预下缺乏经营管理自主权，缺少监督借款人投资和偿债行为的动力，不利于其财务的可持续，最终会妨碍农村金融市场的健康发展和完善。

（二）农村金融市场理论

由于农业信贷补贴理论的诸多弊端，学者们对其进行了反思和批判。20世纪 80 年代以来，在麦金农和爱德华·肖的"金融抑制论"和"金融深化论"基础上发展起来的农村金融市场理论逐渐替代了农业信贷补贴理论。"金融抑制论"和"金融深化论"的核心思想是落后金融制度会阻碍经济发展，而经济发展的滞后反过来又制约金融制度的完善，为跳出这一恶性循环，需要推进"金融深化"来消除"金融抑制"状况，强调市场机制的作用、减少政府对金融活动的过多干预，尤其是推动利率的市场化，保证利率反映资金供求状况，以此调动人们储蓄与投资的积极性，促进资金有效配置。农村金融市场理论提出了与农业信贷补贴理论完全不同的观点：一是该理论认为农户和低收入群体拥有储蓄能力，只要提供存款机会，即使贫困农户也能储蓄一定数量的存款，即使没有政府的外部资金，农户也有参与金融市场的需求和能力；二是低利率政策环境会阻碍农户向金融机构存款，一定程度上抑制农村金融的发展与深化；三是金融机构对政府提供的外部资金过高的依存度会导致农村贷款回收率更低；四是农村金融机构存在更高的机会成本，非正规金融的高利率具有现实合理性。因此，农村金融市场理论主张对传统金融进行改革：第一，农村金融机构作为资金盈余部门和资金短缺部门之间的金融中介，应以动员储蓄为主要职能；第二，为了实现储蓄动员，利率须由市场机制决定，通过利率市场化实现农村储蓄与资金需求的平衡；第三，没有必要实行为特定利益集团服务的专项特定目标贷款制度；第四，非正规金融的存在具有合理性，应将正规金融市场与非正规金融市场结合起来。农村金融市场理论以完全依靠市场机制、极力排斥政府的过度干预为特点，具有一定的科学性，受到学者们的广泛认可，在市场经济国家中普遍实行。

（三）不完全竞争市场理论

20 世纪 90 年代以后，受到信息不对称、风险问题和资金来源匮乏的困扰，发展中国家金融市场体系、市场机制不健全的缺陷开始暴露，市场运行过程中农户与金融机构之间信息不对称引起的逆向选择和道德风险等市场失灵问题时有发生。人们开始认识到市场机制作用有效发挥需要一定的前提条件，于是农村金融市场理论开始被不完全竞争市场理论取代，即农村金融市场普遍存在信息不完全、信息不对称问题，金融机构与农村借款人之间的信息流通受阻，金融机构无法充分掌握借款人的全部信息，农村金融机构的作用和功能并未得到充分发挥，农村金融市场是一个不完全竞争市场。所以，单纯依靠市场机制的作用无法培育出完全竞争的农村金融市场，还需要依靠政府的力量进行适度调控。不完全竞争市场理论认为，政府直接干预效果不彰，而主张对农村金融市场进行适度监管的间接调控机制：一是培育低通货膨胀的、有利于农村金融市场稳定发展的宏观经济环境和土壤，创造一个可靠的信用环境；二是运用政策手段将实际利率控制在一定范围内，为加快完全竞争市场的利率市场化奠定基础；三是鼓励农户联合组建联保小组或互助合作组织，发展融资担保以及互助储金会等模式，降低农村金融市场信息不对称问题，提高贷款回收率和资金使用效率。总的来说，发展中国家金融市场不是一个完全竞争市场，而是介于农业信贷补贴理论和农村金融市场理论之间，因此，培育一个与实际需求相符合的金融市场，完全依靠市场机制自身调控，或者完全依靠政府直接干预，都不是补救不完全竞争市场失效的最佳方案，而是考虑政府的适当介入和借款人组织化等非市场要素，更加贴近现实情况。

三、增量农村金融机构的内涵及其改革的相关理论

（一）增量农村金融机构的内涵

2006 年 12 月，中国银监会发布了《关于调整放宽农村地区银行业金融机构准入政策　更好支持社会主义新农村建设的若干意见》，提出允许在农村地

区设立"村镇银行""贷款公司""农村资金互助社"三类新型农村金融机构，意味着村镇银行、贷款公司以及农村资金互助社成为我国新型增量农村金融机构的重要组成部分。2008 年 5 月，中国人民银行和中国银行业监督管理委员会联合发布《关于小额贷款公司试点的指导意见》，指出小额贷款公司是增量农村金融机构的组成部分。截至 2012 年，由政府主导推动设立的农村资金互助社发展缓慢、作用甚微，农村地区依靠外部金融供给造成的金融供需失衡成了难以避免的事实，为保证"三农"金融服务的有效供给，诱发新一轮的内生性农村合作金融组织创新迫在眉睫。同时，自 2007 年《农民专业合作社法》颁布以来，国家也一直强调鼓励发展农村合作经济，扶持发展较好的合作社开展信用合作，建立新型农村合作金融组织。全国各地各类示范性合作社也为此不断尝试，依托合作社产业发展组建资金互助平台，在社员内部开展资金互助业务，为社员提供方便、快捷的融资服务，是近年来发展农村合作金融组织创新模式的优势力量。这一类由农民自发成立的、在合作社内部组建的资金互助平台也属于增量农村金融机构的范畴，是本研究的研究对象。因此，本研究认为增量农村金融机构除了包括中国银监会认定的村镇银行、贷款公司和农村资金互助社，还包括中国人民银行认定的小额贷款公司，以及依托合作社社员自发组建的资金互助组织或资金互助社等各类金融服务组织。

（二）　制度变迁理论

20 世纪 70 年代前后，解释经济增长的研究受到长期经济史研究的巨大影响，最终在解释经济增长中纳入制度因素，制度变迁理论应运而生，其代表人物是诺斯。诺斯在《西方世界的兴起》一书中，认为经济增长的关键因素是制度，即保证经济增长的决定性因素是一种能够对个人提供有效激励的制度，其中产权制度最重要。经济学意义上的制度，"是一系列被制定出来的规则、服从程序和道德、伦理的行为规范"，诺斯称之为"制度安排"。主要有正式制度（例如法律）、非正式制度（例如习俗、宗教等）以及它们的实施，这三者共界定了社会的尤其是经济的激励结构。而制度变迁则是指一种制度框架的被打破和创新。林毅夫（1994）首先提出诱致性制度变迁和强制性制度变迁的概念。诱致性制度变迁是指人们为了获得盈利机会，自发倡导和组织实施对现行制度安排的变更或替代，创造新的制度安排，是人们在追求由制度不均衡引致的获利机会时所进行的自发性制度变迁。[①] 诱致性制度变迁是在制度不均衡发展背景下，由众多单位和个人为获得经济利益而自发倡导、谈判、创造新的制度安排，而实现利益均衡的结果。诱致性制度变迁强调内生变量的影响，源于经济体系内部主体的实际需要而衍生，能充分反映经济主体偏好和利益诉求。诱致性制度变迁是借助政府资源的后续拉动，发挥民间力量的个人选择对制度变迁的推动作用，因而更加稳定、更有效率。强制性制度变迁是指通过立法、行政权力等外在强制主体推行制度的变革，其影响因素包括外部主体意愿、利益等方面，主要满足外部主体的偏好和利益，所以强制性制度变迁的结果极有可能偏离内部主体的利益和发展目标。随着市场自由化和制度约束条件的改变，出于自身经济利益的追求，农村市场主体会逐渐打破政府强制性制度变迁的路径，最终被更有效率的、内生的诱致性制度变迁的市场交易制度所替代。

（三）内生成长理论

20 世纪 80 年代中期，内生成长理论作为西方宏观经济理论的一个分支而产生，主要代表学者有保罗·罗默和罗伯特·卢卡斯，该理论认为经济持续增长的决定因素是内生技术进步，而不是依赖外力推动。20 世纪 90 年代后，在内生成长理论的基础上，内生金融成长理论应运而生。内生金融成长理论强调在依靠农户、个体经营者以及企业部门等微观经济主体的参与和贡献的前提下，通过系统内部自觉运行，提高资源的配置效率和使用效率，是"自组织"的金融成长。在政府的引导和支持下，凭借完善的市场机制和市场结构，内部金融要素通过自主协调、相互配合实现金融系统的有序运行和发展。与内生金融成长理论相对应的是外生金融成长理论，该理论认为金融发展主要依靠移植复制外部金融模式，直接应用于本国的经济领域，属于政府主导、自上而下的"他组织"形式，即外部力量作用下金融体系的被动反应。这类金融成长模式因为缺乏内在微观经济主体的动力，可能出现与现实经济发展

---

① 林毅夫：《关于制度变迁的经济学理论：诱致性变迁与强制性变迁》，上海人民出版社 1994 年版。

的实际情况不相融的问题。实现金融内生成长的过程就是健全完善金融激励、约束机制的自发、渐进的创新过程。从我国改革开放后农村金融改革的历史变迁来看，基本遵循"上层设计—试验推广"的"自上而下"的金融政策模式，主要满足外部主体的偏好，基本偏离内部主体的利益和发展目标，导致农村金融并没有成为农村经济发展的有力支撑，反而成为农村资金的"抽水机"。所以，推进我国金融成长的根本出路在于实现金融成长由外生状态向兼顾各方利益、实现资源优化配置的内生状态转换。

（四）包容性增长理论

2007 年，亚洲开发银行（ADB）提出包容性增长的概念，认为公平对待"边缘群体"是实现包容性增长的内在要求，保障弱势群体的经济参与权和收益权，让全体社会成员拥有公平、均衡的发展机会。国际上提出的包容性增长强调在实现一国经济收入增长的基础上，重视"人的发展"和生活水平的提高，减少贫困和不平等，广泛接纳群众意见，促进自然资源的可持续发展和环境保护等内容。2010 年 9 月，胡锦涛总书记在第五届亚太经合组织会议上，第一次引入"包容性增长"的概念：全社会各个阶层都能公平合理地分享经济发展带来的成果，强调再分配、促进机会平等和公平，包容性增长并非简单提倡解决贫富差距问题，而是从全局的角度出发，考虑实现可持续发展的有利因素和不利因素，通过增加就业机会、制度创新、改良等措施缓解各个阶层发展的不平衡、不充分等问题，最终实现包容性增长。传统金融机构坚持效率优先原则、追求利润最大化，把贫困农户等弱势群体排斥在外，而普惠金融则强调将所有阶层特别是被金融机构排斥在外的弱势群体纳入金融体系中，并以促进经济均衡发展和社会公平为目标，弥补传统金融的不足，是包容性增长在经济领域的一项具体体现和有机组成部分。普惠金融强调要尊重弱势群体与其他群体公平享受现代金融服务的权利和机会，就必须加强经济社会发展规划的顶层设计，让金融市场到达过去难以覆盖的贫困和偏远地区，实现社会共同富裕。在我国特定环境与国情下，要充分认识到发展普惠金融是一个动态的过程，在注重"包容"的前提下，又要兼顾"增长"，两者相依相随，需要将促进普惠金融发展战略与国家经济社会发展的整体规划有机结合、协同发展，让普惠金融理念成为一种社会共识。

第二章　我国农户融资需求的特点及其面临的融资约束

一、样本数据来源及调研农户的基本情况

（一）样本数据来源

本部分数据来源于项目组成员参加的、由中国人民大学汪三贵教授组织的于 2016 年 7—8 月对湖北省的建始和秭归、湖南省平江和沅陵、广西壮族自治区都安和田阳、四川省宣汉和剑阁、贵州省水城和威宁、云南省武定和宣威、陕西省西乡和紫阳、甘肃省古浪和靖远等 8 个省（自治区）16 个县农户进行的实地走访与调研。为了保证调研数据的质量，每个县随机抽取 2 个乡镇、10 个村，每个村抽取 12—15 户进行一对一访谈；调研成员由湖南农业大学和中国人民大学农业经济管理专业的青年教师、博士生及硕士生组成，一共收集 2185 份农户问卷；访谈内容涉及农户家庭成员基本情况、农户资金借入情况、金融服务可获得性、住房情况以及社会资本等方面。其中，湖北省采集样本数据 275 份、湖南省 268 份、广西壮族自治区 277 份、四川省 279 份、贵州省 277 份、云南省 269 份、陕西省 270 份、甘肃省 270 份。通过筛选和剔除后，总共获得有效问卷 2033 份，问卷有效率 93.04％。此次调研样本数量大，考虑到 8 个省（自治区）经济发展水平各异，数据能够较真实、全面地反映 8 个省（自治区）乃至全国农户的融资需求及面临的融资约束状况。

（二）调研农户的基本情况

调研农户基本情况包括户主的年龄、健康状况以及受教育水平，农户家庭的收入结构、资产状况、劳动力数量以及其他成员的健康状况和小孩读书

人数等信息。具体如下：

青年户主占比较低。户主年龄分布情况见表 2－1，30 岁以下的农户 45 户，占比仅为 2.21%；30—40 岁之间的青壮年农户 236 户，占比为 11.61%，这说明当前青壮年农户因年龄优势会有着更多的外出打工机会，留在农村的比例不高。40—60 岁的农户 1155 户，占比为 56.81%；60 岁以上的农户 597 户，占比为 29.37%，说明当前大部分在农村从事传统农业生产的都为中老年人，农业生产劳动力在不久将可能出现后继乏人的现象，我国未来现代农业发展和粮食安全问题堪忧。

表 2－1　调研户主的年龄分布情况

（单位：户，%）

项目	30 岁以下	30—40 岁	40—60 岁	60 岁以上	合计
户数	45	236	1155	597	2033
占比	2.21	11.61	56.81	29.37	100

调研户主健康状况相对较差。调研农户户主仅有 47.27% 身体健康，52.73% 的农户户主都患有各种程度不等的疾病，其中户主患有慢性病的有 752 户，占比为 36.99%；患有残疾的有 164 户，占比为 8.07%；患有精神病的有 16 户，占比为 0.80%；患有其他疾病的有 140 户，占比为 6.87%（见表 2－2）。这说明当前留在农村的农户户主的健康状况相对较差，疾病成为制约农户外出打工的主要原因。

表 2－2　调研户主健康状况

（单位：户，%）

项目	健康	慢性病	残疾	精神病	其他	合计
户数	961	752	164	16	140	2033
占比	47.27	36.99	8.07	0.80	6.87	100

户主总体的文化程度不高。70.43% 的户主为小学及以下文化程度，26.27% 的户主文化程度为初中，只有 3.10% 的户主文化程度为高中或中专，大专及以上文化程度的户主占比较少，仅占 0.20%（见表 2－3），说明当前留在农村的农户户主的受教育程度总体较低。由于农户户主受教育程度较低，导致大部分农户金融知识缺乏。根据调研进一步发现，大部分农户只对基本

存款、贷款有一定的了解，而对存贷款以外的金融产品都比较陌生，农户金融素养不高在很大程度上阻碍了农村金融市场的进一步发展。

表2-3　调研户主受教育水平

（单位：户，%）

项目	小学及以下	初中	高中或中专	大专及以上	合计
户数	1432	534	63	4	2033
占比	70.43	26.27	3.10	0.20	100

关于"农户家庭成员中最高文化程度"的调查发现，32.37%的农户家庭成员中最高文化程度为小学及以下，44.96%为初中文化，17.71%为高中或中专，4.87%为大专及以上（见表2-4）。说明随着我国九年义务教育的普及，农村人口受教育程度逐渐提高，农户家庭成员最高文化程度的初中、高中、大专及以上的比例都在增加，但总体上来讲，由于留在农村的农户经济状况整体较差，家庭成员受教育程度仍然偏低。

表2-4　调研农户家庭成员中最高文化程度

（单位：户，%）

项目	小学及以下	初中	高中或中专	大专及以上	合计
户数	660	914	360	99	2033
占比	32.37	44.96	17.71	4.87	100

样本农户家庭人口规模以3—5人居多。在2033户样本农户中，家庭人口有3—5人的有1322户，占比65.03%；其中有2—4个劳动力的家庭占比62.81%，说明从整体上来看农户家庭劳动力还是比较充足（见表2-5）。根据进一步数据分析，纯农业户1027户，占样本农户的50.51%，主要从事传统种植业和养殖业生产，而农业生产带来的收入有限，难以实现农户收入增长和脱贫致富的目标。其中兼业农户有856户，占比42.11%，兼业农户的家庭劳动力在从事农业生产之外，还从事餐饮、交通运输、修理等服务行业，赚取非农收入，作为农业收入的有效补充，也符合黄宗智提及的"拐杖逻辑"理论。非农业户150户，占比仅为7.38%。在样本农户家庭中，农户家庭小孩读书人数为0人的有959户，占比为47.17%；1—2人的有956户，占比为47.02%；2人以上的有118户，占比为5.81%。说明当前有超过半数以上的

农户家庭有小孩正在接受教育。

表 2 - 5 调研农户家庭人口规模特征

（单位：户,%）

项目	人数	户数	占比	最大值	最小值	均值
家庭人口数	3 人以下	431	21.20	10	1	3.79
	3—5 人	1322	65.03			
	5 人以上	280	13.77			
家庭劳动力	2 人以下	447	21.99	8	0	2.33
	2—4 人	1277	62.81			
	4 人以上	309	15.20			
小孩读书人数	0 人	959	47.17	6	0	0.85
	1—2 人	956	47.02			
	2 人以上	118	5.81			

农户家庭纯收入普遍较低。有 38.22% 的农户家庭纯收入在 0.5 万元以下，26.66% 的农户家庭纯收入在 0.5 万—1 万元，33.50% 的农户家庭纯收入在 1 万—5 万元，仅有 1.62% 的农户家庭纯收入在 5 万元以上（见表 2 - 6）。说明当前留在农村的农户家庭纯收入总体还比较低，农户自身积累有限，在遇到扩大生产、自然灾害等突发事件需要大额资金时，还是需要依靠外源融资渠道获得资金支持。

表 2 - 6 调研农户家庭纯收入状况

（单位：户,%）

项目	0.5 万元以下	0.5 万—1 万元	1 万—5 万元	5 万元以上	合计
户数	777	542	681	33	2033
占比	38.22	26.66	33.50	1.62	100

同时，考虑农户家庭人口数，农户家庭人均纯收入普遍较低。有 24.69% 的农户家庭人均纯收入在 0.1 万元以下，41.61% 的农户家庭人均纯收入在 0.1 万—0.3 万元，28.04% 的农户家庭人均纯收入在 0.3 万—0.8 万元，仅有 5.66% 的农户家庭人均纯收入在 0.8 万元以上（见表 2 - 7）。

表2-7 调研农户家庭人均纯收入状况

（单位：户，%）

项目	0.1万元以下	0.1万—0.3万元	0.3万—0.8万元	0.8万元以上	合计
户数	502	846	570	115	2033
占比	24.69	41.61	28.04	5.66	100

农户户主外出打工或经商年数较少。据统计分析，户主没有外出打工或经商的有1327户，占比为65.27%；户主外出打工或经商年数在0—5年的有482户，占比为23.71%；户主外出打工或经商年数在5—10年的有151户，占比为7.43%；户主外出打工或经商年数在10年以上的有73户，占比为3.59%（见表2-8）。

表2-8 调研农户户主外出打工或经商年数

（单位：户，%）

项目	0年	0—5年	5—10年	10年以上	合计
户数	1327	482	151	73	2033
占比	65.27	23.71	7.43	3.59	100

农户耕地面积普遍较小。农户耕地面积在2亩以下的有494户，占比为24.30%；耕地面积在2—5亩的有957户，占比为47.07%；耕地面积在5—10亩的有337户，占比为16.58%；耕地面积在10—30亩的有190户，占比为9.34%；耕地面积在30亩以上的有55户，占比为2.71%（见表2-9）。说明当前农户耕地面积普遍较小，农户还是实施小规模生产经营，难以实现农业规模生产的经济效益。

表2-9 调研农户耕种面积

（单位：户，%）

项目	2亩以下	2—5亩	5—10亩	10—30亩	30亩以上	合计
户数	494	957	337	190	55	2033
占比	24.30	47.07	16.58	9.34	2.71	100

农户房屋价值不高。农户房屋价值在0.1万元以下的有444户，占比为21.84%；房屋价值在0.1万—1万元的有1073户，占比为52.78%；房屋价

值在 1 万—5 万元的有 349 户，占比为 17.17%；房屋价值在 5 万—10 万元的有 101 户，占比为 4.97%；房屋价值在 10 万元以上的有 66 户，占比为 3.24%（见表 2 - 10），说明样本农户拥有的房屋价值不高。

表 2 - 10　调研农户房屋价值

（单位：户，%）

项目	0.1 万元以下	0.1 万—1 万元	1 万—5 万元	5 万—10 万元	10 万元以上	合计
户数	444	1073	349	101	66	2033
占比	21.84	52.78	17.17	4.97	3.24	100

二、当前农户融资需求的特点

（一）农户融资需求概况

多年来，我国农户在金融活动中一直处于净存款人的地位，随着市场经济的逐步发展，农户家庭经营规模扩大以及生活消费支出的增加，农户也开始需要从银行、民间金融等外部途径获得资金。本次调查的 2033 户农户中，有 1130 户存在不同程度的融资需求，占有效样本农户的 55.58%（见表 2 - 11），说明当前农户对资金需求较为强烈。在有资金需求的 1130 户农户中，发生了实质性融资行为的高达 1103 户，占比 97.61%，说明当农户有资金需求时，会选择从亲戚朋友或其他非正规渠道借款，也会选择从农村信用社、中国邮政储蓄银行、中国农业银行、村镇银行等正规金融机构贷款，还有的农户同时从非正规渠道和正规渠道获得所需要的资金。总体而言，当农户存在生产、生活性融资需求时，基本会采取融资行为。

表 2 - 11　调研农户融资需求情况

（单位：户，%）

是否有借款（融资）的需求	户数	占比
是	1130	55.58
否	903	44.42
合计	2033	100

（二）农户融资渠道分析

在我国广大农村地区，非正规金融与正规金融同时存在的二元金融结构是较为普遍的现象。非正规金融是指民间金融，主要是指亲朋好友借贷、民间放贷人、高利贷等，包括私人无利息和私人有利息借贷。正规金融是指中国农业银行、农村信用社、中国邮政储蓄银行等传统农村金融机构以及村镇银行、贷款公司、农村资金互助社等新型农村金融机构。在发生过融资行为的样本农户中，通过非正规金融渠道融资的农户占74.07%，通过正规金融机构融资的农户占比为20.94%，有4.99%的农户既从正规金融机构也从非正规金融渠道融资（见表2－12）。可见，目前农户特别是贫困农户融资渠道主要还是依靠民间借贷。农村信用社作为农村金融市场的"主力军"，是农户最主要的正规融资渠道，但是通过这一正规金融机构融资的农户相对较少。

表2－12　调研农户融资渠道分布

（单位:%）

融资渠道	只有正规金融	只有非正规金融	两者兼有
占比	20.94	74.07	4.99

农户通过非正规金融渠道融资主要是向亲戚、本村非亲戚农户和外村非亲戚农户借款，分别占非正规金融融资的82.58%、11.42%和6.00%，这也符合小农特有的"圈层结构"特点。

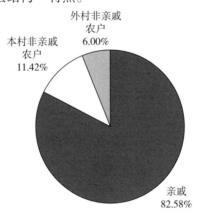

图2－1　调研农户非正规融资渠道分布

　　进一步分析农户优先选择的借款渠道，有 77.57% 的农户优先选择的借款渠道为非正规金融，仅有 22.43% 的农户优先选择的借款渠道为正规金融。说明当前农户在面临资金需求时，会优先考虑非正规金融的借款渠道。其主要原因在于农户在农村地区长期生产生活过程中，形成的具有"差序格局"的血缘、地缘以及业缘的社会关系网络，具有传递信息和非正式履约机制的作用，帮助农户获得非正规金融的资金。非正规金融针对农户借款大多没有制定明确的条例和契约，属于典型的非制度信任契约，具有手续简单、使用方便、借款灵活、形式多样等特点，促使农户更加便利地获得非正规金融的资金。而农户从正规金融机构贷款可能会面临着需要提供充足的抵押品、找寻合格的担保人、繁杂的申贷手续和贷款流程、信贷人员各种可能的寻租行为等问题，导致农户难以从正规金融机构顺利融资，也会降低农户的融资意愿，这也是导致非正规金融在农村地区繁荣发展的主要原因。

表 2－13　调研农户融资优先选择的借款渠道分析

（单位：户,%）

融资渠道	户数	占比
正规金融	456	22.43
非正规金融	1577	77.57
合计	2033	100

（三）农户融资规模分析

　　为了区分农户资金需求水平，这里将农户借贷金额分为五个等级，其中融资规模在 0.5 万元以下的有 408 户，占比为 36.99%；融资规模在 0.5 万—1 万元的有 220 户，占比为 19.95%；融资规模在 1 万—2 万元的有 155 户，占比为 14.05%；融资规模在 2 万—5 万元的有 155 户，占比为 14.05%；融资规模在 5 万元以上的有 165 户，占比为 14.96%。可见，融资规模在 5 万元以下的农户占比高达 85.04%，平均信贷金额为 1.72 万元，与城市工商企业信贷和城市居民消费信贷规模相比，农户借贷具有单笔金额小的特点（见表2－14）。从样本农户融资规模的分布来看，农户最小的借贷金额仅为 30 元，最大的借贷金额达到了 27 万元，借贷需求层次差异较大。随着工业化、城镇化、农业现代化的快速发展，农村新型农业经营主体不断成长，农民分化、农户分层日益明显，农户之间借贷金额出现差异较大的现象。

表 2－14　调研农户融资规模分布

（单位：户，%）

融资规模	0.5 万元以下	0.5 万—1 万元	1 万—2 万元	2 万—5 万元	5 万元以上
户数	408	220	155	155	165
占比	36.99	19.95	14.05	14.05	14.96

我们依据国家 2015 年公布的贫困线标准，将人均纯收入低于 2855 元的农户划分为相对较贫困农户，人均纯收入高于或等于 2855 元的农户划分为相对较富裕农户。进一步对比分析在不同融资规模下两类农户的差异性，见图 2－2 和表 2－15。结果发现，融资规模在 0.5 万元以下的相对较富裕融资农户数占相对较富裕融资农户总数的 35.14%，融资规模在 0.5 万元以下的相对较贫困融资农户数占相对较贫困融资农户总数的 37.93%，说明相对较贫困农户更倾向于较小规模的融资；融资规模在 5 万元以上的相对较富裕融资农户数占相对较富裕融资农户总数的 20.00%，融资规模在 5 万元以上的相对较贫困融资农户数占相对较贫困融资农户总数的 12.41%，说明相对较贫困农户而言，相对较富裕农户更倾向于较大规模的融资。随着融资规模的扩大，相对较贫困融资农户数占比大体呈现递减趋势。

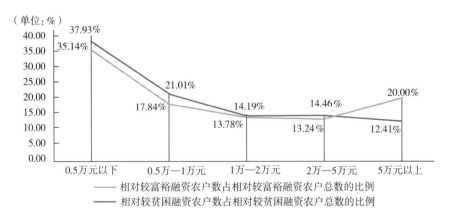

图 2－2　相对较富裕农户和相对较贫困农户的融资规模占比对比图

表 2 – 15　相对较富裕农户和相对较贫困农户的融资规模分布对比之一

（单位：户，%）

农户分类　　　融资规模	相对较富裕农户		相对较贫困农户	
	户数	相对较富裕融资农户数占相对较富裕融资农户总数比重	户数	相对较贫困融资农户数占相对较贫困融资农户总数比重
0.5 万元以下	130	35.14	278	37.93
0.5 万—1 万元	66	17.84	154	21.01
1 万—2 万元	51	13.78	104	14.19
2 万—5 万元	49	13.24	106	14.46
5 万元以上	74	20.00	91	12.41
总计	370	100	733	100

表 2 – 16 继续从融资规模视角分析不同融资规模下相对较富裕融资农户数和相对较贫困融资农户数占同类融资规模农户总数比重的差异性，结果发现，融资规模在 0.5 万元以下的相对较富裕融资农户数占同类融资规模的农户总数的比重为 31.86%，而相对较贫困融资农户数占同类融资规模的农户总数的比重为 68.14%，说明相对较贫困融资农户更倾向于较小规模的融资。随着融资规模不断扩大，相对较富裕融资农户数占比大体呈现递增趋势。

表 2 – 16　相对较富裕农户和相对较贫困农户的融资规模分布对比之二

（单位：户，%）

农户分类　　　融资规模	相对较富裕农户		相对较贫困农户		总户数	总比重
	户数	相对较富裕融资农户数占同类融资规模的农户总数的比重	户数	相对较贫困融资农户数占同类融资规模的农户总数的比重		
0.5 万元以下	130	31.86	278	68.14	408	100
0.5 万—1 万元	66	30.00	154	70.00	220	100
1 万—2 万元	51	32.90	104	67.10	155	100
2 万—5 万元	49	31.61	106	68.39	155	100
5 万元以上	74	44.85	91	55.15	165	100

当融资规模低于 0.5 万元时，农户通过非正规金融渠道解决融资问题的比例为 94.85%，正规金融渠道仅占 5.15%；当融资规模高于 5 万元时，农户通过正规金融渠道融资占比为 66.06%，而通过非正规金融渠道融资占比为

15.15%，两者兼有的占比为 18.79%（见表 2 - 17）。这也与以往文献的研究结果相一致，农户面临小规模资金缺口时主要通过非正规金融方式获取融资，而面临较大规模的资金缺口往往会积极参与金融市场，通过正规金融机构获得资金。其主要原因在于从正规金融机构融资贷款流程烦琐，交易成本高，因此农户面临小额资金需求时，一般不会选择向正规金融机构申请融资，同时基于成本和收益的考虑，正规金融机构也缺乏对农户发放小额贷款的积极性。

表 2 - 17　调研农户融资规模与融资渠道分析

（单位:%）

融资规模	0.5 万元以下	0.5 万—1 万元	1 万—2 万元	2 万—5 万元	5 万元以上
正规金融	5.15	86.36	76.77	61.94	66.06
非正规金融	94.85	10.00	18.71	31.61	15.15
两者兼有	0	3.64	4.52	6.45	18.79
合计	100	100	100	100	100

（四）农户融资用途分析

农户融资用途主要包括生活性消费和生产性投资两种用途，如表 2 - 18 所示，其中生活性消费占比 75.25%，生产性投资占比 24.75%，农户融资大部分用于生活性消费，主要原因在于：一是调研农户家庭普遍从事传统的、小规模农业生产，对生产性融资需求的意愿不强烈；二是调研农户家庭收入水平较低，其自身积累资金有限，往往在遭遇重大疾病、建房或买房、小孩教育等大额支出时，只能从外部获得所需要的资金；三是近些年来虽然在农村地区也建立了合作医疗、新型农村养老等社会保障体系，但由于农村社会保障覆盖的广度和深度还不够，与城市社会保障体系还存在着较大差距，导致农户在遇到重大疾病、建房、婚嫁等临时支出时，会产生较大的借贷需求。

在生产性投资中，购买农业生产资料、农机具等生产性投入占生产性用途的比重为 60.08%，非农业生产用途的比重为 39.92%，说明调研农户借贷的生产性用途主要用于农业生产。其原因在于，调研的 8 个省（自治区）都为我国欠发达的中西部地区，农户大多数还是进行农业生产，且由于调研农户大多为建档立卡贫困户，在农业生产中会面临自身资金不足的问题，需要依靠借贷来解决。同时，我们也发现，随着中西部地区农村经济发展和农村经济结构的调整，农户在从事农业生产之余，也从事个体经商、运输、餐饮服务等行业，也有资金需求。由于非农业生产的投资回报率普遍高于农业生产，自然农户会把更多的资金投向非农业生产领域。

而生活性消费中，医疗开销、小孩教育、建房或买房占比较大，分别占生活性消费的49.16%、23.13%和10.60%。其主要原因在于农户自身储蓄较少，只能通过融资来满足较大额度的医疗开销、小孩教育、建房或买房等资金需求。尤其是支出刚性较大的医疗开销。

表2-18　调研农户融资用途分布

（单位:%）

融资用途分布	具体分类	占全部用途比重	占各总分类比重
生产性投资	农业生产	14.87	60.08
	非农业生产	9.88	39.92
生活性消费	建房或买房	7.98	10.60
	小孩教育	17.41	23.13
	医疗开销	36.98	49.16
	婚丧嫁娶	6.35	8.43
	日常生活消费	2.81	3.74
	其他	3.72	4.94

调研结果还显示，农户资金用途的差异不同会导致农户寻求不同的融资渠道（见表2-19）。农户从正规金融机构获得的贷款占总贷款的20.94%，其中12.33%的贷款用于生产性投资，只有8.61%的贷款用于生活性消费，这是因为正规金融机构对农户资金用途往往有用于生产性投资的严格限制，因此，农户从正规金融机构获得贷款资金用于生产性投资的比重比生活性消费的比重更高。而农户从非正规金融获得的贷款占总贷款的74.07%，其中的62.47%用于生活性消费，只有11.60%用于生产性投资，说明农户向非正规金融申请资金主要用于生活性消费，其原因在于非正规金融对农户借贷资金用途没有严格规定。

表 2 - 19　调研农户融资渠道的用途分析

（单位：%）

资金用途　　　融资渠道	用于生产性投资的比重	用于生活性消费的比重	合计
正规金融	12.33	8.61	20.94
非正规金融	11.60	62.47	74.07
两者兼有	0.82	4.17	4.99
合计	24.75	75.25	100

农户从正规金融机构获得的贷款中，约有 10% 的贷款实际用途与申请借款用途不一致，主要是贷款人将农业生产性投资的借款转用于生活性消费。这种不一致的原因在于：一是农户初始贷款目的可能就是生活性消费，他先以生产性投资的名义申请贷款，然后用于生活性消费，其原因在于农户自身面临正规金融信贷约束，如果填写生活性消费可能无法获批贷款，且生活性消费贷款利率也往往高于生产性投资贷款利率。二是农户对贷款资金用途进行决策时，往往会基于家庭福利最大化目标来安排资金的最优用途，是生活性消费还是生产性投资。虽然调研农户大多数为小规模农户，但他们都为理性经济人，他们会对可能的生产投资机会和家庭生活状况进行周全的考虑后作出如何合理地安排资金、是否需要改变借贷资金用途等决策。另外，在实际生活中，由于生活中的突发情况，如生病住院，农户将生产性投资的资金调整为生活性消费资金。当然，在生产方面出现资金缺口时，出于理性动机，农户同样会将生活性消费的资金用于生产性投资。这种贷款用途的调整，导致正规金融机构对农户贷款的后续监管更加困难，增加贷款风险，这也是正规金融机构对农户融资排斥的原因。

三、农户面临的融资约束状况

调研数据显示，有 1130 户农户在生产、生活等过程中有融资需求，占样本总数的 55.58%；有 903 户农户不需要贷款，占比为 44.42%，这部分农户我们认为没有正规信贷需求，即不存在融资约束问题。有 412 户农户 2015 年向当地农信社、中国农业银行等正规金融机构申请过贷款，有718户农户没有申请过贷款。在没有申请过贷款的农户中，选择"无有效盈利项目""无能力承担还款"和"贷款未还清"的农户有213户，这部分农户虽然有贷款意愿但是没有偿还能力或者预期收益无法覆盖贷款成本，也认为是缺乏有效信贷需求的农户，即不存在融资约束问题；选择"申贷手续复杂""服务态度不好""距金融机构太远""担保费用太高""批准额度太小"的农户受到了交易成本约束，共计105户，占有效样本的5.16%；选择"担心失去抵押品""担心还不起贷款"的325户农户受到了融资风险约束，占有效样本的15.99%；选择"无熟人贷不到款""不知道贷款条件"的75户农户受到了社会资本约束，占有效样本的3.69%。交易成本约束、融资风险约束和社会资本约束都属于需求型融资约束，所以一共有505户农户受到需求型融资约束，占有融资需求而未申请贷款农户的34.36%，说明样本农户受到的需求型融资约束较为严重。

其中，252户农户申请的贷款额度等于实际获得的额度，表明有60.87%的农户没有遇到融资约束难题；有40户农户实际获得的贷款数额低于其申请的额度，表明9.66%的农户受部分数量约束；有120户农户的贷款申请完全被拒绝，占申请贷款农户的28.99%，这部分农户受到完全数量约束。部分数量约束和完全数量约束都属于供给型融资约束，所以一共有160户农户受到供给型融资约束，占样本农户的7.87%。

需求型融资约束和供给型融资约束都属于融资约束。统计发现，共有665户农户受到融资约束，受到融资约束的农户占样本农户总数的32.71%，说明当前我国农户面临着融资约束难题。

进一步分析发现，相对较富裕农户面临需求型融资约束占样本农户总数的7.97%，相对较贫困农户面临需求型融资约束占样本农户总数的16.87%；相对较富裕农户面临供给型融资约束占样本农户总数的2.16%，相对较贫困农户面临供给型融资约束占样本农户总数的5.71%；相对较富裕农户总体面临融资约束的比重为10.13%，相对较贫困农户总体面临融资约束的比重为22.58%（见表2-20）。可见，相比相对较富裕农户，相对较贫困农户面临更严重的融资约束情况。

表 2 - 20　调研农户融资约束情况

（单位：户，%）

融资约束类型	具体类型	相对较富裕农户受约束农户占样本		相对较贫困农户受约束农户占样本		受约束农户占样本总数	
		户数	比重	户数	比重	户数	比重
需求型融资约束	交易成本约束	39	1.92	66	3.25	105	5.16
	融资风险约束	97	4.77	228	11.21	325	15.99
	社会资本约束	26	1.28	49	2.41	75	3.69
供给型融资约束	部分数量约束	13	0.64	27	1.33	40	1.97
	完全数量约束	31	1.52	89	4.38	120	5.90
总体融资约束		206	10.13	459	22.58	665	32.71

四、农户融资约束的影响因素分析

（一）变量选取与模型构建

1. 变量选取

（1）因变量

依据前文研究，我们将因变量分为"农户是否面临融资约束""农户是否面临供给型融资约束"和"农户是否面临需求型融资约束"三种情况。

（2）自变量

根据现有的研究成果和实地调研的情况，从户主年龄、户主外出打工或经商年数、家庭成员最高文化程度、小孩读书人数、农户家庭对融资信息了解状况、耕种面积、房屋价值、家庭人均纯收入、家庭社会关系、家庭与金融机构距离等10个方面构建农户融资约束影响因素的理论模型，进而分析每个因素对农户融资约束的影响。

①户主年龄（Age）。户主年龄对农户融资约束产生重要影响。一般来讲，随着户主年龄的增大，农户通过自身长期生产活动积累财富和固定资产价值越多，偿债能力越强，农户也具有正规金融机构所要求的、合适的抵押担保品，正规金融机构更倾于向其发放信贷资金，不存在供给型融资约束现象。

另外，年龄越大的农户，往往也趋于保守，进行创业和扩大生产经营规模的意愿较小，不需要申请贷款，存在需求型融资约束的可能性越小。可见，年龄对供给型融资约束和需求型融资约束产生负向影响。

②户主外出打工或经商年数（Years）。户主外出打工或经商年数是影响农户获得非农收入的重要因素，会间接地影响农户获得正规金融机构的贷款。因此，户主外出打工或经商年数可能会对农户融资约束产生影响。

③家庭成员最高文化程度（Education）。家庭成员中最高文化程度者会对农户家庭各项决策产生重要影响，家庭成员最高文化程度的高低会对农户融资约束产生重要影响。一般而言，家庭成员最高文化程度越低，家庭成员的认知和眼界越有限，其面临融资约束的可能性越大。具体而言，家庭成员最高文化程度越低，其金融知识越匮乏，对融资政策和贷款流程了解越少，也很难准确地提供正规金融机构所需要的贷款证明材料，难以正确地表达自身融资需求，从而很容易导致农户产生认知偏差而造成需求型融资约束。同时，正规金融机构往往认为文化程度越低的农户，其生产技能与经营能力越弱，成功就业、创业的机会越小，投资获得的预期收益越低，还本付息能力越弱，越不愿意为农户提供贷款，农户面临供给型融资约束的可能性越大。

④小孩读书人数（Kids）。小孩读书人数对农户融资约束产生正向影响。农户家庭中小孩读书人数越多，农户家庭受到融资约束的可能性越大。其原因在于，农户家庭中小孩读书人数在一定程度上可以反映出农户家庭的收入和开支水平，一般来说，农户家庭中小孩读书人数越多，说明家庭劳动力越少，家庭收入越少，开支越大，潜在的还款能力较弱，难以从正规金融机构获得贷款。

⑤农户家庭对融资信息了解状况（Information）。农户家庭越了解各种融资信息，受到融资约束的可能性越小。其原因在于，农户家庭了解到的金融机构各项融资信息，包括融资对象、融资条件、融资政策、融资法律法规等越多，越能帮助农户家庭更准确地了解融资的流程、所需要提供的相关手续和证明材料，有利于正规金融机构和农户之间的信息传递更加流畅，农户更容易获得正规金融机构的融资支持，会降低农户受供给型融资约束程度。同时，农户对这些融资信息越了解，也越会主动申请贷款，降低农户面临的需求型融资约束程度。

⑥耕种面积（Land）。家庭耕地面积是影响农户获得农业收入的重要因素，会间接地影响农户获得正规金融机构贷款的可能性。因此，家庭耕地面积可能会对农户融资约束产生影响。

⑦房屋价值（Asset）。一般而言，农户向正规金融机构申请贷款时，往往需要农户提供适当的贷款抵押品。依据2015年国务院颁布的《国务院关于开展农村承包土地的经营权和农民住房财产权抵押贷款试点的指导意见》，农民住房财产权可以实施抵押和担保。说明农户家庭拥有的房屋价值大小会对农户融资额度以及难易程度产生重要影响，农户拥有的资产价值成为衡量农户还款能力的重要指标。农户家庭拥有的房屋价值越高，越能满足正规金融机构对抵押品的要求，金融机构向农户发放贷款的积极性越高，农户融资的成功率越高，农户面临融资约束的可能性越小。

⑧家庭人均纯收入（Income）。农户家庭人均纯收入对农户融资约束产生正向影响，农户家庭人均纯收入越高，农户受到融资约束的可能性越小。一般而言，农户家庭人均纯收入越多，说明农户自身可支配的资金规模越大。当农户有融资需求时，往往可以通过自有资金的方式即"内源融资"渠道解决，降低农户对正规金融机构的融资需求，其面临需求型融资约束越小。农户家庭人均纯收入也成为正规金融机构发放农户贷款考虑的重要因素。农户家庭人均纯收入越多，反映农户按期偿还本息的能力越强，越容易获得正规金融机构的融资支持，农户受到的供给型融资约束也越小。

⑨家庭社会关系（Relation）。我们通过家庭成员中是否有在政府或者金融机构工作的人员来反映家庭拥有社会关系情况。一般而言，家庭拥有良好的社会关系，可以减少农户与正规金融机构之间的信息不对称现象，保障农户贷款合约的及时履约，降低正规金融机构的交易成本，正规金融机构越倾向于向拥有良好社会关系的农户家庭发放贷款，农户面临的供给型融资约束越小。同时，农户家庭拥有良好的社会关系，有利于农户掌握最新的融资政策及贷款流程，农户受到需求型融资约束的可能性越小。

⑩家庭与金融机构距离（Distance）。农户家庭与最近金融机构之间的实际距离对农户融资约束产生正向影响。一般而言，农户家庭离最近金融机构的距离越近，受到融资约束的可能性越小，其原因在于，农户家庭离最近金融机构的距离反映了贷款的便利程度和金融机构管理成本的高低。如果农户

距离金融机构较远，农户融资时需要花费较多的交通费用和时间成本，可能会选择主动放弃向金融机构贷款，导致农户面临需求型融资约束。此外，金融机构与距离较远的农户之间信息不对称程度也较高，其贷款管理难度和成本就会增加，金融机构越不愿意为农户提供融资，农户面临融资约束的可能性越大。

以上各变量的定义与具体赋值，详见表 2 - 21。

表 2 - 21　模型变量的解释说明

变量	变量定义
农户面临融资约束（Y_1）	农户是否受到融资约束（是 =1；否 =0）
农户面临供给型融资约束（Y_2）	农户是否受到供给型融资约束（是 =1；否 =0）
农户面临需求型融资约束（Y_3）	农户是否受到需求型融资约束（是 =1；否 =0）
户主年龄（Age）	户主年龄实际大小（岁）
户主外出打工或经商年数（Years）	外出打工或经商具体年数（年）
家庭成员最高文化程度（Education）	小学及小学以下 =1；初中 =2；高中 =3；大专及以上 =4
小孩读书人数（Kids）	家庭中小孩读书具体人数（人）
农户家庭对融资信息了解状况（Information）	农户家庭对融资信息是否了解（了解 =1；不了解 =0）
耕种面积（Land）	家庭实际耕种面积（亩）
房屋价值（Asset）	家庭拥有房屋的实际价值（元）
家庭人均纯收入（Income）	家庭人均纯收入 = 家庭纯收入总数/家庭总人数（元/人）
家庭社会关系（Relation）	家庭成员中是否有政府或者金融机构工作人员（有 =1；无 =0）
家庭与金融机构距离（Distance）	农户家庭与最近金融机构之间的实际距离（公里）

2. 模型构建

通过分析农户融资约束及其类型，以及探讨哪些因素对农户总体融资约束、供给型融资约束、需求型融资约束产生显著影响，可以为解决目前农户融资约束问题提供思路。由于农户总体融资约束、供给型融资约束和需求型融资约束都可以分为是和否两种情况，都可以用 1 和 0 来表示，都属于典型的二元离散型随机变量。因此，本书选用二元 Logit 计量模型来分析农户总体融资约束、供给型融资约束、需求型融资约束的影响因素。二元 Logit 计量模型的形式如下：

$$P_I = F(Y_1) = \frac{1}{1 + e^{-Y_1}} = \frac{1}{1 + e^{-(\alpha + \beta_i X_i)}} \qquad （式2-1）$$

对于因变量 Y_1，在模型一中，$Y_1 = 1$ 表示农户总体上面临融资约束，$Y_1 = 0$ 表示农户总体上没有面临融资约束；在模型二中，$Y_2 = 1$ 表示农户面临供给型融资约束，$Y_2 = 0$ 表示农户没有面临供给型融资约束；在模型三中，$Y_3 = 1$ 表示农户面临需求型融资约束，$Y_3 = 0$ 表示农户没有面临需求型融资约束。

随后，将式2-1变形，得到模型的基本表达式：

$$\ln\left(\frac{P_i}{1 - P_i}\right) = \alpha + \beta_1 X_1 + \beta_2 X_2 + \beta_3 X_3 \cdots\cdots + \beta_{10} X_{10} \qquad （式2-2）$$

在式2-2中，$\ln\dfrac{P_i}{1 - P_i}$ 存在两种情形机会比的对数，$\beta_i X_i$（$i = 1, 2, 3,$ ……，n）服从逻辑分布，其中自变量 X_i 包括户主年龄（Age）、户主外出打工或经商年数（Years）、家庭成员最高文化程度（Education）、小孩读书人数（Kids）、农户家庭对融资信息了解状况（Information）、耕种面积（Land）、房屋价值（Asset）、家庭人均纯收入（Income）、家庭社会关系（Relation）、家庭与金融机构距离（Distance）等变量。其中，在对房屋价值和家庭人均纯收入两个变量的数据进行对数化处理后，代入二元 Logit 计量模型当中，以此让数据更加平稳，而变量数据取对数之后不会改变数据的性质和相关关系。

（二）实证结果分析

1. 全体样本农户融资约束影响因素的实证结果

根据湖北、湖南、广西、四川、贵州、云南、陕西、甘肃等8个省（自治区）2033 户农户的调研数据，构建一个二元 Logit 计量模型对农户融资约束的影响因素进行实证分析。其中模型一为总体融资约束的估计结果，模型二为供给型融资约束的估计结果，模型三为需求型融资约束的估计结果（见表2-22）。从模型结果分析，模型一、模型二、模型三的 LR statistic 分别为 200.02、41.69 和 169.20，说明模型通过了1%的显著性水平检验，该模型整体是显著的，模型有意义。

表 2 – 22　全体农户融资约束影响因素的 Logit 模型回归结果

模型	模型一（总体融资约束）			模型二（供给型融资约束）			模型三（需求型融资约束）		
变量	系数	标准误	P 值	系数	标准误	P 值	系数	标准误	P 值
Constant	1662	0.473	0.000 * * *	0.120	0.752	0.874	0.514	0.510	0.313
Age	− 0.013	0.005	0.003 * * *	− 0.014	0.008	0.063 *	− 0.009	0.005	0.051 *
Years	− 0.010	0.014	0.479	− 0.008	0.025	0.739	− 0.008	0.015	0.603
Education	− 0.327	0.066	0.000 * * *	− 0.244	0.112	0.030 * *	− 0.280	0.072	0.000 * * *
Kids	0.115	0.055	0.035 * *	0.138	0.085	0.108	0.077	0.059	0.198
Information	0.243	0.108	0.024 * *	0.176	0.188	0.350	− 0.341	0.115	0.003 * * *
Land	0.001	0.005	0.850	0.007	0.005	0.209	− 0.007	0.008	0.384
Asset	0.032	0.030	0.282	0.044	0.050	0.378	0.019	0.032	0.555
Income	− 0.206	0.045	0.000 * * *	− 0.249	0.068	0.000 * * *	− 0.117	0.049	0.017 * *
Relation	− 1.528	0.231	0.000 * * *	− 0.835	0.375	0.026 * *	− 1.591	0.278	0.000 * * *
Distance	0.179	0.025	0.000 * * *	− 0.032	0.043	0.459	0.190	0.025	0.000 * * *
Log likelihood	− 1185.066			− 539.423			− 1055.042		
LR statistic	200.02 * * *			41.69 * * *			169.20 * * *		
Pseudo R^2	0.078			0.037			0.074		
Number of observations	2033			2033			2033		

注："＊＊＊""＊＊""＊"分别表示在1%、5%、10%的水平下显著。

①户主年龄在模型一通过了 1% 的显著性水平检验，在模型二和模型三中均通过了 10% 的显著性水平检验，且回归系数都为负，说明该变量对农户总体融资约束、供给型融资约束、需求型融资约束都产生显著的负向影响，与研究假设一致。可能的原因在于，随着农户户主年龄不断增大，农户通过长年累月从事各种农业与非农业生产，自身往往会有一定数额的财富积累和固定资产价值，会有一定的偿债能力；同时，农户也可以满足正规金融机构在提供信贷资金所要求的各种抵押担保品的条件，正规金融机构更倾向于为其提供融资支持，使得年龄较大的农户反而较少地面临供给型融资约束问题。另外，年龄越大的农户由于自身有一定的累积，且由于年龄原因而趋于保守，创业和扩大经营规模的意愿降低，不需要向正规金融机构申请贷款，也就不会存在需求型融资约束，因此农户户主年龄与需求型融资约

束成反向关系。

②户主外出打工或经商年数对农户总体融资约束、供给型融资约束、需求型融资约束没有显著影响。其原因在于，农户承贷能力主要受农户生产经营能力影响，户主外出打工或经商年数越长，并不意味着农户赚取收入的能力越强，所以该因素不会显著影响正规金融机构发放贷款的意愿。

③家庭成员最高文化程度在模型一、模型三中均通过了1%的显著性水平检验，在模型二通过了5%的显著性水平检验，且回归系数都为负，说明家庭成员最高文化程度对农户总体融资约束、供给型融资约束和需求型融资约束产生负向影响。主要原因在于，文化程度越高的农户更容易理解贷款的相关政策与条件，并且这类农户的生产经营能力越强，其创收能力越强，导致更容易从正规金融机构获得融资，面临融资约束的可能性越小。同时，文化程度越高的农户，其学习和理解正规金融机构的融资政策和贷款流程的效果越好，拥有的金融知识越多，可以正确地表达自身的融资需求并积极、主动地申请所需要的贷款，不会出现需求型融资约束现象。

④小孩读书人数在模型一中通过了5%的显著性水平检验，回归系数为正，说明小孩读书人数对农户总体融资约束产生正向影响。原因在于，农户家庭小孩读书人数越多，说明该家庭开销越大，负担越重，其偿债能力越弱，正规金融机构越不愿意为其提供融资支持，因而农户家庭会面临融资约束难题。该变量在模型三中没有通过显著性水平检验，可能的原因在于，调研样本农户中超过94%以上的家庭小孩读书人数为2人及以下，由于农户家庭小孩读书人数较少，且由于九年义务教育的推行，小孩读书特别是在接受基础教育阶段，并不会给家庭带来很大的支出负担，农户均不会因此面临需求型融资约束，导致其影响不显著。

⑤农户家庭对融资信息了解状况在模型一中通过了5%的显著性水平检验，模型三中通过了1%的显著性水平检验，且回归系数都为负，说明农户家庭对融资信息了解状况对农户总体融资约束和需求型融资约束产生负向影响。其原因在于，农户家庭对融资信息越了解，越可以知晓融资的法律法规和政策，了解正规金融机构提供的最新信贷产品、贷款流程等，越有利于农户主动、准确地表达和实现自身的融资需求，减缓农户面临的需求型融资约束。同时，农户家庭可以更清楚在获得正规金融机构贷款时所需要提供的证明材

料、贷款流程等，农户可以及时提供贷款所需的相关证明材料和快速地完成贷款流程，有利于正规金融机构和农户之间的信息传递更加顺畅和便捷，农户更容易获得正规金融机构的融资支持，降低农户面临的融资约束。而农户家庭对融资信息了解状况在模型二中没有通过显著性检验，说明该变量对农户供给型融资约束没有显著影响，其原因在于，正规金融机构在发放农户贷款时，不是依据农户家庭掌握融资信息情况，而主要还是依据农户家庭收入状况、还款能力等经济指标进行是否发放贷款的决策。

⑥耕种面积对农户总体融资约束、供给型融资约束、需求型融资约束没有显著影响。其原因可能在于，2016 年国家才颁布《农村承包土地的经营权抵押贷款试点暂行办法》，而本次调研数据为 2015 年农户融资情况，农村承包土地经营权抵押贷款还处于试点阶段，还没有有效缓解农户融资约束难题，加上当前我国农业经营的低效益，以及粮食收储制度导致的农业规模经营普遍出现亏损情况，耕地规模对农户增收的作用并不明显，导致耕地面积对农户供给型融资约束、总体融资约束没有显著影响。

⑦房屋价值对农户总体融资约束、供给型融资约束、需求型融资约束没有显著影响。虽然 2015 年农民住房财产权可以充当抵押担保品，但农户住房财产权抵押贷款实施中，由于存在着农民房产价值本身很小、缺乏一个处理抵押品的二级市场、处理农民住房面临的道义问题等诸多问题，导致农村金融机构不愿意接受其作为抵押担保品。因此，农村房屋价值对正规金融机构是否向农户发放贷款的决策没有起到作用。

⑧家庭人均纯收入在模型一和模型二中均通过了 1% 的显著性水平检验，在模型三中通过了 5% 的显著性水平检验，且回归系数都为负，说明该变量对农户总体融资约束、供给型融资约束、需求型融资约束都产生显著的负向影响。其原因在于，正规金融机构在实际放贷过程中，其放贷依据主要是农户的收入水平和偿债能力。随着农户家庭人均纯收入的增加，农户可支配的资金规模越大，其偿债能力不断增强，更容易获得正规金融机构的信贷资金，农户面临的供给型融资约束就越小。同时，农户家庭人均纯收入越高，拥有自有资金越多，农户对正规金融机构的融资需求会越少，使得需求型融资约束变小。

⑨家庭社会关系在模型一和模型三中通过了 1% 的显著性水平检验，在模

型二中通过了5%的显著性水平检验，且回归系数都为负，说明该变量对农户总体融资约束、供给型融资约束、需求型融资约束都产生显著的负向影响，与研究假设一致。其原因在于，如果农户拥有良好的社会关系，其家庭成员中有在政府或者金融机构工作的人员，农户越不容易受到融资约束。因为农户拥有良好的社会关系，可以有效减少农户与正规金融机构之间的信息不对称，正规金融机构越愿意为其发放贷款，农户受到供给型融资约束越小。此外，农户拥有良好的社会关系，可以帮助他们准确地表达其融资需求，了解最新的融资政策及贷款流程，积极、主动向正规金融机构申请贷款，其面临需求型融资约束越小。

⑩家庭与金融机构距离在模型一、模型三中均通过了1%的显著性水平检验，且回归系数都为正，说明该变量对农户总体融资约束、需求型融资约束都产生显著的正向影响。家庭与金融机构距离越近，受到总体融资约束以及需求型融资约束越小。其原因在于，距离正规金融机构越近的农户，无形之中会更多接触正规金融机构，了解其融资政策和条件，会促使农户积极、主动地向正规金融机构申请贷款，同时农户往往也只需要花费较少的交通费用、时间成本就可以申请贷款，农户面临需求型融资约束越小。家庭与金融机构距离在模型二中没有通过显著性检验，说明该变量对农户供给型融资约束没有显著影响，其原因在于，正规金融机构向农户提供贷款，还是遵循严格的贷款流程和规章制度，依据农户收入状况和偿债能力，而不会依据农户家庭与金融机构距离远近以及是否与农户熟识作出是否发放农户信贷资金的决策。

2. 较贫困农户融资约束影响因素的实证结果

运用二元 Logit 计量模型对 1314 户相对较贫困农户的融资约束影响因素进行实证分析，其估计结果见表 2 – 23。从模型的回归结果来分析，所有模型整体是显著的，模型有意义。从相对较贫困农户融资约束影响因素的研究结果来看：

表 2 - 23　相对较贫困农户融资约束影响因素的 Logit 模型回归结果

模型	模型一（总体融资约束）			模型二（供给型融资约束）			模型三（需求型融资约束）		
变量	系数	标准误	P 值	系数	标准误	P 值	系数	标准误	P 值
Constant	1.577	0.613	0.010*	-0.054	0.921	0.953	0.415	0.655	0.527
Age	-0.013	0.006	0.020**	-0.015	0.009	0.103	-0.009	0.006	0.142
Years	-0.023	0.019	0.221	-0.028	0.034	0.398	-0.015	0.020	0.448
Education	-0.257	0.082	0.002***	-0.113	0.133	0.396	-0.248	0.090	0.006***
Kids	0.127	0.065	0.049**	0.148	0.099	0.136	0.077	0.070	0.269
Information	-0.074	0.131	0.571	0.180	0.219	0.410	-0.161	0.139	0.247
Land	-0.001	0.006	0.986	0.002	0.008	0.851	-0.002	0.008	0.827
Ln_ Asset	0.050	0.037	0.177	0.065	0.059	0.270	0.027	0.040	0.489
Ln_ Income	-0.260	0.065	0.000***	-0.283	0.090	0.002***	-0.154	0.069	0.026**
Relation	-1.661	0.307	0.000***	-1.125	0.523	0.031**	-1.594	0.358	0.000***
Distance	0.191	0.035	0.000***	-0.043	0.054	0.425	0.203	0.034	0.000***
Log likelihood	-790.755			-377.941			-707.301		
LR statistic	118.86***			28.68***			94.23***		
Pseudo R²	0.070			0.037			0.063		
Number of observations	1314			1314			1314		

注："＊＊＊""＊＊""＊"分别表示在1%、5%、10%的水平下显著。

①农户户主年龄对相对较贫困农户融资约束产生显著的负向影响，说明随着农户户主年龄不断增大，相对较贫困农户面临的总体融资约束越少。但相对较贫困农户年龄对需求型融资约束没有显著影响，其原因在于相对较贫困农户无论年龄大小均容易面临需求型融资约束。

②农户户主外出打工或经商年数、农户家庭对融资信息了解状况、耕地面积、房屋价值等因素对农户总体融资约束、供给型融资约束、需求型融资约束没有显著影响。其原因在于，相对较贫困农户户主外出打工或经商情况较少，赚取收入能力有限，不会对农户融资约束产生显著影响。相对较贫困农户家庭对正规金融机构的融资政策、融资条件等融资信息了解较少，普遍都面临着需求型融资约束，也难以获得正规金融机构的信贷资金。相对较贫困农户的家庭耕地面积普遍较少，赚取农业收入的能力有限；相对较贫困农户房屋价值普遍较低，无法满足正规金融机构对农户设定的抵押担保条件，这些都会导致相对较贫困农户自身不会去申请正规金融机构贷款，即便农户

申请贷款，也难以获得正规金融机构的信贷资金。

③家庭成员最高文化程度对相对较贫困农户总体融资约束和需求型融资约束产生负向影响，说明农户家庭成员受教育程度越高，农户面临的总体融资约束和需求型融资约束的现象越少。而家庭成员最高文化程度对农户供给型融资约束没有显著影响，其原因在于正规金融机构为农户发放信贷资金的依据不是家庭成员受教育程度，而主要是依据农户的收入状况、还款能力和抵押担保状况等方面。

④小孩读书人数对农户总体融资约束产生正向的显著影响，说明农户家庭小孩读书人数越多，正规金融机构会认为其家庭负担过重，还款能力会受到影响，农户家庭越会面临融资约束难题。而该变量在模型三中没有通过显著性水平检验，可能的原因在于，调研样本农户中家庭小孩读书人数大多为2人及以下，由于农户家庭小孩读书人数较少，再加上目前政府针对所有小孩提供免费九年义务教育和为建档立卡贫困户制定教育扶贫政策，相对较贫困农户均不会因为小孩读书而承担较大的支出压力，因而不会面临需求型融资约束。

⑤家庭人均纯收入对相对较贫困农户总体融资约束、供给型融资约束、需求型融资约束都产生显著的负向影响，说明农户家庭人均纯收入越高，农户面临的总体融资约束、供给型融资约束、需求型融资约束越少。其原因在于，相对较贫困农户拥有越高的人均纯收入，可以更容易获取正规金融机构的信贷资金，且农户收入越高，对正规金融机构的融资需求减少，面临供给型及需求型融资约束越少。

⑥家庭社会关系对相对较贫困农户总体融资约束、供给型融资约束、需求型融资约束都产生显著的负向影响，说明农户家庭拥有良好的社会关系，农户面临的总体融资约束、供给型融资约束、需求型融资约束越少。其原因在于，相对较贫困农户如果拥有良好的社会关系，更容易表达出自己的融资需求，了解融资政策，积极申请正规金融机构的贷款，同时正规金融机构愿意为拥有良好社会关系的农户发放关系型贷款，导致其面临较少的需求型和供给型融资约束。

⑦家庭与金融机构距离对相对较贫困农户总体融资约束和需求型融资约束都产生显著的负向影响，说明农户家庭与金融机构距离越近，农户面临的

总体融资约束和需求型融资约束的现象越少。其原因在于，农户家庭离金融机构距离越近，越具备便捷掌握金融机构的信贷条件及各项政策的条件，越容易准确表达融资需求和主动申请贷款，越少面临需求型融资约束。然而，家庭与金融机构距离对相对较贫困农户供给型融资约束影响不显著，其原因在于金融机构发放贷款的依据是农户的收入情况、还款能力、抵押担保状况等因素。

3. 较富裕农户融资约束影响因素的实证结果

运用二元 Logit 计量模型对 719 户相对较富裕农户的融资约束影响因素进行实证分析，其估计结果见表 2-24。从模型的回归结果来看，所有模型整体是显著的，模型有意义。对比相对较贫困农户，相对较富裕农户融资约束的影响因素呈现类似的结果。

表 2-24 相对富裕农户融资约束影响因素的 Logit 模型回归结果

模型	模型一（总体融资约束）			模型二（供给型融资约束）			模型三（需求型融资约束）		
变量	系数	标准误	P 值	系数	标准误	P 值	系数	标准误	P 值
Constant	4.742	1.904	0.013**	5.001	3.753	0.183	2.783	2.021	0.168
Age	-0.015	0.008	0.063*	-0.015	0.014	0.303	-0.012	0.009	0.171
Years	0.011	0.022	0.611	0.031	0.037	0.411	0.002	0.025	0.935
Education	-0.452	0.116	0.000***	-0.596	0.224	0.008***	-0.323	0.124	0.009***
Kids	0.080	0.104	0.439	0.105	0.174	0.545	0.069	0.113	0.539
Information	-0.637	0.200	0.001***	0.067	0.388	0.863	-0.709	0.210	0.001***
Land	0.006	0.010	0.573	0.028	0.013	0.026**	-0.015	0.013	0.271
Ln_Asset	-0.016	0.053	0.756	-0.031	0.101	0.760	-0.008	0.057	0.884
Ln_Income	-0.446	0.209	0.033**	-0.707	0.422	0.094*	-0.290	0.222	0.192
Relation	-1.336	0.358	0.000***	-0.366	0.557	0.510	-1.609	0.445	0.000***
Distance	0.177	0.037	0.000***	0.012	0.071	0.861	0.180	0.037	0.000***
Log likelihood	-386.915			-155.903			-342.936		
LR statistic	87.53***			19.29***			81.37***		
Pseudo R^2	0.102			0.058			0.106		
Number of observations	719			719			719		

注："***""**""*"分别表示在 1%、5%、10%的水平下显著。

①农户户主年龄对相对较富裕农户融资约束产生显著的负向影响。说明随着农户户主年龄不断增大，相对较富裕农户面临的融资约束越少，其原因

在于相对较富裕农户随着年龄攀升，其财富积累越多，偿债能力越强，面临融资约束越少。

②家庭成员最高文化程度对相对较富裕农户总体融资约束和需求型融资约束均产生显著的负向影响，说明农户家庭成员受教育程度越高，农户面临的总体融资约束和需求型融资约束越少。

③家庭人均纯收入对相对较富裕农户总体融资约束及供给型融资约束都产生显著的负向影响，说明随着农户家庭人均纯收入提高，农户面临的总体融资约束、供给型融资约束越少。

④家庭社会关系对相对较富裕农户总体融资约束及供给型融资约束都产生显著的负向影响，说明随着农户家庭拥有的社会关系越多，农户面临的总体融资约束、供给型融资约束越少。

⑤家庭与金融机构距离对相对较富裕农户总体融资约束和需求型融资约束都产生显著的负向影响，而对供给型融资约束影响不显著。

⑥农户户主外出打工或经商年数、房屋价值等因素对农户总体融资约束、供给型融资约束、需求型融资约束没有显著影响。

对比相对较贫困农户，相对较富裕农户融资约束影响因素不同之处在于：

①家庭成员最高文化程度对相对较富裕农户供给型融资约束产生显著的负向影响，说明相对较富裕农户家庭成员受教育程度越高，农户面临的供给型融资约束越少。

②小孩读书人数对相对较富裕农户的总体融资约束、供给型融资约束和需求型融资约束没有显著影响，其可能原因是正规金融机构觉得小孩读书人数多少都不会对相对较富裕农户家庭支出产生影响，不会成为其发放信贷资金的参考变量。

③农户家庭对融资信息了解状况对相对较富裕农户总体融资约束、需求型融资约束产生显著的负向影响，说明农户家庭对各种融资信息越了解，农户面临的总体融资约束和需求型融资约束的现象越少。

④耕地面积对相对较富裕农户供给型融资约束产生显著的正向影响，说明相对较富裕农户拥有更多的耕地，反而会面临更严重的供给型融资约束。可能原因在于正规金融机构认为农户实际耕地面积越多，意味着农户从事低效益、高风险的农业生产活动，尤其在当前很多种粮大户出现亏损的情况下，

正规金融机构发放涉农贷款更为谨慎。

⑤家庭人均纯收入对相对较富裕农户需求型融资约束没有产生显著的负向影响，说明相对较富裕农户家庭人均收入普遍较高，面临需求型融资约束较小。

⑥家庭社会关系对相对较富裕农户供给型融资约束没有显著的影响，说明相比相对较贫困农户而言，相对较富裕农户不要借助社会关系获得信贷支持。

我们进一步总结发现，正规金融机构对相对较贫困农户和相对较富裕农户发放贷款的标准不一样。对于相对较贫困农户而言，正规金融机构发放贷款看重农户的收入状况和社会关系，而对于相对较富裕农户，正规金融机构发放贷款的依据更加多元化，会考虑家庭成员最高文化程度、耕地面积、收入状况等。

（三）稳健性检验

本研究通过替换计量模型的方法对上述实证回归结果进行稳健性检验。保持原有变量不变，运用 Probit 模型对全体农户融资约束、相对较贫困农户、相对较富裕农户的总体融资约束、供给型融资约束、需求型融资约束的影响因素进行实证分析，检验结果如表 2-25、表 2-26 和表 2-27 所示。与表 2-22、表 2-23、表 2-24 二元 Logit 计量模型的回归结果基本一致，说明这些模型通过了稳健性检验。全体农户融资约束、相对较贫困农户、相对较富裕农户面临融资约束的影响因素的二元 Logit 计量模型的回归结果是稳健的。

表 2-25　全体农户融资约束影响因素的 Probit 模型回归结果

模型	模型一（总体融资约束）			模型二（供给型融资约束）			模型三（需求型融资约束）		
变量	系数	标准误	P 值	系数	标准误	P 值	系数	标准误	P 值
Constant	1.005	0.287	0.000***	-0.062	0.389	0.872	0.284	0.302	0.346
Age	-0.008	0.003	0.003***	-0.008	0.004	0.050**	-0.006	0.003	0.050**
Years	-0.006	0.008	0.507	-0.004	0.012	0.730	-0.005	0.009	0.609
Education	-0.201	0.040	0.000***	-0.125	0.056	0.025**	-0.170	0.042	0.000***
Kids	0.066	0.033	0.047**	0.067	0.044	0.129	0.042	0.035	0.233
Information	-0.149	0.065	0.022**	0.089	0.093	0.338	-0.208	0.068	0.002***
Land	0.001	0.003	0.821	0.004	0.003	0.160	-0.004	0.004	0.398

续表

模型	模型一（总体融资约束）			模型二（供给型融资约束）			模型三（需求型融资约束）		
变量	系数	标准误	P值	系数	标准误	P值	系数	标准误	P值
Ln_ Asset	0.020	0.018	0.265	0.023	0.025	0.370	0.012	0.019	0.542
Ln_ Income	−0.124	0.027	0.000***	−0.134	0.036	0.000***	−0.068	0.029	0.017**
Relation	−0.855	0.121	0.000***	−0.389	0.169	0.021**	−0.849	0.136	0.000***
Distance	0.110	0.015	0.000***	−0.015	0.021	0.492	0.115	0.015	0.000***
Log likelihood	−1185.047			−538.961			−1055.333		
LR statistic	200.06***			42.61***			168.62***		
Pseudo R^2	0.078			0.038			0.074		
Number of observations	2033			2033			2033		

注：" * * * "" * * "" * "分别表示在1%、5%、10%的水平下显著。

表2−26　相对贫困农户融资约束影响因素的 Probit 模型回归结果

模型	模型一（总体融资约束）			模型二（供给型融资约束）			模型三（需求型融资约束）		
变量	系数	标准误	P值	系数	标准误	P值	系数	标准误	P值
Constant	0.978	0.377	0.009***	−0.141	0.484	0.771	0.232	0.393	0.554
Age	−0.008	0.003	0.018**	−0.008	0.005	0.093*	−0.005	0.004	0.142
Years	−0.013	0.011	0.245	−0.014	0.016	0.378	−0.008	0.012	0.481
Education	−0.155	0.050	0.002***	−0.054	0.067	0.422	−0.149	0.053	0.005***
Kids	0.076	0.040	0.056*	0.076	0.052	0.145	0.045	0.042	0.281
Information	−0.050	0.079	0.531	0.094	0.110	0.391	−0.105	0.082	0.204
Land	−0.001	0.004	0.981	0.001	0.004	0.793	−0.001	0.004	0.800
Ln_ Asset	0.029	0.022	0.189	0.035	0.031	0.260	0.015	0.023	0.510
Ln_ Income	−0.160	0.040	0.000***	−0.152	0.048	0.002***	−0.090	0.041	0.029**
Relation	−0.940	0.161	0.000***	−0.539	0.234	0.021**	−0.860	0.177	0.000***
Distance	0.117	0.021	0.000***	−0.021	0.027	0.433	0.123	0.020	0.000***
Log likelihood	−790.842			−377.670			−707.590		
LR statistic	118.69***			29.22***			93.65***		
Pseudo R^2	0.070			0.037			0.062		
Number of observations	1314			1314			1314		

注：" * * * "" * * "" * "分别表示在1%、5%、10%的水平下显著。

表 2 - 27　相对富裕农户融资约束影响因素的 **Probit** 模型回归结果

模型	模型一（总体融资约束）			模型二（供给型融资约束）			模型三（需求型融资约束）		
变量	系数	标准误	P 值	系数	标准误	P 值	系数	标准误	P 值
Constant	2.766	1.116	0.013**	2.307	1.803	0.201	1.524	1.158	0.188
Age	-0.009	0.005	0.063*	-0.008	0.007	0.271	-0.007	0.005	0.170
Years	0.007	0.013	0.625	0.014	0.018	0.450	0.001	0.014	0.975
Education	-0.280	0.068	0.000***	-0.295	0.107	0.006***	-0.197	0.071	0.006***
Kids	0.040	0.062	0.513	0.054	0.087	0.535	0.028	0.065	0.664
Information	-0.377	0.120	0.002***	0.031	0.185	0.867	-0.416	0.124	0.001***
Land	0.003	0.006	0.551	0.014	0.007	0.035**	-0.007	0.007	0.327
Ln_ Asset	-0.005	0.031	0.862	-0.016	0.047	0.739	-0.001	0.033	0.985
Ln_ Income	-0.262	0.122	0.032**	-0.347	0.201	0.084*	-0.163	0.127	0.198
Relation	-0.726	0.185	0.000***	-0.163	0.256	0.524	-0.821	0.213	0.000***
Distance	0.107	0.023	0.000***	0.007	0.034	0.835	0.107	0.023	0.000***
Log likelihood	-386.858			-155.676			-343.434		
LR statistic	87.64***			19.74***			80.38***		
Pseudo R^2	0.102			0.060			0.105		
Number of observations	719			719			719		

注："***""**""*"分别表示在 1%、5%、10% 的水平下显著。

（四）研究结论

通过对湖北、湖南、广西、四川、贵州、云南、陕西、甘肃等 8 个省（自治区）2033 户农户的实地调研，运用 Logit 模型对全体样本农户融资约束、相对较贫困农户、相对较富裕农户的总体融资约束、供给型融资约束、需求型融资约束的影响因素进行实证分析，并运用 Probit 模型进行了稳健性检验，得出以下研究结论：

第一，当前我国农户面临着融资约束难题，有 665 户农户受到融资约束，占所有样本农户的 32.71%。依据国家公布的 2015 年人均纯收入 2855 元的贫困线标准，将低于人均纯收入 2855 元的农户定义为相对较贫困农户，人均纯收入高于或等于 2855 元的农户划分为相对较富裕农户，研究发现，相比相对较富裕农户，相对较贫困农户面临更严重的融资约束。

第二，从影响全体样本农户融资约束的因素来看，户主年龄、家庭成员最高文化程度、小孩读书人数、农户家庭对融资信息了解状况、家庭人均纯收入、家庭社会关系、家庭与金融机构距离等因素对农户融资约束产生显著影响。户主年龄对农户总体融资约束、供给型融资约束、需求型融资约束都产生显著的负向影响。家庭成员最高文化程度对农户总体融资约束、供给型融资约束和需求型融资约束产生负向影响。小孩读书人数对农户总体融资约束产生正向影响，但该变量对供给型融资约束和需求型融资约束没有显著影响。农户家庭对融资信息了解情况对农户总体融资约束和需求型融资约束产生负向影响，但该变量对供给型融资约束没有显著影响。家庭人均纯收入和家庭社会关系对农户总体融资约束、供给型融资约束、需求型融资约束均产生显著的负向影响。家庭与金融机构距离对农户总体融资约束、需求型融资约束产生显著的正向影响。而户主外出打工或经商年数、耕种面积、房屋价值等因素对农户总体融资约束、供给型融资约束、需求型融资约束没有显著影响。

第三，从影响相对较贫困农户融资约束的因素来看，农户户主年龄、家庭成员最高文化程度、小孩读书人数、家庭人均纯收入、家庭社会关系、家庭与金融机构距离等因素对农户融资约束产生显著的影响。而农户户主外出打工或经商年数、农户家庭对融资信息了解状况、耕种面积、房屋价值等因素对农户总体融资约束、供给型融资约束、需求型融资约束没有显著影响。

第四，从影响相对较富裕农户融资约束的因素来看，农户户主年龄、家庭成员最高文化程度、小孩读书人数、农户家庭对融资信息了解状况、耕种面积、家庭人均纯收入、家庭社会关系、家庭与金融机构距离等因素对农户融资约束产生显著的影响。而农户户主外出打工或经商年数、房屋价值等因素对农户总体融资约束、供给型融资约束、需求型融资约束没有显著影响。

第五，相对较贫困农户与相对较富裕农户融资约束的影响因素有所不同：家庭成员最高文化程度对相对较富裕农户供给型融资约束产生显著的负向影响。小孩读书人数对相对较富裕农户的总体融资约束、供给型融资约束和需求型融资约束没有显著影响。农户家庭对融资信息了解状况对相对较富裕农户总体融资约束、需求型融资约束产生显著的负向影响。耕地面积对相对较富裕农户供给型融资约束产生显著的正向影响。农户家庭人均纯收入对相对较富裕农户需求型融资约束没有显著影响。家庭社会关系对相对较富裕农户供给型融资约束没有显著影响。对比相对较贫困农户，正规金融机构在向相对较富裕农户发放贷款过程中会考虑家庭成员最高文化程度、耕种面积、收入状况等多元化因素。

第三章 存量农村金融机构改革及其
缓解农户融资约束的效果分析

农村金融是农村经济的核心，运行良好的农村金融应该在繁荣农村经济、促进农民增收中发挥重要作用。但在我国，农村金融改革发展滞后是导致农业和农村经济发展缓慢的重要原因。前文提到，我国存量农村金融机构有强烈的离农脱农倾向。本章通过对我国农村金融存量改革历程进行回顾，对农村金融存量改革进行反思和总结，以指导我国未来农村金融改革的方向，促使农村金融适应农业、农村经济发展的需要，更好地促进农业、农村经济发展和农民收入水平的提高。

一、改革开放后我国农村金融存量改革回顾

（一）农村金融机构的恢复和竞争状态的初步形成：1979—1992 年

我国的改革开放首先从农村开始，1978 年实施的农村家庭联产承包责任制确立了农户独立的生产经营主体地位，极大地调动了农户生产经营的积极性，农户融资需求逐步产生，在信用社难以满足农户融资需要的情况下，我国开始启动农村金融改革。

1. 恢复设立中国农业银行

随着家庭联产承包责任制的实行和农产品价格改革以及大批商品生产经营权的放开，农村商品经济快速发展。按照 1978 年党的十一届三中全会通过的《中共中央关于加快农业发展若干问题的决定（草案）》提出的有关大力发展农业信贷、尽快使落后的农业得到恢复和发展的要求，1979 年 2 月，国务院决定恢复成立中国农业银行，对支农资金进行统一管理，并集中办理农

村信贷，领导和管理农村信用合作社，发展农村金融事业等。

2. 恢复农信社的合作金融组织性质

由于中国农业银行直接管理作为基层机构的农村信用合作社，国家政策干预较强，农村信用合作社缺少独立发展空间，"官办"性质日益严重，体制日益僵化，组织上的群众性、管理上的民主性、经营上的灵活性的"三性"无法得到体现。1979 年 10 月，中国农业银行行长会议上详细剖析了信用合作社"官办"体制的弊端，1982 年 12 月，中央政治局讨论并通过的《当前农村经济政策的若干问题》，再次强调信用合作社应该保持合作金融组织的性质。1983 年至 1986 年，连续 4 个"中央一号文件"明确指出信用合作社应该坚持合作金融组织的性质。为了恢复和加强信用合作社的"三性"原则，1984 年 8 月，国务院批转了中国农业银行总行提交的《关于改革信用合作社管理体制的报告》，明确规定农信社必须真正办成群众性的合作金融组织，实行独立经营、独立核算、自负盈亏。这一时期农村信用合作社通过内部整顿以及清股、扩股等，经营管理体制有了明显改善。

3. 放开民间信用管制

随着农村经济的快速发展，农户融资需求旺盛，正规金融机构不能完全满足农户的金融服务需求，国家逐步放开对民间信用的管制，允许民间开展自由借贷，成立民间合作金融组织。1983 年下半年，地方政府支持了四川、黑龙江、辽宁、江苏等一些农村地区通过整顿清理集体财产所得的集体资金在集体经济组织内部进行融资的行为。1984 年，第一家农村合作基金会在河北省康保县芦家营乡正式成立。1984 年"中央一号文件"肯定了这种集体内部融资行为，指出"允许农民和集体资金自由的或有组织的流动"；1985年的"中央五号文件"更明确地对"发展多样化资金融通形式"予以肯定。民间借贷的出现，对以中国农业银行和信用合作社为主体的农村金融起到了很好的补充作用。

（二）"三位一体"农村金融体系框架的初步形成：1993—2002 年

1992 年 11 月，中国共产党十四届三中全会明确提出社会主义市场经济体制改革的目标。在这一总体目标指导下，1993 年，国务院发布了《关于金融体制改革的决定》，提出要通过建立政策性银行以实现商业性金融和政策性金融业务相分离，以解决国有专业银行身兼二任的问题。为此，1994 年组建成立中国农业发展银行，试图通过该银行的建立将农副产品收购贷款、农业综合开发贷款、粮棉加工贷款和农业基础设施建设贷款等政策性业务从中国农业银行和农村信用合作社中剥离出来，由中国农业发展银行承担。中国农业发展银行的成立标志着我国农村金融体系"三位一体"框架的初步形成，具体来说，这一农村金融体系主要包括以农户为服务对象的合作金融机构、以个体经营户和工商企业为服务对象的商业性金融机构以及体现并实施国家政策、保证国家农副产品收购、支持农业技术进步和农村经济发展的政策性金融机构。

改革开放以来的前两次农村金融体系改革都是在农村经济发展的要求和整个国家经济体制改革目标的指导下对农村金融进行的局部调整。而由于我国农村经济发展的多层次性对农村金融发展提出了多元化要求。1996 年，国务院发布了《国务院关于农村金融体制改革的决定》，明确提出要建立和完善以合作金融为基础，以商业性金融、政策性金融分工协作、民间金融为补充的农村金融体系，对农村金融改革进行了整体性的规划和设计。这一改革方案提出农村金融体制改革的重点是农村信用合作社管理体制，改革的重心是把农村信用合作社办成主要为入股社员服务的合作性金融组织，由农民入股和由社员民主管理。改革的步骤是将农村信用合作社从中国农业银行的行政隶属关系中脱离出来，由农村信用合作社县级联社和中国人民银行对其进行业务管理和监管，并按合作制原则加以规范。清理整顿农村合作基金会也伴随着此轮改革方案开始着手，《国务院关于农村金融体制改革的决定》明确提出要把农村合作基金会真正办成社区内的资金互助组织，认为其不属于金融机构，不得办理存、贷款业务。此外，尝试建立"各类农业保险机构"的前瞻性构想在 1996 年的改革方案中也有涉及，可以认为 1996 年的农村金融改革方案是到目前为止我国设计最完美的农村金融改革方案。

（三）以农村信用合用社为主的农村金融体制改革深化：2003 年至今

根据党的十六大提出的全面建设小康社会的奋斗目标和《中共中央、国务院关于进一步加强金融监管，深化金融企业改革，促进金融业健康发展的若干意见》的精神，为进一步深化农村信用合作社改革，改善农村金融服务，促进农业发展、农民增收，2003 年国务院制定了《深化农村信用社改革试点方案》，强调要按照"明晰产权关系、强化约束机制、增强服务功能、国家适当支持、地方政府负责"的总体要求，对农村信用社管理体制和产权制度加快改革步伐，把农村信用社逐步办成由农民、农村工商户和各类经济组织入股，为农村经济和农业发展服务的地方社区性金融组织，并于同年 11 月在吉林、山东、江西、浙江、江苏、陕西、贵州、重庆等 8 个省（直辖市）率先开展农信社改革试点工作，成效显著。2004 年，国务院办公厅发布了《国务院办公厅关于进一步深化农村信用社改革试点的意见》，农村信用合作社试点改革范围逐步扩大到北京、天津、山西、河北、黑龙江、内蒙古、辽宁、上海、福建、河南、安徽、湖北、湖南、四川、云南、广东、广西、甘肃、青海、宁夏、新疆等 21 个省（自治区、直辖市）。这轮信用社改革突出解决的问题包括：一是以法人为单位，改革农信社产权制度，明晰产权关系，完善法人治理结构；二是改革农村信用合用社管理体制，成立农村信用合作社省（市）级联社，由地方政府负责农村信用社的管理；三是转换农村信用社经营机制。这是首次触及产权问题的金融改革，标志着农村金融改革开始由简单的机构功能设计逐步向产权、机制和服务效率等重大问题纵深推进。这次改革过程中，为了对信用社的历史包袱进行化解和承担，国务院提出了"成本换机制"的目标，并出台了一系列优惠政策予以支持，包括加大国家财政投入、对农村信用合作社贷款利率浮动范围的限制逐渐放宽等。通过这次改革，改善了农村信用社的资产质量，使其盈利能力和服务"三农"的能力明显增强，促进了农业和农村经济健康发展。2007 年 8 月，随着最后一家省级信用联社的正式挂牌，我国新的农村信用社经营管理体制框架在全国范围内建立了起来。随后，我国提出农村信用社改革的三种模式：股份制农村商业银行模式、农村合作银行模式和农村信用社制度框架内重组模式，各地都有不同选择。2011 年中国银监会明确提出，准备用 5 年时间全面完成农村信用社股份制改革，改制为农村商业银行。2014 年中国银监会颁布《关于鼓励和引导民间资本参与农村信用社产权改革工作的通知》，鼓励、引导和扩大民间资本进入金融业，深入推进农村信用社产权改革，优化股权结构，加快培育合格市场主体，全面提升农村信用社服务"三农"的能力与水平。2016 年中国银监会颁发《关于做好 2016 年农村金融服务工作的通知》，重申深化农村信用社改革，积极稳妥推进农村商业银行组建工作。

二、存量改革下农村金融机构
农户信贷供给的意愿及行为

（一）存量农村金融机构对农户信贷的价格配给

根据中国人民银行的规定，金融机构发放农户小额信贷的利率应根据中国人民银行规定的利率给予适当优惠。2014 年，我国一年期贷款的基准利率为 6.00%，农信社的贷款利率浮动区间为 0.9—2.3 倍，中国农业银行的农户贷款利率第一年上浮 0.4 倍，第二年上浮 0.5 倍。由此推算，金融机构农户小额信贷的利率范围是 5.4%—13.8%（见表 3-1）。然而，农户小额信贷业务的惠农政策只规定利率应给予"适当优惠"，却并未明确优惠幅度是多少。金融机构为了增加盈利，往往将贷款利率一浮到顶，一些金融机构农户贷款利率甚至高于 16%。农户难以承担高额利息，面临着价格配给。

表 3-1　我国金融机构贷款基准利率与农户贷款利率（2014 年）

（单位:%）

基准利率	农信社农户贷款利率	农行农户贷款利率
5.6（6 个月）	5.04—12.88（6 个月）	5.6（6 个月）
6（6 个月—1 年）	5.4—13.8（6 个月—1 年）	7.84（6 个月—1 年）
6.15（1—3 年）	5.535—14.145（1—3 年）	8.4（2 年）

（二）存量农村金融机构对农户信贷的风险配给

1. 农户面临严格的信贷抵押及担保品要求

（1）抵押物要求

在信息不对称的信贷市场中，抵押物是银行用于甄别潜在借款人和降低借款人在信贷交易过程中的逆向选择、道德风险行为的主要工具。许多金融机构倾向于发放农户抵押贷款，因为贷款的安全性保证在于借款人能够及时、足额偿还贷款本息。借款人有两个还款来源：第一是自身经营获利；第二是依靠抵押担保。在农村金融市场上，金融机构很难充分收集到农户的相关信息，例如客户的风险特征和行为选择偏好，以及与信贷相关的其他信息。为了防止逆向选择行为的发生，大多数金融机构一般只向农户提供抵押贷款。对于抵押物在信贷合同中的作用，直觉的解释是，随着抵押物价值的增加，农户发生违约付出的代价就会越高，农户就会努力还款，尽量不违约。因此信贷抵押能比较有效地解决信贷合约中因信息不对称而产生的道德风险问题。金融机构对农户的抵押授信分为不动产抵押与动产抵押。农户的资产主要由现金、银行存款、土地承包经营权、林权房屋门面、交通运输工具、农业生产机器设备和农产品构成。金融机构认可的抵押物有：农户的土地承包经营权，抵押率为30%，且不接受以农作物与其尚未分离的土地及集体土地承包权抵押；林权，抵押率不超过50%；房屋门面，楼龄小于3年的抵押率为70%，楼龄3—10年的抵押率为60%，楼龄10—15年的抵押率为50%；轿车、货车等一般的交通运输工具，抵押率不超过40%，且不接受农用车辆；农业生产机器设备，新购3年以内、折旧率不超过20%的抵押率不超过30%，新购5年以内、折旧率不超过40%的抵押率不超过20%；鲜活或季节性农产品存货不能作为抵押物。现实中农户手中最大的资产就是农村土地承包经营权、农房房屋门面和林权。对大部分农户而言，他们所提供的农产品、林权、土地承包经营权等抵押物都是其基本生产生活保障。这些抵押物存在价值低、估价难、变现难的问题：房产老旧现象严重，抵押价值不高；农户的土地由于零碎、面积小，无法产生规模经济效益且不是完整的产权等原因，在市场上处理变现很困难；多数普通农户也并不拥有林权等可供抵押的标的；拥有非农用车辆以及机器设备的农户数量很少；农户还拥有生产资料和农产品，但它们都不具备抵押品的条件。可见，在现有抵押担保条件下，农户真正能用于抵押的资产十分有限，影响了他们的承贷能力。

（2）担保要求

《农户贷款管理办法》规定了农户保证贷款的担保条件。农户保证贷款个人担保需要2位担保人，其中1人必须为国家公务员、事业单位员工或大中型企业正式职工。担保人在保证期间的家庭纯收入剔除必要的预留生活费用后，能全额代偿其担保的贷款本息；对持有农信社贷款证或其他授信证明的保证人，其担保额度不得超过其可用信用余额；保证人在农信社自借信用贷款与保证担保贷款的额度之和不得超过 5 万元，期限最长不得超过 3 年。目前大部分农户难以找到国家公职人员等作为担保人。另外，随着担保人风险意识增强，多数公职人员不会碍于亲戚、朋友关系而盲目提供担保。

农户联保贷款是近年来各方推荐的农户信贷担保创新方式。农户联保贷款的管理方法是个人申请、多户联保、周转使用、责任连带、分期还款；由农户在自愿基础上组成联保小组彼此相互担保贷款，不少于 5 个居住在贷款人服务区域内的借款人可以组成联保小组（中国邮政储蓄银行规定为 3—6 人）。然而，现实中多数农民有"不替人认债"的观念，造成农户找不到合适的人组成联保小组，农信社农户联保贷款难以推广。弱势农户群体很难通过联保获得贷款，农户联强不联弱的现象普遍存在，经济条件较差但实际上最需要资金支持的贫困农户被排除在联保贷款支持的范围外。

2. 农户面临较高的信贷交易成本

农户申请贷款的成本一般包括提交申请材料的各项手续费、往返的交通费用、办理和等待贷款申请审批的时间成本以及为贷款请客送礼的成本等。如果贷款的收益高于成本，农户一般会申请贷款，但是如果贷款的成本高于所贷资金使用的收益，或者民间贷款的交易成本比金融机构贷款的成本低，农户一般会放弃从金融机构申请贷款。在调查中发现，有一部分农户没有申请贷款是因为贷款手续太麻烦、审批时间太长从而加大了农户申请贷款的交易成本。高额的抵押物评估费用、时间成本、人情成本等成为部分农户放弃向金融机构申请贷款的原因。此时农户即使有贷款需求，也会选择转向非正规金融机构和民间贷款。

（三）存量农村金融机构开展农户融资意愿及影响因素分析

1. 变量选取、研究假设与模型设定

（1）变量选取及研究假设

①因变量

本研究的因变量为存量农村金融机构是否愿意开展农户融资服务，采用意愿调查法获取了 133 家存量农村金融机构提供农户融资服务的相关信息，并选用 Logit 模型和 Probit 模型对存量农村金融机构开展农户融资服务的影响因素进行实证分析。

②自变量

根据前期相关研究成果与课题组调查发现：存量农村金融机构开展农户融资业务的主要目的、获得利润可能性大小、融资产品适合度、政府扶持政策、农户综合素质高低、农户是否拥有充足的抵押担保品、风险控制是否健全等因素可能影响存量农村金融机构为农户提供融资服务的意愿。其中：

开展农户融资业务的主要目的。存量农村金融机构开展农户融资业务的主要目的或最终目的是获得最大化利润，但由于当前我国二元经济状况以及处于金融体制变革的特殊阶段，大多数农户面临着融资约束难题。为此，政府对金融机构提出一些特殊要求，以解决农户融资困境和促进现代农业发展。因此，存量农村金融机构开展农户融资在近期显现出多元化目标，有获取更多利润、响应政府政策要求、顺应市场需求等。如果存量农村金融机构开展农户融资业务是为了获得更多的利润或顺应市场需求，说明机构自身有动力、有意愿开展农户融资业务。利润成为存量农村金融机构积极提供农户融资的重要考量因素。

获得利润可能性大小。不论是存量农村金融机构的近期目标还是长远目标，其提供农户融资的主要目的是为了获得利润。获得利润的高低对存量农村金融机构为农户提供融资服务的意愿程度有重大影响。如果存量农村金融机构认为提供农户融资业务获得利润的可能性很大，预期获得的利润越多，其越愿意为农户提供融资服务。如果存量农村金融机构认为提供农户融资业务获得利润的可能性很小，机构也就没有动力为农户提供融资支持，就会出现"离农"现象。因此，我们假定存量农村金融机构获得利润可能性大小与开展农户融资的意愿具有正向关系。

融资产品适合度。当前我国存量农村金融机构产品研发能力有限，能为农户提供的有针对性的有效融资产品或服务甚少。如果存量农村金融机构能够为不同类型农户研发与提供合适的融资产品，其交易成本更低，承担的风险更小，存量农村金融机构就更愿意为农户提供资金支持。因此，我们假定存量农村金融机构的农户融资产品适合度与机构开展农户融资的意愿具有正向关系。

政府扶持政策强弱。农业是弱质产业，也是关系国计民生的基础性产业。如果政府加强金融基础设施建设、制定农户贷款优惠政策、完善法律保障制度等促进存量农村金融机构开展农户融资的相关扶持政策，并且落实到位，可以有效地提高存量农村金融机构开展农户融资服务的意愿程度，并帮助农户顺利获得所需的融资。因此，我们假定政府扶持政策力度大小与存量农村金融机构开展农户融资服务的意愿、农户融资的可获得性呈正向关系。

农户综合素质高低。农户综合素质高低直接影响着农户对农村存量金融机构融资业务的了解程度。农户越了解其融资业务，越有可能选择从存量农村金融机构获得资金，同时也可以有效地缓解两者之间信息不对称问题，有利于增强存量农村金融机构为农户提供融资服务的意愿。另外，农户综合素质越高，说明农户生产技能与经营能力越强，其偿债能力越强，存量农村金融机构为农户提供融资风险越小，机构也越愿意提供融资服务。因此，我们假定存量农村金融机构对农户综合素质的判断与存量农村金融机构开展农户融资的意愿具有正向关系。

农户是否有充足的抵押担保品。存量农村金融机构为农户提供融资服务时，往往要求农户提供合格的抵押担保品。如果农户在融资过程中能够提供充足的抵押品，说明农户在一定程度上可以保障信贷资金安全，降低其融资风险，存量农村金融机构就会有较高放贷的意愿程度。然而，当前农村地区大多数农户普遍面临着抵押担保品不足的问题，导致存量农村金融机构不太愿意为农户提供融资支持，将农户排斥在金融服务之外。因此，我们假定农户抵押担保品充足状况与存量农村金融机构开展农户融资意愿成正向关系。

风险控制机制是否健全。存量农村金融机构为无有效抵押担保品、收入较低的农户提供融资时，通常会面临较大的信贷风险。如果存量农村金融机构自身的风险控制机制不健全，不能有效防范与分散农户融资风险，会产生不良贷款，导致存量农村金融机构不太愿意为农户提供融资支持。而存量农村金融机构拥有健全的风险防范与控制机制，就可以有效分散与降低农户融资风险，从而有利于存量农村金融机构提高农户融资的意愿。因此，我们假设健全的风险控制机制与存量农村金融机构开展农户融资的意愿具有正向关系。

以上各变量的定义与赋值详见表 3 - 2。

表 3 - 2　模型变量解释与处理说明

变量	变量定义
存量农村金融机构开展融资服务的意愿（Y₁）	愿意 = 1；不愿意 = 0
开展农户融资服务的主要目的（X₁）	响应政府政策要求 = 1；获取更多利润 = 2；顺应市场需求 = 3
获得利润可能性大小（X₂）	大 = 1；一般 = 2；小 = 3
融资产品适合度（X₃）	适合 = 1；一般 = 2；不适合 = 3
政府扶持政策力度大小（X₄）	大 = 1；小 = 0
农户综合素质高低（X₅）	高 = 1；低 = 0
农户是否有充足的抵押担保品（X₆）	足够 = 1；不足够 = 0
风险控制机制是否健全（X₇）	健全 = 1；不健全 = 0

③模型设定

由于存量农村金融机构开展农户融资服务的意愿可以分为愿意和不愿意两种情况，其中 1 表示愿意，0 表示不愿意，是一个典型的二元离散随机变量。并且，存量农村金融机构是否愿意提供农户融资服务还受到开展农户融资业务的主要目的、获得利润可能性大小等诸多因素影响。因此，选用二元离散选择模型是分析存量农村金融机构开展农户融资意愿影响因素的最佳模型。最常用的二元离散选择模型是二元 Logit 计量模型，其误差项服从标准正态分布，模型形式如下：

$$P_i = F(Y_i) = \frac{1}{1 + E^{-Y_i}} = \frac{1}{1 + E^{-(\alpha + \beta_i X_i)}} \qquad （式 3 - 1）$$

式 3 - 1 中，P_i 表示第 i 个存量农村金融机构愿意提供农户融资服务的概率，Y_i 表示第 i 个存量农村金融机构是否愿意提供融资服务，X_i 为解释变量，α 是常数项，β_i 是解释变量的系数，$i = 1，2，3，\cdots\cdots，n$。

（2）数据描述性分析与实证结果解释

①样本选择

本研究采用随机调查法，于 2015 年 12 月选取了湖南省长沙市、常德市、衡阳市等地 150 家具有代表性的存量农村金融机构作为调查对象。对这些存量农村金融机构进行了实地调研，调研内容包括存量农村金融机构开展农户融资服务的意愿的情况、开展农户融资服务的主要目的、农户融资产品的适合度、金融机构的风险控制机制等方面。调查获得有效问卷 133 份，问卷有效率为 88.67%。

②样本数据的信度、效度以及描述性分析

信度和效度分析是检验调查问卷是否合格的标准之一。调查问卷只有通过信度和效度分析，才能确保问卷设计有意义。我们采用 Cronbach 的 α 系数进行信度检验，计算出 α 信度系数为 0.781（α > 0.7），说明该问卷的量表信度较好。此外，我们还通过 KMO 检验和 Bartlett 球形检验对有效样本数据进行效度分析，检验结果显示 KMO 值为 0.791，Bartlett 球形度检验的近似卡方值为 328.00，达到显著水平（p = 0.000 < 0.001），说明问卷结构效度良好。

从被调查的 133 家存量农村金融机构开展农户融资服务的意愿情况来看，有 97 家表示愿意向农户提供融资服务，占样本总数的 72.93%，有 36 家由于种种原因并不愿意向农户提供信贷服务，占样本总数的 27.07%（见表 3－3）。可见，目前存量农村金融机构还是存在着不愿意为农户提供融资服务的现象，对农户融资设定了较高的门槛，农户面临着较为严重的融资约束。

表 3－3　存量农村金融机构开展农户融资服务的情况

有/无开展农户融资服务的意愿	有开展农户融资服务的意愿	没有开展农户融资服务的意愿	合计
样本数量（家）	97	36	133
占例（%）	72.93	27.07	100

调研还发现，愿意为农户提供融资服务的存量农村金融机构比不愿意提供农户融资服务的存量农村金融机构获得的利润更高，融资产品更适合农户的需求，认为政府扶持政策力度大，农户受教育程度高，抵押物充足，风险控制更健全（见表 3－4）。可见，存量农村金融机构提供农户融资服务获得利润的可能性越高、政府有相关扶持政策并且政策力度越大、农户综合素质越高、农户的抵押担保品越充足，存量农村金融机构服务农户的意愿程度就越高。

表 3 - 4 模型变量的描述性统计

变量	总体		愿意		不愿意	
	均值	标准差	均值	标准差	均值	标准差
开展农户融资服务的主要目的（X_1）	1.81	0.641	2.03	0.567	1.22	0.422
获得利润可能性大小（X_2）	2.11	0.804	2.44	0.595	1.22	0.591
融资产品适合度（X_3）	2.02	0.701	2.27	0.604	1.36	0.487
政府扶持政策力度大小（X_4）	0.77	0.424	0.93	0.260	0.33	0.478
农户综合素质高低（X_5）	0.44	0.498	0.56	0.499	0.11	0.319
农户是否有充足的抵押担保品（X_6）	0.32	0.470	0.40	0.493	0.11	0.319
风险控制机制是否健全（X_7）	0.52	0.502	0.64	0.483	0.19	0.401

③实证结果分析及解释

存量农村金融机构开展农户融资服务影响因素的 Logit 模型回归及检验结果见表 3 - 5。模型一为全部变量纳入模型的最初估计结果，模型二为全部变量显著的最终估计结果。从模型的回归结果来看，模型一和模型二的 LR statistic 分别是 136.76 和 136.59，均通过了 1% 显著性水平检验，因此模型一和模型二整体显著，模型是有意义的。

表 3 - 5 存量农村金融机构开展农户融资服务影响因素的 Logit 模型回归结果

	模型一			模型二		
	系数	标准误	显著性水平	系数	标准误	显著性水平
常数项	-28.203	9.415	0.003 * * *	-28.554	9.581	0.003 * *
开展农户融资服务的主要目的（X_1）	3.628	1.718	0.035 * *	3.723	1.762	0.035 * *
获得利润可能性大小（X_2）	4.431	1.573	0.005 * * *	4.444	1.573	0.005 * * *
融资产品适合度（X_3）	3.068	1.500	0.041 * *	3.126	1.509	0.038 * *
政府扶持政策力度大小（X_4）	6.731	2.818	0.017 * *	6.935	2.827	0.014 * *
农户综合素质高低（X_5）	5.513	2.592	0.033 * *	5.634	2.581	0.029 * *
农户是否有充足的抵押担保品（X_6）	9.597	3.969	0.016 * *	10.015	3.946	0.011 * *
风险控制机制是否健全（X_7）	0.580	1.436	0.686	—	—	—
Log likelihood	-9.283			-9.367		
LR statistic	136.76 * * *			136.59 * * *		
样本量	133			133		

注："* * *""* *""*"分别表示在 1% 、5% 、10% 的水平下显著。"—"表示变量不存在或统计不显著。

开展农户融资服务的主要目的在模型一、模型二中均通过了5%显著性水平检验，且其回归系数为正，说明为了获取更多的利润或顺应市场需求为目标而开展农户融资服务的存量农村金融机构发放农户贷款的意愿程度要高于那些为了响应政府政策要求的金融机构。广大农村地区还需要大量资金支持农户发展现代农业和促进农村经济发展，农户融资需求巨大。

存量农村金融机构提供农户融资服务获得利润可能性大小在模型一和模型二中均通过了1%显著性水平检验，其回归系数均为正，说明获得利润可能性大小对存量农村金融机构开展农户融资意愿有显著的正向影响。存量农村金融机构开展农户融资业务的主要目的是获得利润最大化，这是资本逐利的天性，存量农村金融机构从中获取的利润越多，从短期看可以使机构获得更多回报，从长远看越利于机构自身的可持续发展，则存量农村金融机构就越愿意为农户提供融资，所以利润越高越能够有效提高存量农村金融机构向农户提供资金的积极性。

融资产品适合度在模型一和模型二中均通过了5%显著性水平检验，且回归系数均为正，说明融资产品适合度对存量农村金融机构开展农户融资的意愿有正向影响。存量农村金融机构针对不同类型农户开发或创新出合适的融资产品，会大大提高机构开展农户融资业务的意愿，有利于缓解农户面临的融资约束。

政府扶持政策力度大小在模型一和模型二中均通过了5%显著性水平检验，且回归系数均为正，说明政府扶持政策对存量农村金融机构开展农户融资的意愿有正向影响，与研究假设一致。政府通过适当干预农村金融市场、制定优惠利率政策、完善农户信用信息系统、加大监管力度等，促进存量农村金融机构面向农户发放信贷资金，可以有效缓解农户面临的融资约束。

农户综合素质高低在模型一和模型二中均通过了5%显著性水平检验，且回归系数均为正，说明农户综合素质高低对存量农村金融机构开展农户融资意愿有显著的正向影响。农户综合素质越高，其对存量农村金融机构的融资条件、融资政策等的认知能力越强，越有利于借贷双方之间信息对称，更能激发存量农村金融机构开展农户融资业务的积极性，农户资金的可获得性就越高。同时，综合素质越高的农户，其生产经营与创业创新能力越强，赚取的收入越多，偿债能力越强，存量农村金融机构为其提供融资的风险越小，金融机构发放农户贷款的意愿也就提升。

农户是否有充足的抵押担保品在模型一和模型二中均通过了5%显著性水平检验，且回归系数均为正，说明农户拥有充足抵押担保品对存量农村金融机构开展农户融资的意愿有显著的正向影响。其原因在于，农户在融资过程中提供充足、有效的抵押担保品，可以有效减少存量农村金融机构开展农户融资的风险，提高其发放农户贷款的意愿和积极性，提高农户融资的可获得性。

④稳健性检验

本研究通过变换计量方法、替换某些解释变量两种方式对上述实证回归结果进行稳健性检验。首先，保持解释变量、被解释变量不变，运用 Probit 模型对存量农村金融机构开展农户融资意愿的影响因素进行实证分析，检验结果见表 3 - 6，与表 3 - 5 的检验结果基本一致，说明本研究的实证回归结果是稳健的。其次，通过替换某些解释变量对实证回归结果进行稳健性检验。替换变量与原有变量含义基本接近，具体涉及用政府有无有力的扶持政策变量来替换政府扶持政策力度大小变量、用农户拥有社会资本情况变量替换农户综合素质高低变量。从替换这两个变量的稳健性检验结果来看，主要解释变量的显著性水平、相关系数及相关检验结果（见表 3 - 7）与基准回归结果（见表3 - 5）相比，没有发生较大改变，说明本研究回归结果具有稳健性。

表 3 - 6　存量农村金融机构开展农户融资意愿影响因素的 Probit 模型回归结果

	系数	标准误	显著性水平
常数项	- 13.469	3.846	0.000 * * *
开展农户融资服务的主要目的（X_1）	1.696	0.738	0.022 * *
获得利润可能性大小（X_2）	2.099	0.660	0.001 * * *
融资产品适合度（X_3）	1.514	0.678	0.026 * *
政府扶持政策力度大小（X_4）	3.063	1.268	0.016 * *
农户综合素质高低（X_5）	2.711	1.150	0.018 * *
农户是否有充足的抵押担保品（X_6）	4.481	1.756	0.011 * *
风险控制机制是否健全（X_7）	0.490	0.720	0.496
Log likelihood	-10.138		
LR statistic	135.05 * * *		
Pseudo R^2	0.870		
样本量	133		

注："＊＊＊""＊＊""＊"分别表示在1%、5%、10%的水平下显著。

表3-7　农村存量金融机构开展农户融资意愿影响因素的 Logit 模型回归结果

	系数	标准误	显著性水平
常数项	-25.491	9.242	0.006 ***
开展农户融资服务的主要目的（X_1）	3.143	1.753	0.073 *
获得利润可能性大小（X_2）	4.235	1.601	0.008 ***
融资产品适合度（X_3）	2.606	1.543	0.091 *
政府有无扶持政策（X_4）	6.427	2.638	0.015 **
农户拥有社会资本情况（X_5）	4.903	2.569	0.056 *
农户是否有充足抵押担保品（X_6）	8.816	3.888	0.023 **
风险控制机制是否健全（X_7）	0.599	1.483	0.686
Log likelihood	-8.944		
LR statistic	137.44 ***		
Pseudo R^2	0.885		
样本量	133		

注："***""**""*"分别表示在1%、5%、10%的水平下显著。

2. 研究结论

通过对湖南省133家存量农村金融机构的调查，运用 Logit 模型和 Probit 模型考察存量农村金融机构开展农户融资服务的影响因素并进行实证分析，得出以下研究结论：①目前存量农村金融机构存在着不愿意为农户提供融资服务的现象，对农户融资设定了较高门槛，农户面临着较为严重的融资约束，给农户生活、生产、创业等活动带来了不利影响。②存量农村金融机构开展农户融资业务的主要目的、获得利润可能性大小、融资产品适合度、政府扶持政策力度大小、农户综合素质高低、农户有无充足的抵押担保品等因素对存量农村金融机构开展农户融资意愿有显著影响。

三、存量农村金融机构克服农户信贷
配给的抵押担保创新及其效果

存量农村金融机构因为各种各样的原因，为农户融资的积极性不高。但他们也在努力克服不利条件，顺应政府的要求，以谋求更好地为农户服务。进行信贷抵押担保创新就是他们努力的一个重要的方面。

（一）农户信贷抵押担保贷款的运作机理及其方式创新

1. 农户信贷抵押担保贷款的运作流程

首先，有融资需求的农户向金融机构提出抵押担保贷款申请，并提供自身资信状况以及抵押资产的相关证明材料。金融机构请专业机构对农户所提供的抵押资产进行价值评估，根据评估结果确定是否发放贷款及发放贷款的额度。金融机构与通过审批的农户签订"抵押担保贷款合同"。合同基本条款包括抵押担保品的种类、金额、贷款人履行债务的期限、合同双方的权利义务、违约责任以及合同双方认为需要约定的其他事项等。合同签订后，银行正式为农户办理贷款发放手续，合同约定的责任生效。贷款发放后，金融机构对农户的资金使用进行监督，对农户的偿债能力作出评估。在还贷前一个月，给予农户提示，以便农户做好还贷准备。如果农户按时偿还贷款，双方抵押贷款关系解除，金融机构对农户的抵押担保信用情况进行记录，并将各资料整理归档、封存，以备以后查阅。如农户无法按时偿还贷款，则农户的抵押资产归金融机构所有，金融机构有权对相关资产进行处理。

具体操作流程如图 3-1 所示。

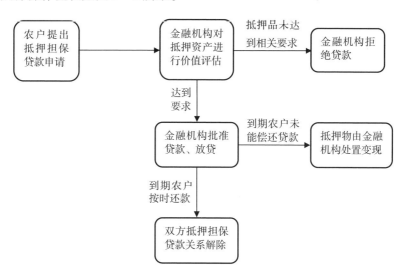

图 3-1　农户抵押担保贷款业务操作流程图

2. 农户信贷抵押担保功能的经济学分析

（1）信贷抵押担保对借贷市场供求关系的影响分析

相比单纯依靠农户自身信用的信用贷款，抵押担保贷款降低了金融机构农户贷款的违约风险，使农户的借贷能力大大增强，从而增强了金融机构放贷的积极性，缓解了农户面临的信贷约束。

图3-2说明了抵押担保对农村借贷市场供求关系的影响。

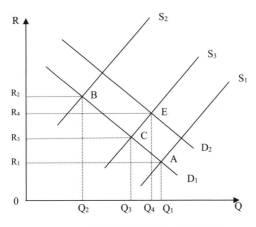

图3-2　农村资金借贷市场供求曲线

图3-2中，纵轴表示农户从正规金融机构贷款的利率，横轴表示贷款额度。曲线 S_1、S_2、S_3 代表金融机构的资金供给曲线，D_1、D_2 代表农户的借贷需求曲线。现假设金融机构信贷资金供给大小主要受贷款风险的影响，农户的借贷需求主要受贷款利率等方面因素的影响。在完全竞争的市场条件下，农村资金借贷市场的供给曲线和需求曲线分别为 S_1、D_1，两条曲线相交于 A，表示正规金融机构的信贷资金供给量为 Q_1，农户的贷款利率为 R_1，市场是均衡的。

但由于我国农村金融市场存在着严重的信息不对称，金融机构发放农户贷款的风险较大。为了防范农户违约风险，金融机构往往会缩减对农户发放贷款的额度，资金的供给减少，市场供给曲线将在 S_1 的左方，设供给曲线为 S_2。如果农户的资金需求曲线不变，新的均衡点为 B，则农户得到贷款的额度 Q_2 明显小于 Q_1，农户需要承担的贷款利率 R_2 高于 R_1。可见，农户从正规金融机构贷款难度加大，不仅信贷资金需求无法得到满足，而且还承担着更高的贷款利率。

然而，如果将抵押担保机制引入农村信贷市场，在存在违约可能性的情况下，金融机构能够通过处置抵押品分散一部分风险，作为理性经济人，金融机构愿意提供的贷款额度增加。假设供给曲线 S_2 向右移动至 S_3，继续假定农户资金需求不变，则新的均衡点为 C，此时均衡借贷额 $Q_3 > Q_2$，借贷利率 $R_3 < R_2$。显然，农户从金融机构获得的贷款额度增加，贷款利率也有所下降，农户的融资状况得到改善。可见，信贷抵押担保机制的实施可以增强农户的融资能力，更好地满足农户的融资需求。

在抵押担保业务开展中，随着金融机构和农户的多次交易，双方信息不对称程度减弱，交易成本降低，金融机构为农户贷款的意愿增强，可能会增加农户贷款额度或者降低农户借贷利率，农户的借贷需求将会增加，如图 3 - 2 所示，农户的借贷需求曲线将向右移动至 D_2。两条曲线相交于点 E，达到农户在抵押担保贷款条件下的最终均衡，此时，均衡借贷额 $Q_4 > Q_3$，农户从金融机构获得的贷款额度进一步增加，均衡利率 R_4 虽大于 R_3，但小于 R_2。虽然贷款利率有所上升，但与无抵押担保的情况相比，贷款利率还是有所下降的。最终，农户可以较低的利率从金融机构获得更多贷款。

综上所述，农户信贷抵押担保贷款的实施改变了信息不对称条件下农村借贷市场的供求状况，扩大了金融机构农户放贷的规模，增加了金融机构的信贷供给。农户从金融机构贷款的能力增强，能以较低的利率从金融机构获得更多的贷款，农村信贷资金得到更合理的配置。

（2）信贷抵押担保功能发挥的博弈分析

①模型的构建

假定农村金融机构是独立经营、自负盈亏的市场主体，农户只能从金融机构获得贷款，金融机构有足额的信贷资金提供给农户，农户能利用所得贷款投资从而获得比贷款成本更高的净收益。作为交易的双方，金融机构和农户都是理性经济人，两者在进行决策时都会追求自身利益的最大化，最终达到博弈双方的均衡状态。现假设农户有意向金融机构申请期限为 N 年（N 为固定期限）的额度为 L 万元的贷款用于农业生产经营投入，贷款利率为 I（$0 < I < 1$），以复利计算，到期一次还本付息。农户利用所贷款项投资获得的收益 H 与融资量 L 成函数关系 H（L），若到期不按时偿还贷款，则农户要受到

失信惩罚，假定其惩罚力度为 R。金融机构向农户贷款的机会成本为 C，由于金融机构的机会成本与农户贷款额度直接相关，设机会成本与农户贷款额度的比值固定，即 $C/L = M$。到期农户有按时还本付息（诚信）和不偿还本息（失信）两种选择，其中失信的概率为 P_1（$0 \leqslant P_1 \leqslant 1$），则农户诚信的概率为 $1 - P_1$。金融机构有放贷和拒贷两种选择，放贷的概率为 P_2（$0 \leqslant P_2 \leqslant 1$），则拒贷的概率为 $1 - P_2$。

②无抵押担保贷款时借贷双方的博弈分析

a. 金融机构的行为分析

金融机构存在着放贷和拒贷两种选择，选择拒贷情况下，金融机构能够获得的净收益 $\pi_3 = 0$，选择放贷情况下，如农户选择诚信，则金融机构获得的净收益为 $L(1 + I)^N - L - C$。如农户选择失信，则金融机构获得的净收益为 $-L - C$。

b. 农户的行为分析

对农户的行为分析是建立在金融机构行为之上的，当金融机构拒贷时，农户的净收益为 0，当金融机构放贷时，农户面临着诚信和失信两种选择，基于假设，农户能利用所贷款项进行投资从而获得比贷款成本更高的净收益，则农户利用贷款的净收益 $\pi > 0$，即 $H(L) > L(1 + I)^N$，农户具有偿还贷款的能力。此时，如果选择诚信，农户贷款的净收益为 $\pi_1 = H(L) - L(1 + I)^N$。若选择失信，农户贷款的净收益 $\pi_2 = H(L) - R$。双方的博弈矩阵如图 3 - 3 所示。

金融机构

		放贷	拒贷
农户	诚信	$H(L) - L(1+i)^N, L(1+i)^N - L - C$	0, 0
	失信	$H(L) - R, -L - C$	0, 0

图 3 - 3 无抵押担保贷款时借贷双方的博弈矩阵

对于金融机构而言，选择拒贷的收益为 0，而在放贷情况下的净收益 $\pi_4 = P_1 \times (-L - C) + (1 - P_1) \times [L(1 + i)N - L - C]$。只有金融机构放贷的净收益大于 0 时，金融机构才会选择放贷。即 $P_1 \times (-L - C) + (1 - P_1) \times [L(1 + i)N - L - C] > 0$，也即 $I > \sqrt[N]{(C/L + 1) / (1 - P_1)} - 1$ 时，金融机构才能通过给农户贷款获得收益，所以，金融机构能够接受的贷款利率

$I > \sqrt[N]{(C/L+1)\ /\ (1-P_1)} - 1$。由于金融机构的机会成本与农户贷款额度比值固定不变，N 为固定期限，则金融机构可接受的最低贷款利率只与农户的失信风险大小相关。农户失信的风险越小，金融机构能够接受的最低贷款利率越低。

在金融机构放贷的前提下，农户是选择诚信还是失信，取决于贷款本息和 $L(1+I)^N$ 以及失信成本 R 的大小，当失信成本大于农户到期需偿还的本息和时，即 $R > L(1+I)^N$ 时，农户的最优选择是诚信。但是，当农户的失信成本小于农户的还贷金额，即 $R < L(1+I)^N$ 时，在不考虑长期合作的情况下，农户的最优选择是失信。

综上所述，在无抵押担保的情况下，金融机构放贷的意愿与农户的失信风险直接相关，而农户的还贷决策又直接与其失信成本大小相关。只要农户的失信成本大于还贷金额，农户就会选择诚信，农户的失信成本越高，其失信的概率越小，金融机构则愿意以较低的利率为农户提供贷款。因此，在无抵押担保的情况下，农户失信惩罚成本对金融机构和农户的行为起着关键作用。然而在实践中，金融机构对于农户的失信惩罚成本是难以准确估计的，为了防范风险，金融机构通常会给所有农户都设定较高的利率，或者直接拒绝给农户贷款，即金融机构发生逆向选择行为，绝大部分农户被排斥在金融服务之外。

③抵押担保条件下借贷双方的博弈分析

抵押担保贷款模式下，农户以自身的资产作抵押向金融机构贷款，如果农户失信，农户的抵押担保品将被金融机构占有并处置，金融机构风险减小。现假设农户抵押担保品的价值为 Y，抵押品的价值直接决定贷款额度，两者成一定的比例关系，即 Y/L 为定值。并且对金融机构而言，只能通过处置农户的抵押担保品来抵偿贷款损失，自身不能用其进行生产经营，因此，抵押担保品不存在折旧问题。但由于通货膨胀的影响，贷款 N 年后抵押品的名义价值会上升，设到期时抵押担保品的价值为 $Y(1+t)^N$。对金融机构而言，抵押品 N 年后的变现率为 δ。

a. 金融机构的行为分析

对金融机构而言，如果选择拒贷，金融机构能够获得的净收益 $\pi_3' = \pi_3 = 0$，而在选择放贷的情况下，如果农户选择诚信，金融机构的净收益为 $L(1+I)^n-L-C$，如果农户选择失信，金融机构的净收益为 $\delta Y(1+t)^n-L-C$。

b. 农户的行为分析

如果金融机构拒贷，农户的净收益为0，而在金融机构向农户提供抵押款的前提下，农户面临着诚信和失信两种选择。如果将农户为获得贷款而提供的抵押品价值看成初始投资成本之一，农户选择诚信时贷款的净收益为 $\pi_1 = H(L)-L(1+I)^n+Y(1+t)^N-Y$；选择失信时贷款的净收益为 $\pi_2 = H(L)-R-Y$。这时双方的博弈矩阵如图3-4所示。

金融机构

		放贷	拒贷
农户	诚信	$H(L)-L(1+i)^n+Y(1+t)^n-Y,\ L(1+i)^N-L-C$	0, 0
	失信	$H(L)-R-Y,\ \Delta Y(1+t)^n-L-C$	0, 0

图3-4 有抵押担保贷款时借贷双方的博弈矩阵

金融机构能够获得的净收益 $\pi_4 = P_1 \times [\delta Y(1+t)^n-L-C]+(1-P_1)\times[L(1+i)^n-L-C]$。只有 $P_1 \times [\delta Y(1+t)^n-L-C]+(1-P_1)\times[L(1+i)^n-L-C]>0$，即只有当贷款利率 $i>\sqrt[N]{C/L+1-\delta YP(1+t)^n/L/(1-P_1)}-1$ 时，金融机构放贷的收益才大于0，金融机构才能通过给农户贷款获得收益。所以，金融机构能够接受的最低贷款利率为 $\sqrt[N]{C/L+1-\delta YP(1+t)^n/L/(1-P_1)}-1$。并且在通货膨胀率 i、农户失信概率 P_1 一定的情况下（C/L、Y/L 为固定值，N 为固定期限），金融机构能够接受的最低贷款利率主要与抵押品的变现率相关。抵押物的变现率越大，金融机构愿意接受的贷款利率越低，农户更容易从金融机构获得贷款。

对农户而言，农户选择诚信和失信主要取决于到期抵押物名义价值与失信成本 R 总和的大小与需偿还的贷款本息和的大小，当偿还的贷款本息和小于失信成本与到期抵押物名义价值之和，即 $L(1+i)^n<R+Y(1+t)^n$ 时，农户的最优选择是诚信；而当偿还的贷款本息和大于失信成本与到期抵押物名义价值之和，即 $L(1+i)^n>R+Y(1+t)^n$ 时，在不考虑长期合作的前提下，农户的最优选择是失信。

显然，在此种情况下金融机构愿意接受的最低贷款利率

$\sqrt[N]{C/L+1-\delta YP\ (1+t)^n/L/\ (1-P_1)}-1$ 会小于无抵押担保贷款方式下能接受的最低贷款利率 $(P_1^{*\prime},\ P_2^{*\prime})\ -1$。而农户失信即 $L\ (1+i)^n>R+Y\ (1+t)^n$ 发生的概率会小于无抵押担保贷款方式下农户失信即 $L\ (1+i)^n>R$ 发生的概率。可见，由于抵押担保机制的影响，农户的失信风险减小，金融机构能够接受的最低贷款利率也进一步下降，信贷供给增加，农户获得贷款的机会增加。

（3）结论

基于以上分析，农户失信的概率直接影响着金融机构发放贷款的意愿，而抵押担保机制能够有效降低农户失信的概率，同时也可以降低金融机构可接受的最低贷款利率，对促进农村金融均衡发展有积极作用。

影响抵押担保作用发挥的重要因素是贷款到期时抵押品的变现率 α，它将直接关系到金融机构是否愿意以较低的利率为农户提供贷款。另外，能否对抵押品价值进行合理评估也至关重要，这关系着抵押担保贷款能否有效实施。而抵押品价值的确定依赖于完善的资产价值评估系统。因此，完善的资产价值评估系统和成熟的资产流转市场对于抵押担保机制作用的充分发挥意义重大。

3. 我国农户信贷抵押担保方式创新与发展

综上所述，由于存在信息不对称，农户这一弱势群体很难从金融机构贷到所需款项。而抵押担保机制的引入能弱化双方信息不对称程度，提升农户信用，缓解农户融资约束，使更多的资金流入农村。抵押担保技术的广泛运用及创新对农村金融的发展意义重大。但传统的抵押担保一般要求以生产设备等高价值实物资产来充当，或者要求存单等质押物，然而农户的实物资产缺乏，也缺少存单等，在这一担保抵押制度的限制下，农户能被金融机构接受的、充当抵押担保品的资产屈指可数，依靠抵押担保来缓解农户融资约束的功能难以实现，甚至一些金融机构故意提高抵押担保要求而将弱势的农户群体拒绝在金融服务之外。因此，农户信贷抵押担保方式亟须创新。中央政府也出台了多项政策鼓励创新农户信贷抵押担保方式。党的十七届三中全会上，中央政府提出要积极稳妥推进我国农村抵押担保方式创新，同时扩大有效抵押品范围，建立起多方参与、政府扶持、市场化运作的农村信贷担保机制等。并指出，原则上凡是法律没有禁止、物品权属清晰、风险可控、可用于贷款抵押担保的各类动产和不动产，都可进行试点。近年来，金融监管部门也在农户抵押担保贷款方面出台了多项政策。2008 年监管部门指出要探索发展大型农业生产设备、林权、水域滩涂使用权等抵押贷款，规范发展应收账款、股权、仓单、存单等权利质押贷款。2009 年，金融监管部门提出在有条件的地方可试行土地经营权抵押贷款。2010 年，金融监管部门在农村土地承包经营权抵押贷款外，补充了宅基地使用权抵押贷款业务，丰富"三农"贷款增信的有效方式和手段。2013 年，监管部门又一次提出支持在法律关系明确地区探索开展农村土地承包经营权、宅基地、农房等抵、质押贷款业务。这些政策对推进我国农村抵押担保信贷业务发展有积极作用。2014 年中央一号文件提出了具体的操作方法：在坚持和完善最严格的耕地保护制度前提下，赋予农民对土地承包经营权抵押、担保权能，农户的抵押担保品范围增加。另外，也有不少文件提出了其他创新途径。如 2004 年，在《中共中央、国务院关于促进农民增加收入若干政策的意见》中提出了"要探索实行多种担保形式和设立农业担保机构等多种途径，切实解决广大农户和农村中小企业贷款担保难的问题"。2006 年中央一号文件出台了相关操作的具体方法："各地可通过建立担保机构或担保基金等方法，解决农户和农村中小企业贷款担保难的问题，一些有条件的地方政府可以给予适当的扶持。"这些政策进一步丰富了农户信贷抵押担保制度的内容，指导着我国农村信贷抵押担保制度的创新和发展。

（二）我国创新型农户信贷抵押担保方式及其实施力度评价——以浏阳市农村商业银行为例

1. 我国主要创新型农户信贷抵押担保方式

近年来，在相关政策的支持下，我国农户信贷抵押担保创新方式相继出现，主要有农房、土地承包经营权、林权和海域使用权抵押担保等创新模式。

（1）农房抵押担保

农房是农户最主要的物质财产，不少学者认为房屋是农户不可缺少的基础资产，农房抵押担保可能会影响农户稳定的生活。并且农房抵押也可能会改变宅基地用途，从而导致集体所有的土地被侵占。受此观点影响，一段时间以来法律虽然认可农户住房可抵押，但是却限制了与住房不可分离的宅基地的抵押。我国《物权法》规定，私人对其房屋享有所有权，包括占有、使用、收益、处分的权利（第六十四条），并且建筑物和其他土地附着物可以抵押（第一百八十条）。农户对其房屋享有所有权，拥有收益、处分权，而房屋又属于建筑物，自然可用于抵押担保。但是，依照我国《物权法》规定，宅基地等集体所有的土地使用权不得抵押（第一百八十四条）。宅基地抵押的限制使农房抵押受到限制，制约了农房抵押担保信贷业务的开展。然而，近年来，有不少学者认为农房并不完全等同于农户的社会保障，限制农房抵押并不能完善农户的社会保障问题，反而可能会限制农户的经济活动，阻碍农村经济发展。房屋用于抵押担保能将沉淀在房屋建设中的资金盘活，激活农户"沉睡的资产"，从而使农户拥有更充足的资金用于发展经济。据统计，截至2012年，全国农村房屋面积达到了238多亿平方米，按照平均681.9元/平方米的价格计算，农村沉淀资金有16多万亿元。将其抵押转化成创业致富的资本，对增加农户收入至关重要。2006年8月，浙江省温州市率先在瑞安、乐清等地尝试开展农房抵押贷款试点，为农户提供了新的融资方式，深受当地农户欢迎（陈丘，2012)[①]。随后在湖南、陕西、安徽、浙江、四川、重庆等地都开展了农房抵押贷款试点工作，实现了农村金融业务的又一次创新，拓宽了金融机构的业务范围，推动了农村金融业务的发展。虽然在实践中也存在缺少完善的相关法律和政策支持、农房确权登记制度不健全、尚无成型的房屋价值评估体系以及完善的农村社会保障制度等因素的制约，此模式的实施还是为拓宽农户融资渠道、促进农村经济发展作出了重大贡献。

（2）土地承包经营权抵押担保

农村土地一直是农民占比最大的重要物质资产。农地的利用配置情况影响着我国粮食安全和社会稳定，对促进经济的平稳健康发展意义重大。土地承包经营权能否用于抵押担保是众多学者一直以来争论的问题，有的学者认为此贷款模式可能会使农户失去赖以生存的土地，从而对其生计造成影响。虽然目前从政策层面上鼓励农户土地承包经营权抵押，但依《中华人民共和

[①]　陈丘：《成都市农房抵押贷款模式及其配套制度研究》，四川农业大学硕士学位论文，2012年。

国物权法》规定，以招标、拍卖、公开协商等方式取得的荒地等土地承包经营权可以用于抵押担保（第一百八十条）。但耕地、宅基地、自留地、自留山等集体所有的土地使用权不得抵押，法律规定可以抵押的除外（第一百八十四条）。与其他发展中国家一样，我国农户承包的土地因无法快速流转而变成僵化资产，限制了农地的抵押担保，阻碍了农村经济的发展。土地承包经营权抵押担保有利于提升农地的使用效率与农业生产率，对盘活农村土地、增加农户流动资金、促进农村经济发展有重要意义。党的十七届三中全会提出要赋予农民更加充分而有保障的土地承包经营权，从而完善土地承包经营权权能。此后，在中国人民银行、中国银监会的指导下，许多地区开始依据自身实际情况积极创新农地抵押担保方式，在成都、重庆等地相继突破了现行法律限制，允许以家庭承包方式取得的土地承包经营权用于抵押担保，开始了农地抵押贷款试点工作。虽然由于相关法律不完善、土地流转市场不够成熟、估价系统不完善等原因，土地承包经营权抵押贷款在发展中遇到了许多问题，但是它还是为农户贷款难问题的解决提供了新的思路。党的十八届三中全会更是提出了赋予农民对承包地占有、使用、收益、流转及承包经营权抵押、担保等权能，进一步强化土地承包经营权的物权属性和财产属性。可见，近年来，土地资产金融化的发展越来越受到重视，土地承包经营权抵押担保的实施和发展为农户信贷抵押担保业务的开展提供了新的思路，对于充分利用农村土地资源、激活农村经济具有重大意义。

（3）林权抵押担保

在我国当前的法律环境下，林业资源主要包括森林、林木的所有权、使用权以及林地的使用权。改革开放以来，我国林权制度改革取得了显著成效，90%以上的林地完成了确权工作，这为林权抵押贷款业务的开展奠定了基础。《中华人民共和国担保法》明确了林木的抵押，并指出登记部门应为县级以上林业主管部门（第四十二条）。2004 年我国国家林业局颁布的《森林资源资产抵押登记办法（试行）》也明确规定，商品林中的森林、林木和林地使用权可用于抵押（第三条）。林权抵押确实能为林农融入更多资金。基于法律的支持，我国福建、浙江、江西、四川等地相继开展了林权抵押担保贷款试点工作，各试点地区均出台了有关林权抵押担保贷款的具体实施细则，制度的相对规范使林权抵押担保贷款取得了较大成功。2009—2011 年，我国发放林业贷款的金额逐年增加，分别为 159.90 亿元、176.25 亿元和 274.18 亿元。但是，业务发展过程中，林权抵押担保贷款也受到多种因素的制约。据《森林资源资产抵押登记办法（试行）》规定，森林或林木资产抵押时，其林地使用权须同时抵押，但不得改变林地属性和用途（第八条），生态公益林、特种用途林不可以抵押（第九条）。这些规定导致符合林权抵押贷款标准的林木较少、林地面积较小，林农的贷款额受到限制。虽然 2009—2011 年贷款额在增加，但贷款额占当年建设资金的比例却在逐年下降，分别只占 11.06%、10.60% 和 9.90%。其中在浙江省丽水市实施的林权抵押贷款模式中，大多数林农只能贷到 2 万—5 万元（杨云，2010）①。另外，林权抵押担保贷款在实施过程中也存在一些问题，首先，林权抵押贷款的期限一般只有一年，而树木成材需要 10 年以上时间，从而限制了林权抵押贷款业务的开展；其次，贷款利率偏高，一般会在基准利率的基础上上浮 20%、30% 甚至 50%。最后，贷款程序复杂、繁琐。这些因素均制约着林权抵押担保贷款业务的开展。

（4）海域使用权抵押担保

据《中华人民共和国海域使用管理法》规定，海域属于国家所有，国务院代表国家行使海域所有权（第三条），个人仅拥有海域使用权，即权利人依法占有特定的海域并利用海域进行养殖、旅游、运输、采矿、修建港口和各种设施等并获取收益的权利。随着《中华人民共和国海域使用管理法》以及《中华人民共和国物权法》的颁布，沿海各地普遍加强了海域使用管理配套制度建设，积极开展海域使用权登记、海域使用权证书发放工作，海域的价值得到了广大用海者以及社会各界的广泛认可，这为海域使用权抵押融资创造了良好的社会环境。国家海洋局所制定的《海域使用权管理规定》也对海域使用权抵押作了明确规定，进行海域使用权抵押的双方当事人应当到原登记机关办理登记手续。海域使用权抵押时其固定附属用海设施随之抵押。海域使用权取得时免缴或者减缴海域使用金的，补缴海域使用金后方可抵押（第四十一条）。但是相关规定更多停留在原则性规定层面，在具体操作时，海域使用权抵押还缺少相关实施细则的指导，例如，如何对贷款人的材料进行审

---

① 杨云：《林权抵押贷款运行机制及其绩效评价研究——基于福建的案例分析》，福建农林大学硕士学位论文，2010 年。

查、如何对海域使用权价值进行评估等方面都没有明确的规定。为了更好地实施此模式，有些地方（如福建、山东、天津）曾出台了专门针对海域使用权的登记办法，对海域使用权抵押登记的依据、条件、程序、期限等进行明确规定。总之，海域使用权抵押取得了一定进展，然而，也受到了相关法律不完善、缺乏评估机构、流转受限等因素的制约。

为了更客观地反映创新型农户信贷抵押担保贷款实施情况，对其实施力度进行评价，本研究基于金融机构视角，综合和借鉴国内外衡量农村金融机构服务能力的指标体系，并结合我国农村金融机构抵押担保贷款业务的实施情况，在咨询相关专家的基础上，从农户抵押担保贷款的实施条件、实施过程和实施效果三个方面构建了一个有目标层、准则层、子准则层和指标层的创新型农户信贷抵押担保贷款实施力度的评价指标体系（罗荷花，2011）[1]。通过构建创新型农户信贷抵押担保贷款实施力度的评价指标体系，对农村金融机构实施创新型农户信贷抵押担保贷款后农户贷款增加情况进行反映，揭示此贷款模式对增加农户收入和促进农村经济发展的作用，体现抵押担保贷款在农村地区的落实情况等，从而促进农村金融机构了解影响其开展农户抵押担保贷款业务能力的因素，谋求更好地提高其开展农户抵押担保贷款能力的对策。

2. 创新型农户信贷抵押担保贷款实施力度评价指标体系的构建

（1）指标体系构建的原则

系统性原则。创新型农户信贷抵押担保贷款实施力度反映的是金融机构为农户提供抵押贷款服务的情况，指标的设置必须考虑机构提供此项服务所涉及的政府、机构员工、农户等各方面的情况及其内在联系。各个指标之间既应有相关性又应相互独立，能够综合、全面、系统地反映创新型农户信贷抵押担保贷款实施力度的现状。

层次性原则。层次性是指指标体系自身的多重性。由于农户信贷抵押担保贷款实施内容的多层次性，指标体系也应由多层次结构组成，从不同方面、不同层次反映实施的情况。设计指标时应保证准则层和子准则层不会出现在同级系统中，各层指标应逐次关联，根据农户信贷抵押担保贷款的内涵和现

---

① 罗荷花：《我国普惠制农村金融机构支农能力建设研究》，湖南农业大学硕士学位论文，2011年。

状，可以用众多的指标对金融机构为农户提供抵押担保贷款的力度进行划分，分出指标之间的层次性与关联性。同时，在考虑指标实际应用的基础上，应紧扣农村金融机构有效实施农户抵押担保贷款、更好地为农户服务的理念，从而实现农村金融与农村经济的协同发展。

导向性原则。农村金融机构在为农户提供信贷服务时，总是偏爱高收入或拥有有效抵押担保品的群体，从而降低自身风险，获得更好的财务业绩。但是，大部分传统农户并不能提供有效的抵押担保品，因而无法享受金融服务。因此，在设计创新型农户信贷抵押担保贷款实施力度的指标体系时，要发挥评价指标对金融机构开展农户抵押担保贷款的导向作用，引导信贷资金更多流向农户，促进"三农"发展。

代表性原则。创新型农户信贷抵押担保贷款实施力度涵盖面广，包含的内容也很丰富，但它不可能囊括所涉及的全部内容，否则就可能带来指标体系过于庞大的弊端，但指标的选择也不能太少太简单。要选择最具典型代表性、综合性的指标，力求精简，使用尽可能少的指标准确反映当前创新型农户信贷抵押担保贷款实施力度的现状。

（2）指标体系构建的基本思路

在遵循指标选择基本原则的基础上，借鉴国际经验以及普惠制农村金融机构支农能力指标体系构建的思路，结合我国农村金融发展的具体情况以及专家的意见和建议，从实施条件、实施过程、实施效果三个方面构建我国农村金融机构创新型农户信贷抵押担保贷款实施力度的指标体系，其设计的思路如图 3 - 5 所示。

图 3 - 5　创新型农户信贷抵押担保贷款实施力度指标体系设计思路

（3）指标体系的构成内容

①实施条件

农户信贷抵押担保贷款实施条件的满足是金融机构向农户提供抵押担保

贷款的前提。农户抵押担保贷款的有效实施离不开良好的实施环境和内部条件，这主要从实施的外部环境、机构的内部条件及相关配套条件三个方面考虑。

首先，需考虑的是实施的外部环境。良好的外部环境可以使农户有效获得抵押担保贷款。农户抵押担保贷款实施的外部环境主要包括农户抵押担保相关的法律政策环境、政府的相关财税补贴政策以及农业保险环境。相关法律法规政策制度的完善是农村金融机构更好地为农户提供抵押担保贷款的有效保障，通过"相关农户资产用于抵押担保的法律政策完善程度"来衡量。农业保险可以帮助农户将生产投资中的风险有效转移和分散，农村金融机构的贷款风险减小，在风险控制范围内金融机构能够较好地为农户提供抵押担保贷款。可以用"农业保险的种类"来反映农业保险的发展情况。政府为提供农户抵押担保贷款的农村金融机构给予补贴及支持有利于提高金融机构为农户放贷的积极性，有利于农户抵押担保贷款的实施。可用"政府为农户抵押担保贷款提供补贴政策力度"来衡量。

其次，金融机构的内部条件也不能忽视，它决定着金融机构是否会有效开展创新型农户信贷抵押担保贷款业务。金融机构实施创新型农户信贷担保贷款的内部条件包括金融机构为农户提供创新型抵押担保贷款的意识以及相关内部政策。金融机构为农户提供创新型抵押担保贷款的意识用"金融机构为农户提供创新型抵押担保贷款的意识程度"来反映。意识可由相关内部政策进一步反映，内部是否有创新型农户信贷抵押担保贷款的具体流程、是否有完善的抵押担保贷款风险管理制度都可以反映金融机构为农户提供抵押担保贷款的意识强弱。通过"金融机构创新型农户抵押担保贷款流程完善程度"和"金融机构抵押担保贷款风险管理制度完善程度"来衡量。

最后，贷款实施的相关配套条件也十分重要。相关配套条件影响着金融机构为农户提供创新型抵押担保贷款的风险，良好的配套条件有助于创新型农户信贷抵押担保贷款的顺利实施。当地价值评估机构的发展程度与相关资产流转市场的完善程度都关系着创新型农户信贷抵押担保贷款的实施。金融机构为农户提供创新型抵押担保贷款时，一般需要对抵押担保品价值进行评估，从而确定放贷额度。当地价值评估机构的发展程度越高，对抵押品价值评估得越准确，金融机构的贷款风险越容易得到控制。用"当地专业资产价值评估机构个数"来衡量评估机构的发展程度。抵押担保品相关流转市场的建立和运行关系着农户违约后金融机构损失的弥补，相关流转市场越完善，金融机构更易将抵押品变现，从而弥补贷款户不能按时还本付息的损失。用"平均农户抵押担保品变卖时间"来衡量流转市场的完善程度。

　　②实施过程

　　实施过程主要指金融机构为农户提供抵押担保贷款的过程。可以分为客户识别过程、贷款发放过程和贷款回收过程。

　　客户识别过程是农户获得创新型抵押担保贷款的重要环节。金融机构只会给满足相关条件的农户提供创新型抵押担保贷款。客户识别过程中，金融机构会对是否为农户提供创新型抵押担保贷款以及提供抵押担保贷款的额度作出判断。如果金融机构为了规避风险给农户设置太高的信贷门槛，那么大部分农户将不能够享受抵押担保贷款服务。用"拥有有效创新型抵押担保品农户占总农户比例"来衡量。贷款额度与抵押品价值的比例关系着农户可依靠抵押担保品融入资金的额度大小。用"人均抵押担保贷款率"即人均贷款额占抵押品价值比例来衡量。

　　贷款发放过程是金融机构为农户提供创新型抵押担保贷款的过程，直接关系着农户获得抵押担保贷款额度的多少。由于贷款发放的关键环节是贷款的审批过程及抵押品的价值评估，如果金融机构更多地依赖专业资产价值评估机构，金融机构的风险便更难得到有效控制。用"依赖专业资产价值评估机构程度"来衡量。相关抵押品价值评估的成本越低，金融机构的收益越高，农户获得抵押担保贷款的可能性越大，用"抵押担保品的平均价值评估成本"来衡量。抵押担保品价值评估的准确度与抵押担保贷款的实施密切相关，关系着金融机构贷款的风险，用"抵押担保品价值评估准确度"来衡量。

　　贷款回收过程是农村金融机构为农户提供创新型抵押担保贷款的最后一个环节。农村金融机构信贷资金的顺利回收，是其继续为农户提供创新型抵押担保贷款的保证，金融机构获得的收益越大，为农户提供创新型抵押担保贷款服务的积极性越高，提供贷款的额度越大。农村金融机构通过各类激励与惩罚机制，鼓励农户积极还贷，提高机构贷款的回收率。主要用"抵押担保贷款农户违约率""违约农户抵押担保品变卖平均成本与抵押担保品价值的比率""抵押担保贷款损失率"等来衡量农村金融机构农户创新型抵押担保款业务质量与贷款回收情况。其中，抵押担保贷款损失率＝抵押担保贷款注销额/平均未偿还抵押担保贷款余额，反映机构上期没有收回的抵押担保贷款额度的比例，这一比例将会影响机构进一步为农户提供抵押担保贷款的积极性。

③实施效果

农户抵押担保贷款的实施效果是实施力度的体现，从金融机构提供服务情况、金融机构受益情况、农户受益情况以及农户满意度几个方面来衡量。

金融机构提供服务情况包括农村金融机构能否为农户提供创新型抵押贷款，是否扩大了贷款服务的覆盖面而向更多农户提供贷款，同时增加单个农户的贷款额度。随着农村金融机构向更多农户提供贷款，两者之间的互动增加，金融机构与农户间的信息不对称程度降低，更有利于农户抵押担保贷款的实施。我们用"期末抵押担保贷款农户数量占总贷款农户数量比例""期末抵押担保贷款余额""平均抵押担保贷款余额/本地人均 GNP"和"期末抵押担保贷款额度占总贷款额度比例"来衡量。

金融机构受益情况直接影响其为农户提供创新型抵押担保贷款的积极性。如果创新型抵押担保贷款情况下农户的违约率变小，金融机构就更愿意为农户提供创新型抵押担保贷款，更有利于农户抵押担保贷款的实施，通过"农户违约率减小幅度"来衡量，如果创新型抵押担保贷款方式下，农户贷款的监管成本相应减少，金融机构实施抵押担保贷款的意愿更高，实施效果更好，用"贷款监管成本减少比率"来衡量。

农户受益情况是指创新型抵押担保贷款实施后给农户带来的直接效果，比如收入提高、生活水平改善以及社会地位提升等。用"获得创新型抵押担保贷款农户中收入提高农户占比""获得创新型抵押担保贷款农户中生活水平提高农户占比"和"获得创新型抵押担保贷款农户中社会地位提升农户占比"来衡量。

农户对金融机构提供抵押担保贷款创新方式的满意度直接影响着其是否会继续使用此贷款方式，是否会带动周边农户使用此创新贷款方式。可用"农户对创新型抵押担保贷款服务满意度""年度内增加申请创新型抵押担保贷款农户数"和"年度内减少申请创新型抵押担保贷款农户数"等指标来衡量。具体内容见表3-8。

表 3 - 8 创新型农户信贷抵押担保贷款实施力度评价指标体系

目标层	准则层	子准则层	指标层	指标性质	指标单位
创新型农户信贷抵押担保贷款实施力度评价指标体系	实施条件	外部环境	相关农户资产用于抵押担保的法律政策完善程度	正	%
			政府为农户抵押担保贷款提供补贴政策力度	正	%
			农业保险的种类	正	%
		机构内部条件	金融机构为农户提供创新型抵押担保贷款的意识程度	正	%
			金融机构创新型农户抵押担保贷款流程完善程度	正	%
			金融机构抵押担保贷款风险管理制度完善程度	正	%
		相关配套条件	当地专业资产价值评估机构个数	正	个
			平均农户抵押担保品变卖时间	负	天
	实施过程	客户识别过程	拥有有效创新型抵押担保品农户占总农户比例	正	%
			人均抵押担保贷款率	正	%
		贷款发放过程	依赖专业资产价值评估机构程度	负	%
			抵押担保品的平均价值评估成本	负	元
			抵押担保品价值评估准确度	正	%
		贷款回收过程	抵押担保贷款农户违约率	负	%
			违约农户抵押担保品变卖平均成本/抵押担保品价值	负	%
			抵押担保贷款损失率	负	%
	实施效果	金融机构提供服务情况	期末抵押担保贷款农户数量占总贷款农户数量比例	正	%
			期末抵押担保贷款余额	正	万元
			平均抵押担保贷款余额/本地人均 GNP	负	%
			期末抵押担保贷款额度占总贷款额度比例	正	%
		金融机构受益情况	农户违约率减小幅度	正	%
			贷款监管成本减少比率	负	%
		农户受益情况	获得创新型抵押担保贷款农户中收入提高农户占比	正	%
			获得创新型抵押担保贷款农户中生活水平提高农户占比	正	%
			获得创新型抵押担保贷款农户中社会地位提升农户占比	正	%
		农户满意度	农户对创新型抵押担保贷款服务满意度	正	%
			年度内增加申请创新型抵押担保贷款农户数量	正	户
			年度内减少申请创新型抵押担保贷款农户数量	负	户

（4）创新型农户信贷抵押担保贷款实施力度评价模型的建立

创新型农户信贷抵押担保贷款实施力度评价指标体系具有复杂性和多层次性，体系内的众多指标相互联系、相互依赖，而层次分析法能将复杂的问题进行分解，形成多个层次结构，有助于保证决策者的思维与决策准则相一致，使评价过程更简洁，评价结果更准确。因此，可借助层次分析法对其进行评价。层次分析法是 20 世纪 70 年代美国匹兹堡大学教授托马斯·塞蒂（T. L. Saaty）提出的一种系统化、层次化的分析方法，通过对每一层的因素进行两两比较，确定其相对重要程度。本研究根据层次分析法和农村金融机构实施农户抵押担保贷款的实际情况，构建出创新型农户信贷抵押担保贷款实施力度评价指标体系的层次结构模型。在确定层次结构后，利用 1—9 比较标度法构造比较判断矩阵，如表 3－9 所示。

表 3－9　1—9 比较标度法运用

标度 a_{ij}	两指标比较结果
1	i 与 j 同样重要
3	i 比 j 稍微重要
5	i 比 j 明显重要
7	i 比 j 强烈重要
9	i 比 j 极端重要
2、4、6、8	重要性在上述两相邻结果中间

说明：对角线两边互为倒数，即 $a_{ij} = 1/a_{ji}$；矩阵对角线上的值均为 1。

为了保证各层级判断矩阵元素 a_{ij} 的科学合理性，本研究从科研机构、高等院校、政府部门以及中国农业银行、农村信用合作社等农村金融机构选取了 10 位长期从事农村金融研究或抵押担保信贷的理论和实践专家，请各位专家对各影响因素的相对重要性作出判断，再将各位专家提供的 a_{ij} 值加权汇总，得到最终的 a_{ij} 值，从而确定创新型农户信贷抵押担保贷款实施力度指标体系中各个层级指标的判断矩阵以及相应的权重，随后利用一致性指标 CI 对其进行一致性检验。

$$CI = \frac{\lambda_{max} - N}{N - 1} \qquad\qquad （式 3 - 2）$$

λ_{max} 为矩阵的最大特征根，N 为指标个数。

CI 的值越大，表明判断矩阵的一致性越差，当 CI = 0 时，判断矩阵具有完全一致性。为了进一步检验其一致性程度是否令人满意，引入了随机一致性指标 CR 对其进行检验，CR 为一致性指标和平均一致性指标的比值，表 3 - 10 为 1—10 阶判断矩阵平均一致性指标 RI 值。当 CR < 0.1 时，就认为判断矩阵的一致性程度较高，通过检验。

表 3 - 10　RI 值

矩阵大小	1	2	3	4	5	6	7	8	9	10
RI	0	0	0.52	0.89	1.12	1.26	1.36	1.41	1.46	1.49

下面，以创新型农户信贷抵押担保贷款实施力度评价指标体系的子准则层为例，构造其判断矩阵，如表 3 - 11 所示。

表 3 - 11　评价指标权重计算及一致性检验

C	Z_1	Z_2	Z_3
Z_1	1	2	1
Z_2	0.5	1	0.5
Z_3	1	2	1

判断矩阵 C 的最大特征值为 $\lambda_{max} = 3.0183$，相应的特征向量为（0.3874，0.1692，0.4434），即实施条件、实施过程和实施效果的权重分别为 38.74%、16.92% 和 44.34%。根据求得的最大特征值可以求出一致性指标 CI = 0.0091。查表可得在矩阵阶数为 3 时，平均一致性指标 RI = 0.52，最后计算出随机一致性指标 CR = 0.0158（<0.1），表明通过了一致性检验，判断矩阵的结果是有效的。同理，计算出每个层次的指标权重，见表 3 - 12。

表 3－12　创新型农户信贷抵押担保贷款实施力度评价指标体系中各指标权重

目标层	准则层及权重	子准则层及权重	指标层及权重
创新型农户信贷抵押担保贷款实施力度评价指标体系（A）	实施条件（B₁）38.74%	法律政策环境（C₁₁）24.02%	相关农户资产用于抵押担保的法律政策完善程度（X₁₁₁）38.74%
			政府为农户抵押担保贷款提供补贴政策力度（X₁₁₂）16.92%
			农业保险的种类（X₁₁₃）44.34%
		机构内部条件（C₁₂）54.99%	金融机构为农户提供创新型抵押担保贷款的意识程度（X₁₂₁）19.58%
			金融机构为创新型农户抵押担保贷款流程完善程度（X₁₂₂）31.08%
		相关配套条件（C₁₃）20.93%	金融机构抵押担保贷款风险管理制度完善程度（X₁₂₃）49.34%
			当地专业资产价值评估机构个数（X₁₃₁）40%
			平均农户抵押担保品变卖时间（X₁₃₂）60%
	实施过程（B₂）16.92%	客户识别过程（C₂₁）33.33%	拥有有效创新型抵押担保品农户占总农户比例（X₂₁₁）65%
			人均抵押担保贷款率（X₂₁₂）35%
		贷款发放过程（C₂₂）33.33%	依赖专业资产价值评估机构程度（X₂₂₁）19.58%
			抵押担保品的平均价值评估成本（X₂₂₂）49.34%
			抵押担保品价值评估准确度（X₂₂₃）31.08%
		贷款回收过程（C₂₃）33.33%	抵押担保贷款农户违约率（X₂₃₁）53.99%
			违约农户抵押担保品变卖平均成本/抵押担保品价值（X₂₃₂）29.71%
			抵押担保贷款损失率（X₂₃₃）16.30%
	实施效果（B₃）44.34%	金融机构提供服务情况（C₃₁）18.75%	期末抵押担保贷款农户数量占总贷款农户数量比例（X₃₁₁）28.33%
			期末抵押担保贷款余额（X₃₁₂）33.69%
			平均抵押担保贷款余额/本地人均GNP（X₃₁₃）14.16%
			期末抵押担保贷款额度占总贷款额度比例（X₃₁₄）23.82%
		金融机构受益情况（C₃₂）14.05%	农户违约率减小幅度（X₃₂₁）60%
			贷款监管成本减少比率（X₃₂₂）40%
		农户受益情况（C₃₃）32.29%	获得创新型抵押担保贷款农户中收入提高农户占比（X₃₃₁）49.34%
			获得创新型抵押担保贷款农户中生活水平提高农户占比（X₃₃₂）31.08%
			获得创新型抵押担保贷款农户中社会地位提升农户占比（X₃₃₃）19.58%
		农户满意度（C₃₄）10.65%	农户对创新型抵押担保贷款服务满意度（X₃₄₁）59.44%
			年度内增加申请创新型抵押担保贷款农户数量（X₃₄₂）24.88%
			年度内减少申请创新型抵押担保贷款农户数量（X₃₄₃）15.67%

3．实证分析

（1）数据来源

湖南省浏阳市农村商业银行积极创新抵押担保贷款方式，开展了农房抵押担保贷款，且其为农户提供的抵押担保贷款业务具有典型的代表性，于是我们选取其作为研究对象，对浏阳市经济发展状况以及农村商业银行的相关制度和2014年年底的财务数据进行实地调研，通过发放调查问卷以及对银行的会计人员、主任以及信贷人员等进行访谈，得到相关数据（见表3－13）。

农村金融机构实施创新型农户抵押担保贷款力度的目标值主要参照我国已有的较为完善的抵押担保贷款模式且能很好地为当地居民提供服务的金融机构的有关抵押担保贷款模式的相关指标，借鉴孟加拉国乡村银行等在服务较低收入农户方面取得巨大成功的金融机构的相关指标。这些目标值都是专家们经过科学调整而得出的。目标值的确定，关系到对目前我国创新型农户信贷抵押担保贷款实施力度的准确判断，也会影响金融机构农户信贷抵押担保贷款创新业务的开展。目标值过高，会挫伤金融机构向农户提供创新型抵押担保贷款业务的积极性；目标值过低，对金融机构提供农户抵押担保贷款业务又缺乏激励作用。

表3－13　创新型农户信贷抵押担保贷款实施力度评价指标体系中实际值与目标值及其比值

目标层	准则层	子准则层	指标层	实际值①	目标值②	①/②
创新型农户信贷抵押担保贷款实施力度评价指标体系	实施条件	法律政策环境	相关农户资产用于抵押担保的法律政策完善程度	60%	100%	60%
			政府为农户抵押担保贷款提供补贴政策力度	30%	100%	30%
			农业保险的种类	2	8	25%
		机构内部条件	金融机构为农户提供创新型抵押担保贷款的意识程度	70%	100%	70%
			金融机构为创新型农户抵押担保贷款流程完善程度	90%	100%	90%
			金融机构抵押担保贷款风险管理制度完善程度	70%	100%	70%
		相关配套条件	当地专业资产价值评估机构个数	0	2	0
			平均农户抵押担保品变卖时间	15	3	20%
	实施过程	客户识别过程	拥有有效创新型抵押担保品农户占总农户比例	40%	100%	40%
			人均抵押担保贷款率	60%	80%	75%
		贷款发放过程	依赖专业资产价值评估机构程度	10%	5%	50%
			抵押担保品的平均价值评估成本	200	50	25%
			抵押担保品价值评估准确度	65%	100%	65%

续表

目标层	准则层	子准则层	指标层	实际值①	目标值②	①/②
创新型农户信贷抵押担保贷款实施力度评价指标体系	实施过程	贷款回收过程	抵押担保贷款农户违约率	10%	5%	50%
			违约农户抵押担保品变卖平均成本/抵押担保品价值	3%	1%	33.33%
			抵押担保贷款损失率	10%	5%	50%
	实施效果	金融机构提供服务情况	期末抵押担保贷款农户数量占总贷款农户数比例	55%	85%	64.71%
			期末抵押担保贷款余额	34860	50000	69.72%
			平均抵押担保贷款余额/本地人均 GNP	55%	40%	72.73%
			期末抵押担保贷款额度占总贷款额度比例	60%	80%	75%
		金融机构受益情况	农户违约率减小幅度	60%	100%	60%
			贷款监管成本减少比率	40%	100%	40%
		农户受益情况	获得创新型抵押担保贷款农户中收入提高农户占比	83%	100%	83%
			获得创新型抵押担保贷款农户中生活水平提高农户占比	81%	100%	81%
			获得创新型抵押担保贷款农户中社会地位提升农户占比	80%	100%	80%
		农户满意度	农户对创新型抵押担保贷款服务满意度	80%	100%	80%
			年度内增加申请创新型抵押担保贷款农户数量	520	1330	39.10%
			年度内减少申请创新型抵押担保贷款农户数量	156	65	41.67%

注：1. 数据来源于浏阳市农村商业银行 2014 年年底财务数据及所在地区经济社会发展情况的实地调研数据整理得来。2. 如果指标是正指标，计算时是实际值与目标值的比重，其中当实际值大于目标值，则实际值与目标值之比定为 100%；如果指标是负指标，则计算时是目标值与实际值的比重。

（2）指标的计算

①计算子准则层的评价指数，其计算公式为：

$$C_{ij} = \sum_{i,j,s=1}^{n} X_{ijs} T_{ijs} \qquad （式 3-3）$$

在式 3-3 中，C_{ij} 代表子准则层第 ij 个评价指数；X_{ijs} 代表指标层第 ijs 个评价指数；T_{ijs} 代表指标层第 ijs 个权数值；n 代表指标层 X_{ijs} 的个数。

②计算准则层的评价指数，其计算公式为：

$$B_i = \sum_{i,j=1}^{n} C_{ij} N_{ij} \qquad （式 3-4）$$

在式 3-4 中，B_i 代表准则层第 i 个评价指数；C_{ij} 代表子准则层第 ij 个评价指数；N_{ij} 代表子准则层第 ij 个权数值；n 代表子准则层 C_{ij} 的个数。

③计算创新型农户信贷抵押担保贷款实施力度的总指数，其计算公式为：

$$A = \sum_{i=1}^{n} B_i M_i \qquad\qquad （式3-5）$$

在式3-5中，A代表农村金融机构创新型农户信贷抵押担保贷款实施力度总指数；B_i代表准则层第i个评价指数；M_i代表准则层第i个权数值；n代表准则层的个数。

利用创新型农户信贷抵押担保贷款实施力度总指数，衡量出目前农村金融机构实施创新型抵押担保贷款力度的现状。创新型农户信贷抵押担保贷款实施力度的总指数越高，说明该农村金融机构实施创新型农户抵押担保贷款力度越强，为农户提供创新型抵押担保贷款服务的积极性越高，同时也有利于金融机构抵押担保贷款的回收以及监管成本的降低。反之，创新型农户信贷抵押担保贷款实施力度的总指数越低，说明该农村金融机构实施创新型农户抵押担保贷款积极性越低，强度越弱。我们认为可以把创新型农户信贷抵押担保贷款实施力度进行如下的阶段划分：一是如果创新型农户信贷抵押担保贷款实施力度总指数低于50%，则农村金融机构的创新型农户信贷抵押担保贷款实施力度较弱，新的抵押担保贷款方式并未很好地解决农户贷款难问题。因而要完善金融机构创新型农户信贷抵押担保贷款方式，改善其服务效果。二是如果创新型农户信贷抵押担保贷款实施力度总指数大于或者等于50%，并小于85%，则农村金融机构实施抵押担保贷款效果一般，机构为农户提供的创新型抵押担保贷款服务产生了一定效果，但远远不能满足农村经济发展和农户的需要。因而要继续完善金融机构创新型农户信贷抵押担保贷款方式，改进其实施效果，从而为更多的农户服务。三是如果创新型农户信贷抵押担保贷款实施力度总指数大于等于85%，我们认为农村金融机构实施抵押担保贷款力度相当高，机构能较好地为农户提供创新型抵押担保贷款服务，解决农户贷款难问题。

（3）结果分析

根据上述计算公式，我们以湖南省浏阳市农村商业银行为例，计算出创新型农户信贷抵押担保贷款实施力度的三个准则层的得分如下：实施条件的分值为53.89%，实施过程的分值为46.59%，实施效果的分值为53.63%，从而再计算出该银行实施农房抵押担保贷款力度总指数为51.37%。从实施条

件、实施过程和实施效果三个准则层的得分可以判断，它们之间处于非均衡
状态，但差距不是很大。

①实施条件方面

湖南省浏阳市农村商业银行已初步具备为农户提供农房抵押担保贷款服
务的条件。一是机构自身已基本具备实施农房抵押担保贷款的条件。机构自
身条件得分为 76.22%，机构拥有为农户提供农房抵押担保贷款服务的意识，
也拥有较完善的农房抵押担保贷款流程和风险监管制度。二是相关法律政策
环境明显不利于金融机构农户抵押担保贷款业务的开展（得分仅为
39.41%）。当前法律没有不允许农房用于抵押担保，且当地制定了较完善的
农房抵押担保贷款政策，有利于农房抵押担保贷款的实施，然而，由于政府
相关补贴力度较小，农业保险种类较少等，农房抵押担保贷款的实施面临一
定困难。三是相关配套条件严重制约着农房抵押担保贷款业务的开展（得分
仅为 12%）。当地缺乏专业的资产评估机构，农房流转市场不够完善，流转需
要时间较长，影响着农房抵押担保贷款业务的开展。

②实施过程方面

湖南省浏阳市农村商业银行在实施农房抵押担保贷款过程中存在一些问
题。一是客户识别过程得分为 52.25%。银行开展抵押担保贷款业务中，抵押
担保品能通过审核获得贷款的农户占比不高，且依靠抵押担保品获得的贷款
额度也不高。二是贷款发放过程得分仅为 42.46%，由于金融机构对专业资
产评估机构依赖较大，而当地缺少资产评估机构，并且相关评估费用较高，
价值评估的准确性不够高。这些问题均影响着抵押担保贷款的发放。三是
贷款回收过程得分为 45.05%，在抵押担保条件下，农户违约情况虽减少，
但仍然存在，而抵押担保资产的变卖成本相对较高，金融机构仍面临着较
高损失的风险。

③实施效果方面

湖南省浏阳市农村商业银行实施的农房抵押担保贷款为农户和金融机构
都带来了一定的收益，并受到农户的欢迎。一是金融机构提供服务情况得分
为 69.98%，贷款农户中抵押担保贷款农户占了较大比例，但仍有提升的空
间，金融机构的抵押担保贷款方式可进一步创新，规模可以进一步扩大。二
是金融机构受益情况得分为 52%，农房抵押担保贷款减少了农户的违约概率，

也减少了金融机构的监管成本，这对增加金融机构实施抵押担保贷款积极性有重要作用。然而，还可以进一步完善相关制度，更好地对贷款进行监督，降低成本，减少农户违约情形。三是农户受益情况得分为 81.79%，农房抵押担保贷款对于增加农户收入，提升农户地位有重要作用。四是农户满意程度得分为 63.81%，从新增与减少申请抵押担保贷款人数可以看出，农房抵押担保贷款的实施为农户带来了好处，农户对金融机构开展农房抵押担保贷款业务比较满意。

根据计算得分，目前湖南省浏阳市农村商业银行的创新型农户抵押担保（农房抵押）贷款的实施力度总指数为 51.37%，这说明当前该行的创新型抵押担保贷款实施力度一般。具体而言，湖南省浏阳市农村商业银行虽然已经初步具备向农户提供农房抵押担保贷款的条件，但还存在着制约农户创新型抵押担保贷款业务开展的因素；银行实施农房抵押担保贷款的交易成本较高，为农户提供抵押担保贷款的积极性不高；实施效果也有待进一步提升。

四、存量农村金融机构服务"三农"效果不佳的主要原因在于其外生性

（一）外生性农村金融机构的概念

外生性农村金融机构是指政府或金融管理当局主导的，根据政府农村经济发展目标或者某些特殊目标，自上而下设立的各种金融组织形式、金融机构和金融市场。外生性农村金融机构不是为满足农村经济主体在经济发展中产生的金融服务需求而自发产生的，也不是通过提高微观经济主体的参与意愿和程度及金融市场的扩展来刺激农村金融发展，而是由政府主导介入、境内外复制移植而产生的，这种自上而下改革政策和策略形成的外生性农村金融机构是相关政府部门设计的产物，追求的是政府目标函数，而忽视农村微观经济主体金融服务需求的特点，或者从根本上说其运作流程和机制与农村金融服务需求的特点不相适应，它不善于利用农村的局部知识，加剧了农村金融市场的信息不对称程度。因此，外生性农村金融机构的金融产品的提供不能够完全符合和适应农村经济主体的需要，其在服务"三农"方面往往会

出现效果不佳的情况。

我国存量农村金融机构是在政府等外生力量推动下建立的，是外生性农村金融机构，缺乏人格化信用的支撑，其生存和发展建立在政府隐含担保的基础上，政府利用股权控制和非股权控制等手段使信贷资金流向政府支持的领域、行业或企业，从而影响金融资源的配置。另外，政府通过隐含担保，帮助外生性金融机构避免经营失败等方式对金融交易活动施加影响，保证金融稳定和经济社会稳定，减少政府为应对风险而必须支出的财政成本（张承惠，2016）。[①] 因此，外生性农村金融机构自担风险的主动性和创新性不足，在业务开展的过程中更多追求自身的盈利和政绩，加上与农户间信息不对称，在农村金融资源供不应求的情况下，外生性农村金融机构的融资次序是优先满足政府项目的融资需求，其次满足工商企业的融资需求，然后才是专业大户等，对普通农户特别是贫困户往往采取金融排斥的做法，要求提供超过农户能力的抵押担保品、减小贷款额度、缩短贷款期限等抬高有形或无形的信贷门槛，将弱势的农户群体排斥在金融服务之外。

改革开放以来，我国对存量农村金融机构的改革一直没有从塑造独立的金融人格入手，缺乏农村经济主体的普遍参与，而是主要依赖上层力量驱动，仅仅着眼于对传统农村金融体制构架表层的修补，基于市场主体的自发创新很少，没有从根本上改造旧的金融流程，因而表现出极强的"路径依赖"特征，在中国人民银行、中国银监会及各级政府部门深化农村金融改革、发挥服务"三农"功能的要求下，这些外生性农村金融机构为了顺应监管者和隐含担保者的要求做了许多工作，如进行信用村、信用户的评定，成立"三农"事业部等，但总体上这些金融机构缺乏从根本上解决农户融资难题的实质性努力，往往都是一阵风，仅仅局限于表面上满足监管部门考核目标的要求，导致尽管我国农村金融扶持实体经济发展的政策意向一直不错，但在现有的金融体制框架下，农村金融政策效果的显现因为需要强化和落实多项相关配套管控政策而难度非常大。

---

① 张承惠：《中国金融改革需要推进关键性突破》，《中国经济时报》2016 年 5 月 12 日。

（二）外生性农村金融机构的特点

1. 政府强力干预

政府相关部门通过各种政策对金融机构的市场准入、经营范围、服务对象、监管等进行实质性地、强有力地干预和控制，即农村金融机构的设立和经营过程中充满着较强的政府行政主导色彩。通过政府自上而下的方式建立，没有充分考虑农村经济发展和农村经济主体金融需求的特点，不能提供符合农村经济主体需要的金融产品。我国当前大多数农村金融机构属于按政府意图创设的外生性金融机构，我国农村金融改革也体现出明显的政府强制性制度变迁特点。

2. 较高的交易成本

外生性农村金融机构在给农村经济主体提供金融服务尤其发放涉农贷款过程中，由于信息不对称，面临着较高的交易成本，包括信息收集成本、寻租成本、执行成本、监督成本等，导致外生性农村金融机构在服务"三农"，尤其是服务贫困农户时出现了"惜贷""慎贷""恐贷"等现象。

（三）外生性农村金融机构的经营目标及行为取向

在我国商业化改革和市场化改革不断推动下，外生性农村金融机构也有着很强的追逐利润最大化的商业目标。由于追逐利润最大化目标不断强化，对监管目标的追逐逐渐的表面化和虚置化，往往会把农户尤其是贫困农户排斥在金融服务之外。其原因在于：外生性农村金融机构在进入农村金融市场时，不可避免地会面临着与农村微观经济主体——主要是农户之间严重的信息不对称现象。由于农户居住相对分散、经济活动规模小、面临的自然风险和市场风险大等特点，同时又缺乏完整信用记录和完善的农户信用征信体系，导致外生性农村金融机构在农村金融市场上面临较高的信息收集成本，容易发生因信息不对称引起的逆向选择和道德风险问题。同时，外生性农村金融机构对农户发放贷款，由于农户的信贷额度较小，而单笔贷款的成本相对来讲差异不大，因此，相对于大额贷款，农户贷款的单位资金成本很高，金融机构无法实现规模经济效益。农村金融领域薄弱的基础设施建设，包括落后的通信、交通、网络等基础设施，也导致外生性农村金融机构的运营成本较高。另外，外生性农村金融机构由于银行资本的逐利性，不愿意接受农户贷款的抵押品。因为农村的土地承包经营权、农机具等抵押品，在面临农户不能还贷而需要处理时，其执行成本较高或者根本不能执行，导致外生性农村金融机构出现惜贷现象。此外，外生性农村金融机构对乡情、民情不了解，与农村微观经济主体在日常生活中难以保持频繁接触，导致其在解决信息不对称问题时面临的管理成本、代理成本、监督成本等大大增加。

总之，外生性农村金融机构由于利润最大化和监管风险最小化双重驱动的商业目标，导致其往往会遵循"嫌贫爱富"的信贷思维，不愿意为农户尤其为贫困农户提供金融服务，必然导致农村信贷资金的非农化。虽然国家制定了很多关于外生性农村金融机构的支农惠农政策，但大多数农村金融机构履行政策是出于履行社会责任的需要，或者响应政府的号召，而不是出于内在的动力。因此，外生性农村金融机构很难在商业化利润和支农惠农之间寻求到最佳平衡点，国家出台的各项支农惠农政策往往形同虚设，难以真正贯彻落实。外生性农村金融机构甚至逐步撤离农村金融市场，其典型例子就是中国农业银行、中国工商银行等国有商业银行撤出农村地区的网点，使得外生性农村金融机构的金融服务供给与农村经济主体的需求极不相称，导致农户难以获得良好的信贷支持。

第四章 我国农村金融增量改革及增量农村金融机构的运行分析

一、农村金融增量改革的提出

为解决农户面临的融资困难，我国对现有的农村金融机构如中国农业银行、农村信用社等进行了一系列改革，在缓解农户贷款难方面取得了一定成效，但也带来了农村信用社在农村资金市场上的垄断局面，导致信用社缺乏努力降低服务成本、创新满足农村经济主体多元需求的金融产品的动力，农村金融机构的城市化、商业化倾向严重。原因在于存量农村金融机构改革具有"路径依赖"特征，存量农村金融机构未摆脱重城市轻农村、重工业轻农业、重大中型企业轻小微企业和农户的发展思路和行为惯性的影响，农户融资难、融资贵的问题并没有从根本上得到解决。

为消除农村信用社在农村金融供给上的垄断地位，激发市场竞争活力，监管部门逐渐放开农村金融市场的准入管制，鼓励民营和海外资本开展小额信贷业务。2005年，中国人民银行在中西部地区民间融资比较活跃的5省（自治区）开始了民营小额贷款公司试点，先后组建了山西的"晋源泰""日升隆"，陕西的"信昌""大洋汇鑫"，贵州的"华地"，四川的"全力"和内蒙古的"融丰"7家小额贷款公司，其主要资金来源为股东缴纳的资本金、捐赠资金，以及不超过两个银行业金融机构的融入资金。2006年12月，中国银监会发布了《关于调整放宽农村地区银行业金融机构准入政策　更好支持社会主义新农村建设的若干意见》（以下简称《意见》），允许在农村地区设立新型农村金融机构，包括"村镇银行""贷款公司""农村资金互助社"等，由此揭开了我国农村金融"增量"改革的序幕，希望通过在农村建立新型金融机构来缓解农户融资难、融资贵的问题。近年来的多个中央一号文件明确要求推进农村金融增量改革，为发展服务"三农"新型农村金融机构提供了政策支持。

二、村镇银行相关规定及业务开展状况

在 2006 年中国银监会农村金融改革新政出台后，全国各地在农村地区大力创设与发展被赋予了服务"三农"使命的村镇银行。随后，中国银监会和中国人民银行也陆续出台了一系列规章制度，规范村镇银行的设立条件及业务范围，村镇银行实现了从无到有的迅速发展（见图 4 - 1）。截至 2017 年年底，我国已批准开业村镇银行 1562 家，资产总额 1.3 万亿元，占全国银行业金融机构的 34.3%，占农村金融机构的 41%，成为民间资本投资银行业的重要渠道之一。

（单位：家）

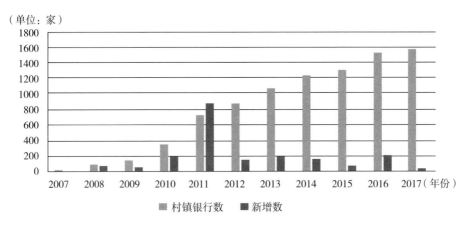

图 4 - 1　2007—2017 年村镇银行数量及增长情况

村镇银行快速发展在一定程度上缓解了农村地区金融机构网点少、服务效率低、业务品种单一等问题，改善了农村金融服务供给不足的状况。虽然村镇银行数量不断增加、整体运营稳定，但各种各样的问题和缺陷也不断显现：①主发起人大多具有商业化盈利本质，却又肩负着"支农支小"的责任使命，在逐利性与政策性矛盾的夹击下，逐渐偏离服务"三农"的目标定位。②主发起行制度、股权设置和治理结构等方面的制度规定，衍生出村镇银行的法人独立性问题，由存量金融机构发起并持股的规定挫伤了民间资本进军村镇银行的积极性，影响了村镇银行的发展壮大。本研究从村镇银行的相关制度改革出发，对其设立和运营的相关制度进行反思，分析其对村镇银行发展的影响，并提出完善相关制度的路径选择，以促进村镇银行稳健发展，推进农村金融增量改革的深化。

（一）村镇银行相关规定的梳理

2006 年中国银监会颁布《意见》后，又和中国人民银行陆续颁布《关于扩大调整放宽农村地区银行业金融机构准入政策试点工作的通知》《村镇银行管理暂行规定》《小额贷款公司改制设立村镇银行暂行规定》《新型农村金融机构 2009 年—2011 年总体工作安排》《关于调整村镇银行组建核准有关事项的通知》《中国银监会办公厅关于银行业金融机构发起设立村镇银行有关事项的通知》《关于进一步促进村镇银行健康发展的指导意见》《中国银监会关于开展投资管理型村镇银行和"多县一行"制村镇银行试点工作的通知》等一系列规范性文件，以促进村镇银行沿着既定的目标发展（见表 4-1）。

表 4-1　村镇银行相关规定的梳理

年份	规定	出台背景	目的	主要方式
2006	《关于调整放宽农村地区银行业金融机构准入政策　更好支持社会主义新农村建设的若干意见》	广大农村地区银行业金融机构存在网点覆盖率低、金融供给不足、竞争不充分等问题	解决农村地区金融服务不足问题，促进农村地区形成投资多元、种类多样、覆盖全面、治理灵活、服务高效的银行业金融服务体系	按照商业可持续原则，适度调整和放宽农村地区银行业金融机构准入政策，降低准入门槛。放开准入资本范围，调低注册资本，取消营运资金限制。调整投资人资格，放宽境内投资人持股比例
2007	《关于扩大调整放宽农村地区银行业金融机构准入政策试点工作的通知》	内蒙古、吉林等 6 省（自治区）开展了新型农村金融机构试点工作，并取得初步成效，但广大农村地区银行业金融机构还存在着网点覆盖率低、金融供给不足等问题	通过积极探索建立适应"三农"特点的新型农村金融机构	坚持服务"三农"原则、市场化原则、严格监管原则、政策激励原则和积极稳妥原则，强化审慎监管，加强组织领导、加强规范操作等，扩大调整放宽农村地区银行业金融机构的试点
2007	《村镇银行管理暂行规定》	村镇银行培育与发展工作取得了积极成效，但发展中存在着市场定位、治理结构、产权结构等认识不清的问题	确立村镇银行的独立法人地位和主发起人制度。规范村镇银行的行为，加强监督管理，保障村镇银行持续、稳健发展	发起人或出资人中应至少有 1 家银行业金融机构，村镇银行最大股东或唯一股东必须是银行业金融机构

续表

年份	规定	出台背景	目的	主要方式
2009	《小额贷款公司改制设立村镇银行暂行规定》	小额贷款公司发展迅猛，但个别地区小额贷款公司出现了盲目发展、市场定位偏差、风险加大等问题	规范小额贷款公司改制设立村镇银行的准入条件，发挥村镇银行的优势，引导小额贷款公司健康发展	确定符合条件的银行业金融机构作为主发起人，未设村镇银行的县（市）及县（市）以下地区的小额贷款公司原则上优先改制
2009	《新型农村金融机构2009年—2011年总体工作安排》	新型农村金融机构的发展，有效改善了农村地区金融服务，但中西部地区还存在金融机构网点覆盖率低、金融服务空白、竞争不充分状况，特别是村镇银行区域之间发展不平衡	鼓励在国家级贫困县和中西部地区设立新型农村金融机构……持续提高农村地区银行业金融机构的覆盖率，加快完善农村金融组织体系和服务体系	对银行业金融机构主发起人实施"准入挂钩"制度。主发起人在规划内的全国百强县或大中城市市辖区发起设立村镇银行的，与国家级贫困县实行1∶1挂钩，或与中西部地区实行1∶2挂钩
2011	《关于调整村镇银行组建核准有关事项的通知》	村镇银行总体运营健康平稳，但村镇银行发展中存在着协调和管理成本高等问题	支持优质主发起行发起设立村镇银行，提高组建发展质量，进一步改进农村金融服务，促进村镇银行规模发展、合理布局	由银监会确定主发起行及设立数量和地点……实行省份与省份挂钩的政策
2012	《中国银监会办公厅关于银行业金融机构发起设立村镇银行有关事项的通知》	某些县域，特别是西部地区县域和中部地区欠发达县域还存在金融服务空白、金融竞争不充分等问题，村镇银行布局不合理	支持申请人到金融服务空白、竞争不充分的县域发起设立村镇银行，并合理布局，构建"分工明确、联动有序、协作高效、公开透明"的市场准入工作机制，稳步推进村镇银行组建工作	调整设立村镇银行的区域挂钩比例，至少应按照全国百强县与国定贫困县1∶2比例挂钩，或与西部地区一般县（市）1∶4比例挂钩执行
2014	《关于进一步促进村镇银行健康发展的指导意见》	村镇银行培育发展取得重大进展，机构发展平稳，经营总体稳健，但我国"三农"和小微企业资金需求量大，还是面临巨大的融资缺口，需要大力发展支农支小的村镇银行	进一步健全农村金融服务体系，加快推动村镇银行本地化、民营化和专业化发展，加强"三农"和小微企业金融服务工作	积极稳妥培育发展村镇银行；扩大民间资本进入村镇银行渠道；规范发起行的职责；打造专业化、精细化服务、支农支小的社区性银行；稳步提升本地股东的持股比例；优先引进农业龙头企业、优质涉农企业和种养大户，发挥战略协同效应

续表

年份	规定	出台背景	目的	主要方式
2018	《中国银监会关于开展投资管理型村镇银行和"多县一行"制村镇银行试点工作的通知》	中西部和老少边穷地区部分……金融承载能力弱，现行主发起人管理模式协调难度大、成本高、资源不集中等问题	为贯彻落实乡村振兴战略和精准扶贫、精准脱贫基本方略，推动发展普惠金融，有效解决中西部金融服务薄弱地区银行业金融机构网点覆盖率低、金融服务供给不足问题，着力加强对"三农"、偏远地区和小微企业的金融服务，促进村镇银行持续健康发展	具备一定条件的商业银行，可以新设或者选择1家已设立的村镇银行作为村镇银行的投资管理行，由其受让主发起人已持有的全部村镇银行股权，对所投资的村镇银行履行主发起人职责。在中西部和老少边穷地区特别是国家级贫困县相对集中的区域，实施"多县一行"制村镇银行模式

（二）村镇银行相关规定的具体内容

1. 关于发起机构的相关规定

依据《村镇银行管理暂行规定》，村镇银行设立在农村地区，能更贴近农业、农村和农民经济发展的金融需求，更加便捷地为"三农"持续发展提供金融产品和服务。村镇银行可由境内非金融机构企业法人、境内自然人、境内外金融机构出资组建，出资人或发起人中至少有1家应是银行业金融机构，且银行业金融机构为唯一或最大股东。《小额贷款公司改制设立村镇银行暂行规定》（以下简称《规定》）明确指出：必须以符合条件的银行业金融机构作为最大股东即主发起行，才能将小额贷款公司改制为村镇银行。《村镇银行组建审批工作指引》中提出，村镇银行按照《中华人民共和国公司法》的相关规定设立，其中采用股份有限公司形式的村镇银行以发起方式设立。这些制度规定的本意是：通过引入银行业金融机构来确保村镇银行的专业化运作，运用现有银行的技术优势和管理经验来增强村镇银行竞争力；在农村地区监管力量薄弱、征信体系尚不完善的现实下，利用发起行加强对村镇银行监管，有效防范村镇银行的运行风险。另外，《规定》还主张主发起行能凭借自身实力，增强村镇银行在公众心目中的公信力，保障村镇银行在成立之时就具备良好的体制机制，确保村镇银行的运营符合金融机构要求，发挥银行现有的技术和网络优势，从根本上保护存款人利益。但这种制度安排意味着村镇银行实质上被发起行控制，仍然被置于存量金融机构体系的框架下，其行为逻辑延续了发起行追求自身盈利的行为模式，同样会面临与农户之间信息不对称、交易成本高等困境，且缺乏金融创新的动力，服务"三农"的目标难以实现。

2. 股权设置方面的相关规定

村镇银行的股东包括主发起行、其他非银行企业法人及自然人等。依据《村镇银行管理暂行规定》，银行业金融机构持股比例不得低于村镇银行股本总额的20%，必须是村镇银行的最大股东。依据银监会出台的《关于鼓励和引导民间资本进入银行业的实施意见》，支持与鼓励民间资本进入银行机构，并提出村镇银行主发起行的最低持股比例由20%降低为15%。村镇银行希望通过多元化的股权结构，比如吸收国内的产业资本、民间资本以及国内外的银行资本来降低资金来源风险，通过民间资本合理合法的支持使其快速获得资金，使其"立足农村服务当地"的定位更明显，积极开展错位竞争。但金融监管部门在尝试让民间资本进入村镇银行的同时限制各类投资主体的投资比例，造就了村镇银行特殊的股权结构，即大多数村镇银行的主发起行处于相对或绝对控股地位，容易产生村镇银行内部管理权利的失衡现象。

3. 治理结构方面的相关规定

《村镇银行组建审批工作指引》中提出，依公司法的相关制度来组织村镇银行的部门机构及履行其职责范围。依据《村镇银行管理暂行规定》，村镇银行可以按照业务规模特点、决策管理复杂程度来设置组织机构。村镇银行既能设置董事会来行使决策和监督职能，也可以通过设置执行董事来履行董事会职责，而不单设董事会；只有规模较小的村镇银行的执行董事或者董事长可兼任行长。为了建立起有效的监督与制衡机制，出台了设立村镇银行监事会的制度规定。对于那些不设董事会的村镇银行，应由利益相关者组成的监督部门（岗位）或利益相关者派驻的专职人员行使监督检查职责。这种制度规定的初衷是：对于那些业务简单、规模较小的新设立不久的村镇银行，遵循治理有效、因地制宜、运行科学的基本原则，不断缩短决策链条，提高经营决策效率。但在实际操作上，村镇银行的治理结构比一般公司的治理结构要简化许多，村镇银行无需设立"三会"，但对高管人员任职资格存在硬性限制，意味着村镇银行的高管人员只能由发起行任命，董事长、行长、副行长、监事长均由发起行派任，直接把其他小股东排除在参与银行经营管理外，说明村镇银行的公司治理结构隐含随意性。

4. 来自财政部和央行的相关激励政策

在村镇银行各项监管细则陆续颁布的背景下，银监会以及中央、各级地方政府也出台了各项财政税收优惠政策来扶持村镇银行发展。比如财政部于2014 年决定对符合条件的村镇银行等新型农村金融机构按照贷款平均余额的2% 给予补贴。2015 年财政部提出免除村镇银行、农村资金互助社和贷款公司等三类新型农村金融机构的银行业监管费。这些制度目的在于：鼓励村镇银行"支农支小"，针对村镇银行存贷款稳定性差、业务创新不足等特点，通过加强政策优惠和支持来帮助村镇银行培养可持续发展能力。然而，相对于农村信用社获得的政策支持，发展村镇银行的优惠政策还十分有限。表现在：一是农村信用社能享受财政贴息政策、免缴或减半缴纳营业税、中西部地区全免所得税等政策优惠；而对村镇银行征税多是参照商业银行标准，而且还无法获得与农村信用社均等的支农再贷款支持，使得村镇银行在与当地农村信用社竞争时，处于不平等地位。二是大多村镇银行的存款准备金率按商业银行标准执行，比农村信用社的标准要高。三是农村信用社的支农再贷款利率低于村镇银行的再贷款利率。四是监管层对村镇银行业务开展的支持不到位，虽然在 2008 年央行和银监会就已允许"符合条件"的村镇银行加入大额、小额支付系统，但到目前为止，还没有明确制度规定具体的条件内容，村镇银行缺乏通存通兑网络，加入银联的入会费高达 300 万元，难以开展汇兑和银联业务，影响其业务开展。

5. 网点设置方面的规定

中国银监会《关于调整村镇银行组建核准有关事项的通知》中指出，依据地域适当集中和集约化发展的原则，主发起行可以批量化和规模化地成立村镇银行。村镇银行的设立地点、主发起行以及机构数量，具体由银监会确定与实施。同时，为避免单个主发起行设立村镇银行地域相对集中的现象，依据"发达地区与欠发达地区挂钩、城乡挂钩、东西挂钩"的基本原则，不断完善村镇银行挂钩政策。因此，组建村镇银行的次序，遵循先欠发达县域、后发达县域，先中西部地区、后东部地区的基本原则，促使主发起行在中西部地区的欠发达县域设立村镇银行。在中西部落后地区布局设立村镇银行，不仅可以弥补金融服务空白，也可以提高村镇银行的组建发展质量，促进其实现合理布局和规模发展，解决村镇银行协调和管理成本高等难题，从而实现中西部地区经济可持续发展目标。但从现有的村镇银行布局来看，大多发起行在选址时为了降低运营成本和提高收益，把设立地的经济金融环境摆在首位，一般都将发起设立的村镇银行总部设在当地行政中心和经济较发达地区周围，不仅背离了监管部门要将金融资源向中西部合理布局的意图，还无法解决我国中西部农村地区长期缺乏有效金融服务的问题。另外，监管部门的一些机会主义行为也加重了这种不平衡。如监管部门曾为了完成 2011 年年底发起设立 1027 家村镇银行的目标任务（2011 年年底，实际成立的村镇银行数量只有 726 家，比计划少 321 家），放松对主发起行资质的审核，强行将发起设立任务派发给一些银行，使本来受地域限制的部分城商行将村镇银行作为实现跨区经营的方式之一，银监会实施"东西挂钩、城乡挂钩"的政策没能贯彻实施，也没能打破东部发达地区与中西部落后地区经济金融发展不平衡的格局。

（三）相关规定下村镇银行业务开展的情况

从前文分析可以看出，主发起行制度是村镇银行制度改革的核心，其他规定都围绕此制度展开。监管层在完善村镇银行相关制度和规定的过程中，虽然对具体政策和指标有所调整，但为了有效控制金融风险，始终都规定村镇银行的发起以银行业金融机构为主导，对民间资本及其股权占比进行限制，这直接导致了村镇银行业务运营和治理结构方面存在许多问题。

1. "支农"目标偏移

（1）主发起行目标多元

我国村镇银行的主发起人主要包括大型国有商业银行、股份制商业银行、地方性商业银行和外资银行等机构。由于不同的背景和发展历程，不同类型的银行业金融机构在组织结构、运营状况和战略目标方面各不相同，在发起设立村镇银行时也有着不同的态度和追求（王修华、贺小金、何婧，2010）。[①]

大型国有商业银行采用分支行制，规模大且有网点优势，面对农村地区投资回报周期长、风险大、盈利小等特点，担忧村镇银行在面对抗风险能力弱的农民时，一旦经营不善，就会损害自身的品牌价值等，发起设立村镇银行的主动性和积极性不高；中国银监会制定的资本、业务等方面准入政策对其也没有足够的吸引力（谢地、李冠华，2011）[②]。他们即使成立村镇银行，大多也只是为了政绩上的追求而响应相关部门的政策，并没有很强的业务拓展的主动性。股份制商业银行缺少国有商业银行的网点优势，其分支机构和网点覆盖率都偏低，而盈利主要靠存贷款利差，以实现股东利益最大化为经营目标。为了突破机构网点限制，扩大市场占有率和开展综合经营，股份制商业银行有较强的发起设立村镇银行的积极性。受银监会对城商行、农商行、农信社等地方性银行跨区设立分支机构采取限制性措施的影响，地方性银行的营业网点覆盖率低，发展空间受到限制，对地方性银行发起设立村镇银行，银监会要求发起行的监管评级达到二级以上，部分地方性商业银行不具备发起设立村镇银行的条件。但地方性商业银行对发起设立村镇银行也充满了极大的热情，目前已成为发起设立村镇银行的主力军。截至 2016 年 4 月 11 日，通过对中国银监会的金融许可证查询，以湖南省和安徽省为例，两省目前共有 298 家村镇银行（含支行），其中大型国有商业银行共发起设立村镇银行 21家，占比 7.05%；股份制商业银行发起设立村镇银行共 72 家，占比 24.15%；城商行、农商行、农信社、农村合作银行等发起设立村镇银行 202 家，占比67.79%；其他类型的主发起行 3 家，占比 1.01%。

由于外资银行进入我国时间还不长，其在大额、优质客户多的地区缺少网点竞争优势，特别是在设立分支机构还具有较大难度的情况下，为了谋求政策支持，提前占领周边金融市场，实现自身网点布局策略，外资银行发起设立村镇银行的积极性很高，发起设立了大批村镇银行，使得其自身机构网

---

① 王修华、贺小金、何婧：《村镇银行发展的制度约束及优化设计》，《农业经济问题》2010 年第 8 期。

② 谢地、李冠华：《村镇银行贷款"脱农化"问题亟待解决》，《经济纵横》2011 年第 4 期。

点覆盖率大大提升。截至2016年4月11日，汇丰银行总共在我国发起设立了12家村镇银行及下属的14家支行，它根据地区经济发展程度来选址，将村镇银行设在重庆、广州、大连等经济相对发达的地区。

（2）贷款投向的偏移

满足县域内"三农"经济发展的融资需要是村镇银行发放贷款的政策初衷，但现有银行发起设立的村镇银行却基本上无意于支农支小，甚至还掠夺农村金融资源，将信贷资金投放给县域内的大客户，投放到农业以外的产业及村镇银行设立地以外的地区，造成了农村资金的外流，没有切实做到"为三农服务、为当地服务"，"三农"经济主体贷款难的问题并没有得到有效解决（郭晓焜，2014）。[1] 如2012年年末天津某5家村镇银行前十名的企业贷款余额排名中，非农企业超过一半，贷款余额千万元以上约有40家；排名前十的客户贷款余额达到了8.44亿元，占贷款总额的27.24%。另据中国银监会相关数据，截至2013年3月末，全国有70多家村镇银行的小微企业贷款和涉农贷款之和占贷款余额之比不到一半。当前村镇银行出现贷款大额化与非农化并存现象，农户贷款难的问题没有得到有效改善。截至2015年年底，银行业金融机构涉农贷款余额26.4万亿元，村镇银行涉农贷款余额仅占银行业金融机构涉农贷款余额的1.01%，村镇银行远未达到当年设想的服务"三农"目标。在所有主发起行中，数量最多的是中小型区域性商业银行，他们在农村市场服务经验不足，且有强烈做大的冲动，在对县域内潜在的大中企业和农户等客户作出选择时，受利润驱使，遵循长期"做大"的信贷方式，往往会更主动扶持那些贷款金额较大的企业以及投资回报率高的优质项目，而舍弃那些低收益的小额农贷业务。村镇银行直接复制发起行在城市的金融产品与业务、经营管理体制等，无法适应与满足"三农"、小微企业等经济主体的金融服务需求，无法实现"支农支小"的市场定位，也无法扩展村镇银行的盈利空间（李凌，2014）。[2]

即使贷款资金流向农村市场，主发起行仍会以营利为目标择优筛选业务对象，将具有相对规模的种养大户和农业企业作为贷款投放的对象。在

---

① 郭晓焜：《我国村镇银行发展现状与对策建议》，《宏观经济管理》2014年第6期。
② 李凌：《村镇银行监管创新——兼评主发起行制度》，《理论与改革》2014年第1期。

面向普通农户时，由于农户单笔贷款额度较小、信用风险防范体系不健全等导致较高的信贷审核成本，村镇银行具有强烈的逆向选择动机。加之我国目前还没有出台相关村镇银行信贷业务的实施细则，对村镇银行不良资产判断难度大，导致有迫切融资需求的普通农户和贫困农户仍然难以获得贷款。村镇银行在技术、管理和品牌上存在对主发起行的依赖，沿用传统商业银行的信贷管理技术与制度，缺少具体的风险管理机制创新，难以获得农户的财务、信誉等确切信息，因此村镇银行提供的贷款大多是抵押担保贷款，而农户恰恰缺少符合要求的抵押担保品。实践表明，把成熟的商业银行业务决策方式和贷款方式复制到农村市场是没有出路的，村镇银行将可能会重现那些发生在农村地区的国有商业银行信贷资金的"农转非"现象（王美智，2013）。[①]

（3）地域设置上的不均衡

中国银监会对银行业金融机构主发起人实施"准入挂钩"制度，支持申请人按照专业化运营、集约化管理原则到金融服务空白、竞争不充分的县域特别是中西部地区欠发达县域发起设立村镇银行，但这些制度规定并没有完全落实。截至2018年5月28日，全国村镇银行（含分支机构）地区分布中，东部地区13个省市设立2438家，中部地区6个省份共设立1443家，西部12个省份共设立1536家，共计5417家，三者比例为45.01∶36.64∶28.36，东部地区的数量多于中部地区和西部地区（见表4-2）。辽宁、浙江、山东等东部发达省份村镇银行的分支机构数量均超过250家，而西部地区的青海、西藏分别仅有5家、2家。依据中国银监会制定的新型农村金融机构发展规划，2009—2011年计划在河北省、云南省、贵州省分别设立村镇银行76家、122家、53家，到2018年5月28日，这三个省份实际批准设立的村镇银行为272家、133家、212家，分别比计划多设196家、11家、159家。有学者调查还发现，村镇银行的营业机构大多设在县城或城郊，仅有小部分设在农村，如陕西省的村镇银行设在交通不便、经济欠发达地区的较少，而是开设在榆林、西安等地的高新技术开发区。

[①]　王美智：《村镇银行涉农业务分析及政策建议——以天津市为例》，《金融理论与实践》2013年第5期。

表 4 - 2 截至 2018 年 5 月 28 日村镇银行地区分布情况（含分支机构）

（单位：家）

地区	省（区、市）	机构数	地区	省（区、市）	机构数
东部	广东	248	中部	河南	500
	海南	36		安徽	284
	黑龙江	81		山西	160
	吉林	236		中部合计	1443
	江苏	239	西部	西藏	2
	辽宁	260		贵州	212
	山东	480		陕西	57
	上海	29		广西	239
	天津	103		云南	133
	浙江	332		四川	269
	河北	272		甘肃	84
	北京	39		重庆	112
	福建	83		宁夏	60
	东部合计	2438		新疆	157
中部	湖北	164		青海	5
	湖南	140		内蒙古	206
	江西	195		西部合计	1536

注：根据中国银监会网站提供的金融许可证查询整理所得。

根据民政部数据，2013 年年末我国有 2853 个县级行政区划单位。虽然村镇银行被定位于服务贫困落后的农村地区且数量不断增长，但仍有超过一半的县没有村镇银行，特别是在贫困县中鲜有分布，全国布局严重失衡。其根源在于资本的逐利性推动银行业金融机构更倾向于在经济发达的东部地区发起设立村镇银行，导致西部地区村镇银行网点数比东部地区少，其中还有多家西部的村镇银行没有正式营业，它们只是主发起行为了达到在东部地区设立村镇银行的目的而按照"东西挂钩、城乡挂钩"做的"表面文章"（王修华、刘志远、杨刚，2013）。[①] 那些金融服务网点空白的中西部地区，往往有

---

① 王修华、刘志远、杨刚：《村镇银行运行格局、发展偏差及应对策略》，《湖南大学学报（社会科学版）》2013 年第 1 期。

着强烈需求要成立村镇银行，但找不到符合条件的发起行，严重违背了提高我国金融机构网点覆盖率、解决"三农"融资难题的村镇银行发展目标。

2. 缺乏独立性，业务创新不足

作为村镇银行的主发起人，大中型商业银行已形成较为完整的业务流程和成熟的经营理念，不可避免地直接将其业务模式运用到村镇银行发展中，导致其面对农村金融消费者存在不适应之处。大中型商业银行实行"风险控制优先"的原则，注重通过抵押、担保等方式来控制贷款风险，将缺乏合格抵押品的农户排除在金融服务群体之外。部分主发起行并未明确村镇银行服务"三农"的市场定位，仅仅把设立村镇银行当作自身实现网点拓展和跨区经营的手段，导致大部分村镇银行经营策略及开展的业务缺乏服务农村的理念，甚至还派出本行的工作人员担任村镇银行的高层管理人员，直接控制村镇银行，使其异化为银行业金融机构在农村的网点。比如某农村信用合用联社的《关于农村信用社发起设立村镇银行的指导意见》中提到：农信社发起设立的村镇银行，其来自发起的农信社系统的员工，不应该低于村镇银行员工总数的80%，其村镇银行不能够自主决定向社会公开招聘员工。由于受到该规定限制，导致村镇银行新招聘的基层员工除了大学生以外都是来自农信社系统，其管理层员工全部为省级、联社的指派人员，这阻碍了银行治理结构的优化和权力的有效制衡，不利于村镇银行新鲜血液的注入。尽管村镇银行是独立法人，但控股银行为了便于管理，往往按照自身的经营理念和目标来向村镇银行输送企业文化和运营模式，部分村镇银行的发起行与其他股东在投资额度、董事会的组建等问题上经常产生分歧。大多数发起行都会弱化村镇银行的独立法人地位，延续传统的经营方式，以追求发起行自身利益最大化，容易产生与农信社、农行等已有金融机构同质化现象。同时，村镇银行的异地结算、跨行支付等金融业务还需要发起行代理经营，缺乏基本的结算与清算服务，导致其难以实现自主经营的目标，在一定程度上成为现有金融机构向农村延伸机构网点的渠道，几乎成为主发起行的附属或分支机构，支农动力不足，缺少产品创新的激励机制，难以发挥其"鲶鱼效应"（赵志刚、巴曙松，

2011）。①

3. 股权结构和治理结构方面的缺陷

村镇银行的股权设置极易造成发起行的绝对控股地位和地方政府对村镇银行的过多干预。以修水九银村镇银行为例，九江商业银行持股51%，市县两级政府持股30%，地方政府参股份额大，存在着对村镇银行在组建、管理和业务上的干预，也容易形成银行对政府存款的过度依赖。主发起行的股权过度集中，容易产生一股独大和大股东凭借主导地位损害小股东权益的现象，其内部监督机制缺乏，不利于村镇银行的经营管理及可持续发展（邱晖、孙少岩，2014）。②

国家虽然鼓励符合一定条件的小额贷款公司改制成村镇银行，但同样也只有银行业金融机构才能担任主发起人，当主发起行的股份占到20%甚至50%以上时，小额贷款公司的发起人或主要股东将丧失控股权和决策权，只能成为新成立的村镇银行的参股者，这意味着民营小额贷款公司股东原本享有的控制权以及经营成果都无偿让给了主发起行，在小额贷款领域积累了一定经验的小额贷款公司面临不公平待遇。

在治理结构上，大多数村镇银行的组织框架仅仅达到了相关制度的笼统要求，过于简单，其管理层、决策层和监管层没有形成相互制衡和独立运行机制，也缺乏有效的公司治理结构框架和专职的管理人员，从主发起行搬来风险控制体系不适应自身的情况。主发起行往往通过安排人员作为村镇银行的高层管理人员、管理村镇银行的业务，派人员对村镇银行进行内部的财务核算，接受村镇银行董事会和发起行的双重考核等方式，减少村镇银行的经营风险，但容易导致村镇银行内控体系不健全，信息披露不充分，削弱了村镇银行的独立性，其治理结构也偏离了市场经济发展规律，民营资本对农村金融改革没有起到预期的作用。由于治理结构的缺陷可能会导致村镇银行出现风险隐患，比如2012年湖北省谷城县中银富登村镇银行行长1.2亿元诈骗事件；一些村镇银行的不良贷款率超过5%。

---

① 赵志刚、巴曙松：《我国村镇银行的发展困境与政策建议》，《新金融》2011年第1期。
② 邱晖、孙少岩：《村镇银行的股权结构、治理结构与绩效》，《学术交流》2014年第12期。

4. 抑制民间资本投资的积极性，资产规模受限

尽管最近几年来我国村镇银行得到高速发展，但与《新型农村金融机构2009年—2011年总体工作安排》所确定的目标还有差距。从外部环境来考察，村镇银行与主发起行关系特殊，又与农信社之间存在待遇差别，三者没有进入公平竞争状态。在此背景下，中国银监会明确提出"支持民间资本与其他资本按同等条件进入银行业"，说明民间资本投资村镇银行的政策有所放宽，为民间资本参股村镇银行提供了政策支持，但仍然严格规定除主发起行占股比例不能低于15%外，其他单个投资主体及其关联方占股比例不能超过10%。对银行业资本的最低比例和企业、自然人资本的最高比例限制，形成了主发起行的绝对控股和民间资本分散化的股权结构，使村镇银行天然地形成了以主发起行利益为重的治理模式。此外，中国银监会还规定设立村镇银行的方式只能是"发起设立"，其全部资本不允许公众参与募集和投资，只能由出资人或发起人一次性缴足。村镇银行的主发起人被限定为银行业金融机构，只要没有发起行，其他非金融机构不论有多么雄厚的资金实力也会被排斥在外，这排除了大量的潜在投资主体参与设立村镇银行的可能性。以社团法人为例，四川省仪陇县乡村发展协会创新金融扶贫的商业模式，提供了近亿元的无需抵押担保的扶贫小额贷款，帮扶了近15万贫困人口，帮助16个村的贫困农户建立起自我管理的农民资金互助合作社，具备丰富的农村金融市场管理经验，又有强烈意愿发起设立仪陇惠民村镇银行，但由于现行制度规定的限制不能实现。对于发起行，监管机构却没有设定合理详细的大股东制约机制，没有关于大股东减持的硬性规定。一方面导致大股东为保障自身资金充足率不愿增资扩股，却又为了谋取自己的利益严重干预村镇银行的日常经营活动；另一方面导致其他投资主体只能占有很小的参股比例，没有足够的话语权，没有经营决策权，不能发挥主导作用，也得不到与主发起行同等的投资回报。股权结构的不平衡阻碍了民间资本投资农村金融市场的意愿，难以发挥民间资本优势（杨松、张永亮，2014）。① 村镇银行还受到存贷比限制，导致涉农贷款比例不高，资产业务难以扩大，缺乏有效服务"三农"的

---

① 杨松、张永亮：《我国村镇银行设立制度之省察及重构——以民间资本进入银行业为视角》，《法商研究》2014年第3期。

能力。

（四）村镇银行服务农户的效果

村镇银行是农村金融增量改革思路下发展起来的新型农村金融机构，其设立有利于规范民间资本、满足"三农"发展的资金需求，但也存在沦为地方政府融资工具的现象，服务"三农"的功能没有得到发挥。因此，随着村镇银行数量的增长、发展实力的壮大，其服务农户的效果如何，值得我们探讨。下文从农户对贷款的可获得性和贷款的满意度方面对其服务农户的效果进行评价。

1. 农户贷款的可获得性

我们使用村镇银行的服务覆盖面来评价服务农户的效果，即从村镇银行金融服务覆盖的广度和深度两方面评价村镇银行服务农户的程度。

（1）村镇银行的金融服务覆盖广度不断提升，但农户贷款需求并没有得到有效满足。村镇银行投向农户的贷款余额不断增加，2016 年，全国有 1259个县（市）设立了村镇银行，县（市）覆盖率达 67%，村镇银行的涉农贷款余额为 5550 亿元，同比增长 16.2%。截至 2017 年 9 月末，村镇银行已累计为 474 万家农户和小微企业发放贷款 3.6 万亿元，农户贷款覆盖率得到提升。一部分村镇银行积极服务农户，不断提升服务农户的能力，根据农户的实际情况和需求提供上门服务，如河南宁陵德商村镇银行携带开卡自主终端设备，为村民办理激活卡业务；甘肃泾川中银富登村镇银行推出"农机贷"金融服务，无需抵押登记、首付低至三成，满足农户的贷款需求。

然而，较小微企业而言，农户获得的贷款数量仍然较少，其金融服务需求满足率低，王美智（2013）的研究显示，天津市 5 家村镇银行 2012 年年末涉农贷款占各项贷款余额的比例为 77.76%，涉农贷款余额为 24.08 亿元，其中涉农企业的贷款为 21.65 亿元，发放给农户的贷款仅为 2.42 亿元。[①] 研究表明，村镇银行没有立足"三农"，而是追求利润最大化目标，出现了"脱农化"倾向，大量涉农贷款的贷款对象是涉农企业与个体户，普通农户贷款所

---

① 王美智：《村镇银行涉农业务分析及政策建议——以天津市为例》，《金融理论与实践》2013年第 5 期。

占的比重较低，偏远地区的农户在获取村镇银行金融服务方面极不便利（王劲屹、张全红，2013），在涉农金融产品开发上也偏离了满足农户生产经营资金需求的目标，如甘肃瑞信村镇银行的"瑞信农家乐""瑞信富民创业"及"瑞信企业之星"等金融产品主要是给进城务工和经商的农户提供资金支持，村镇银行贷款非农化明显。①

（2）村镇银行的金融服务覆盖深度有待提升。中国银监会对村镇银行涉农贷款比例要求是不得低于75%，2016年年底，全国村镇银行为农户及小微企业发放贷款6526亿元，占各项贷款余额的93%，户均贷款41万元。一部分村镇银行能积极投放涉农贷款，如广西壮族自治区藤县桂银村镇银行，截至2017年年末，发放的涉农贷款占各项贷款的96.27%；崇明沪农商村镇银行向县辖区涉农企业和合作社投放资金，截至2015年年末，涉农贷款余额占贷款余额的比例为96.14%；浙江省长兴联合村镇银行不仅保持农村客户比例的不断上升，而且户均贷款额也保持了较低水平，金融覆盖深度较好。然而部分村镇银行发放给农户的贷款比例不高，其金融服务对象偏离了普通农户，存在"放大不放小、贷富不贷贫"的现象，平均贷款额度较高。武晓芬、邱文静（2011）发现村镇银行多集中在经济发展情况较好的区域，贫困地区仍然没有得到足够的金融支持②；张彼西、肖诗顺（2015）对四川省9家村镇银行2011—2013年支农绩效进行了调查分析，发现村镇银行的涉农贷款比例虽然都在60%以上，然而，向农户发放贷款的平均额度为30.73万元，远高于2010年农村信用社对农户贷款2.87万元的平均额度。③

2. 农户满意度

村镇银行市场定位不清及贷款非农化、金融产品的不适合影响了农户的满意度。王芹、罗剑朝（2014）对新型农村金融机构的农户满意度进行调查，发现农户满意度均不高，其中村镇银行的满意度为61.29%。④ 在新型农村金

---

① 王劲屹、张全红：《村镇银行回归服务"三农"路径研究》，《农村经济》2013年第1期。
② 武晓芬、邱文静：《村镇银行普惠性信贷资金运行效率以及扶贫效益的提高与创新——以云南省为例》，《经济问题探索》2011年第12期。
③ 张彼西、肖诗顺：《提升还是下降？论村镇银行支农绩效》，《金融发展研究》2015年第11期。
④ 王芹、罗剑朝：《新型农村金融机构农户满意影响因素研究——以473户新型农村金融机构借款农户的数据为例》，《农村经济》2014年第8期。

融机构中，农户认为村镇银行实力较强，对其具有较高的期望程度，农户对村镇银行熟悉程度越高、村镇银行与农户沟通越及时有效、金融产品和服务效果越好，农户的满意度就越高；其他金融机构贷款利率更低、获取更加便利则会降低农户对村镇银行的评价，说明村镇银行面临着其他金融机构带来的竞争与挑战。村镇银行发起的政策目的在于打破农信社在农村金融市场的垄断地位，更好地满足"三农"经济发展的资金需求，然而村镇银行发起采用的是"主发起银行制"，使得村镇银行逐渐沦为发起银行的分支机构，未能实现农村金融体系的增量变化，缺乏服务农村经济发展市场定位的村镇银行，对农村市场和农户需求信息掌握不足，将农户作为目标客户的动力不强，不注重对农户宣传村镇银行、简化贷款手续以及开发"三农"金融产品等，在农村金融市场上发放涉农贷款并没有明显优势，农户获取金融资源的成本也没有降低；村镇银行发展受到财政补贴的支持，财政补贴以年末贷款余额的2%进行补贴，但对这一贷款余额并未进行涉农贷款和非农贷款的划分，因此，村镇银行有动力扩大非农贷款来增加贷款总额、获取财政补贴，导致贷款非农化。另外，被定位为商业银行不利于村镇银行获得税收优惠，与其他金融机构服务的同质化导致其竞争优势不明、生存空间狭小，"三农"融资难的问题没有得到有效地解决。

3. 村镇银行服务农户的案例分析

（1）汾西县太行村镇银行

山西省汾西县太行村镇银行是"人民性、草根性"的村镇银行品牌，由晋城银行独资发起。太行村镇银行坚持"小额、分散"的信贷原则，明确为"三农"和小微企业提供金融服务的市场定位，在提升农村金融产品可得性和便利性方面的做法值得借鉴。汾西县太行村镇银行由汾河村镇银行更名发展而来，2010 年 5 月营业初始，注册资本金 300 万元，员工不足 20 人。银行规模小，面对的金融环境也较为恶劣，汾西县是国家级贫困县，常住人口不足10 万人，青壮年劳动力流失，存贷款需求不高，汾河村镇银行发展较为缓慢，然而，汾河村镇银行一直坚持"支农支小"的市场定位，决心做"本土化草根银行"，2014 年，为了创建品牌文化、发挥品牌效应，晋城银行发起的 7 家村镇银行统一命名为"太行村镇银行"，汾河村镇银行更名为汾西县太行村镇银行。

　　汾西县太行村镇银行通过打造"千户农贷惠民工程"，创新农户小额贷款产品，为农户提供发展的启动资金。汾西县太行村镇银行依托村委会对农户征信情况进行调查，并据此进行信贷客户分类和差异化管理，降低贷款风险的同时也实现了对农户的精准识别和帮扶；为解决"三农"贷款难、担保难，2016 年推出"1143"惠民工程，一个乡镇选择一千户优质农户进行信贷支持，其中 40% 的农户为建档立卡贫困户，开发"234 模式"的农户小额贷款产品"惠农贷"，即贷款期限最长两年、信贷额度为 3 万元以及贷款利率在市场利率基础上下浮 4 个百分点；对担保方式也进行了创新，充分发挥农村社会资本的作用，五户联保改为以兄弟姐妹为主的家族担保；还款方式更加灵活多样，根据客户还款来源和贷款用途，可采取按月等额本息、按月结息分期还本、按月结息分季还本、按月结息分年还本及按月结息一次还本等多种方式，至 2017 年 6 月，汾西县太行村镇银行共发放 3 万元以下的小额农户贷款 2580 万元，其中最小一笔为 5000 元，惠及辖区农户 951 户。

　　汾西县太行村镇银行还不断丰富服务内容，拉近与农户之间的联系。通过发行"太行卡"为农户提供免收 ATM 异地跨行取款手续费在内的 10 项免费服务，开展金融宣传下乡活动，加大对国家金融扶贫政策、征信知识的宣传，提升农户信用意识，介绍"惠农贷"的贷款步骤，为农户答疑解惑，并举办惠民电影节、赞助象棋比赛、为贫困学生捐款等社会活动，赢得了当地百姓对村镇银行的信任，2015 年、2016 年连续两年村镇银行增加存款 4000万元，截至 2017 年 3 月，存款余额达 1.2 亿元，存款户数 31894 户，户均存款 0.38 万元，累计发放贷款 3194 笔，放贷金额 2.5 亿元，平均每笔贷款额为 7.94 万元，不良贷款率仅为 0.33%，汾西县太行村镇银行实现了存贷款的"小额分散"，走出了一条服务"三农"、精准帮扶、可持续发展之路。

　　（2）达茂旗包商村镇银行

　　达茂旗包商村镇银行是由中国银监会批准、以包商银行为发起行、于 2017 年 3 月 16 日由达尔罕茂明安联合旗包商惠农贷款有限责任公司转型而来的，这也是我国国内唯一一家由贷款公司成功转型而来的村镇银行，注册资本金 1 亿元，是达茂旗唯一的村镇银行。转制后的村镇银行吸收了自然人股东使股权结构多元化，资金来源更加丰富，同时能提供更为全面的金融服务，通过广泛设置分支机构扩大金融服务覆盖面，开发适合农户的贷款产品，还能享受到中国人民银行再贷款及扶贫贷款等政策红利。达尔罕茂明安联合旗包商村镇银行坚持"小额分散"的贷款发放原则，为农户、牧民及小微企业发展提供金融支持。

坚持金融普惠原则，保持较小的贷款额度，拓展金融服务覆盖面是达尔罕茂明安联合旗包商村镇银行一直坚持的经营理念。该村镇银行以行政村为单位开展普惠业务，以农牧业合作社、家庭农牧场为服务侧重点，以农畜产品、有民族特色的食品加工和综合旅游业为业务支持的突破点，坚持灵活定价，推进整村信用评级，改善结算支付手段和方式，创新信贷产品，实现了对农牧民生产生活各方面贷款需求的全覆盖，包括农牧民生产资料购置、农田水利建设、农畜品种改良、新农村建设、产业结构升级等各方面，实现了达尔罕茂明安联合旗 7 镇 2 乡 77 个行政村、372 个自然村金融服务的全覆盖，带动人群 37000 余人，惠及 45% 的达尔罕茂明安联合旗常住人口。截至 2017 年 6 月末，该行累计发放贷款 27851 万元，累放笔数 6942 笔，每笔贷款均额 4 万元，农户贷款占比在 90% 以上，资产规模 45842 万元，不良贷款 1622 万元，不良贷款率 3.82%。

达尔罕茂明安联合旗包商村镇银行在服务农户的过程中做好了推动金融精准扶贫政策的落实工作。达尔罕茂明安联合旗包商村镇银行设立专门部门与地方政府、扶贫办及时沟通，了解金融扶贫政策内容及运作流程，并协助政府部门做好相关政策的宣传工作；根据政府部门提供的贫困户名单，对贫困村、贫困户及相关的家庭农场、专业合作社进行详细调查，掌握相关信息情况并建立信息档案，为贷款发放提供可靠的依据；在贷款对象选择上，选择发展意识强、较为团结、工作能力突出的村委会所领导的村作为贷款发放的重点对象，对种养产业发展良好、实现规模经营、联结贫困户的专业合作社发放扶贫贷款。2016 年达尔罕茂明安联合旗包商村镇银行发放金融扶贫贷款 1166 万元，到年底时扶贫贷款余额 1113 万元，惠及贫困农户 383 户，为贫困户经济状况的改善提供了有效的金融支持。

4. 小结

以上村镇银行服务"三农"的两个典型案例中，汾西县太行村镇银行的主要经验在于明确面向"三农"的市场定位及坚持"小额分散"的贷款发放原则，从而找到了一条将服务农户与自身发展相结合的道路；包商村镇银行得益于中国人民银行、监管部门及包商银行的大力支持，同时，贯彻普惠金融的发展理念也是其服务农户效果显著的重要原因。总之，村镇银行在解决"三农"融资问题方面，有一些成效非常显著的典型代表，然而，大部分村镇银行追求商业化利益，远离农村农民，导致其偏离农户这一目标客户群体，存款主要依靠财政资金，贷款对象主要瞄准公务员和个体工商户，很少关注农户贷款需求，也缺少动力创新适合农户特点的金融产品，服务农户的效果有待提升。

三、小额贷款公司相关规定及业务开展状况

（一）小额贷款公司产生的背景与逻辑

我国小额贷款公司是在农村增量金融改革背景下发展起来的一种增量农村金融机构，其发展过程既与世界小额信贷有共同点，也带有中国金融结构烙印。具体而言，小额贷款公司是为了满足农村小微经济主体和农户持续增长的小额贷款需求，从而消除或缓解这一群体面临的融资约束状况而成立的机构。

1. 中国小额信贷市场的需求

小额信贷主要为缺少抵押品、难以获得银行等正规金融机构贷款的中小企业和个人提供融资服务，从而满足受金融排斥群体的信贷需求。托尔（Torre 和 Vento，2006）将小额信贷的潜在受益者划分为五种类型：自我排斥型、渠道排斥型、政治和社会排斥型、条件排斥型和营销排斥型。[①] 其中，自我排斥型源于个人对金融机构不熟悉、认为贷不到款而产生畏难情绪，从而未向金融机构申请贷款。渠道排斥型来源于潜在客户距离金融机构较远，阻碍了客户在金融机构的贷款获取。这种类型的客户一般是"最贫穷或贫穷"群体。政治和社会排斥型人群主要是指没有正式登记的移民和受过法律惩罚的前科犯等。条件排斥型人群是指不能承受金融服务的成本或达不到银行等

---

① Torre M. L. , Vento G. A. , "Microfinance", *Palgrave Macmillan Studies in Banking and Financial Institutions*, 2006, pp. 139-140.

正规金融机构放贷要求的"弱势群体"。营销排斥型是指因在传统客户评价模型中被评定为低价值目标客户而被"边际化"的客户群体。进一步地，将小额信贷的受益者划分为个人受益者和团体受益者。其中，个人受益者是指自行向小额信贷机构申请贷款的个体或微型企业家，而那些希望通过协会或互助社获得金融支持的潜在受益者则为团体受益者。

我国的金融排斥对象可以按上述类型划分，也包含自身独特的内容。许多学者的研究表明，我国金融排斥程度更深，且表现出明显的地区差异性，落后地区的金融排斥程度远高于发达地区。首先，自我排斥具有普遍性。很多贫困家庭从未申请过小额信贷，原因在于他们认为从正规金融机构贷款手续烦琐或担心自己偿还不起贷款，而资金的缺乏阻碍了生产可能性曲线的外移，贫困家庭只能维持较低的产出水平，陷入贫困恶性循环之中。其次，农户居住分散加深了渠道排斥。项继权和操家齐（2011）根据中国 28 个省的调查结果，发现 36.1% 的金融机构距离农户家至少 3 公里，降低了农户获取金融服务的便利性。再次，贷款的抵押物要求带来严重的条件排斥。根据世界银行和中国人民银行的报告，当前中国的银行只接受房屋和土地作为抵押物，不接受库存和应收账款等抵押品，另据《中国担保交易改革和信贷市场发展报告》，仅 4% 的商业贷款可用流动资产作为担保品，经济较落后地区的银行等正规金融机构对个人融资需求的满足程度较低。项继权和操家齐（2011）调查 28 个省的农户融资满足情况发现，仅 20.96% 的农户从银行获得过贷款，26.2% 的农户从农信社获得过贷款。与之相对应的是，农户从非正规渠道借贷非常普遍，78.18% 的农户曾向亲戚朋友借钱，8.05% 的农户曾通过高利贷满足贷款需求。[①] 根据宜信财富与西南财经大学的中国民间金融发展报告估计，2012 年我国民间借贷的规模达 5.28 万亿元人民币，相当于当年 GDP 的10.17%。可见我国条件排斥的程度之深，大量难以从正规金融机构获得金融服务的人群选择非正规借贷。

随着中国经济改革的深化，"三农"贷款需求不断增长的同时，中小微企业贷款需要也在上升。中国金融机构信贷去向统计报告显示，2017 年年末，

---

① 项继权、操家齐：《困局与突围：我国农户金融供需现状及政策建议——基于全国 28 个省市（自治区）抽样调查的分析》，《浙江大学学报（人文社会科学版）》2011 年第 4 期。

小微企业贷款余额 24.3 万亿元，同比增长 16.4%，增速比上年末高 0.4 个百分点，分别高于大型企业和中型企业贷款增速 3.8 个百分点和 5.8 个百分点；中小企业贷款余额占企业贷款总额的 33%，全年贷款增加 3.4 万亿元，同比增加 3967 亿元，贷款增量占同期企业贷款增量总额的 39.9%。就融资方式对中国企业发展的影响程度而言，艾亚加里等（Ayyagari et al.，2010）的研究发现，无贷款、仅靠内源融资的企业增长速度明显落后，且再投资额也少于得到贷款的企业，说明贷款获得对于企业发展具有重要作用。[①]

总之，从需求角度看，小额贷款公司是在小微企业和"三农"发展旺盛的资金需求以及面临融资约束的现实压力下而产生与兴起的。

2. 中国小额信贷市场的供给

根据要素投入的边际报酬递减规律，基于凹性生产函数的性质，投向中小企业的资金比投向大企业的资金拥有更高的边际回报率，资本对穷人的效用也会更高。据此，具有逐利性的资本应该流向边际产出率更高的中小企业和穷人。然而现实中，资本却流向了大企业和富人，大型银行也不愿涉足小额信贷市场为中小企业和穷人服务，这种矛盾的情形为什么会出现呢？

阿吉翁和默多克（Aghion 和 Morduch，2005）的研究认为，生产函数具有严格凹性（见图 4-2）。这一函数性质得以成立的前提是假设穷人与富人在其他方面不存在差距，即富人与穷人在教育水平、经营能力、人际关系以及其他投入方面是完全相同的。[②] 然而现实中，中小微企业主与大企业家面临不同的外部环境、经营能力和抗风险能力，富人和穷人各方面的差异也很大，因此，生产函数不是严格凹性的（见图 4-3），微型企业的边际收益低于大中型企业的边际收益，导致银行等正规金融机构更愿意贷款给大型企业和富人。另外，大型银行与中小微企业之间的信息不对称，导致小额信贷业务的开展面临逆向选择和道德风险。银行与农村居民及小微企业距离较远导致银行对农村客户了解甚少、信息搜集成本高、经营模式的不适应等，因此银行

---

① Ayyagari M.，Demirgüc-kunt A.，Maksimovic V.，"Formal versus Informal Finance：Evidence from China"，*Review of Financial Studies*，Vol. 23，No. 8，2010，pp. 3048-3097.

② Aghion B. A.，Morduch J.，*The Economics of Mcrofinance*，Cambrige，MA：MIT Press，2005，p. 325.

要求以抵押担保品为条件降低贷款风险，而穷人和中小企业往往缺乏银行要求的抵押品。同时，较小的贷款规模也增加了大型银行发放贷款的单位资金成本，导致大型银行退出小额信贷市场，可见小额信贷市场发展要以借贷双方的信息对称为基础，这可以通过充分发挥已有社会资本的作用或构建稳定诚信的社会网络来实现。所以从世界范围来看，小额信贷服务开始于更贴近农村基层的金融机构，以本地小微经济主体为目标客户，如非营利组织、非正规金融机构等，小额信贷服务提供的过程也是信息不对称问题得以缓解的过程（李明贤、陈铫，2015）。①

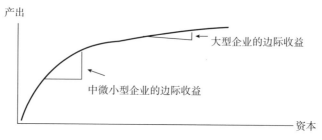

图 4 - 2　边际报酬递减原理

注：本图来源于《微型金融经济学》（*Beatriz Armendariz de Aghion and Jonathan Morduch*，2005，p. 5）。

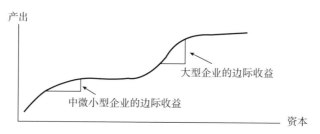

图 4 - 3　非严格凹性生产函数条件下的边际收益递减原理

注：本图来源于《微型金融经济学》（*Beatriz Armendariz de Aghion and Jonathan Morduch*，2005，p. 19）。

上文从资金供给角度说明了小额贷款公司以及微型金融产生的原因，而我国小额贷款公司还有自身特点。我国小额贷款公司"只贷不存"的特征有别于一般金融机构。托勒和推托（Torre 和 Vento，2006）认为同时提供存贷款服务且受到银行监管体系监管的微型金融机构才是正规金融机构，只提供

---

① 李明贤、陈铫：《我国小额贷款公司"双赢"机理研究》，《贵州大学学报（社会科学版）》2015 年第 2 期。

贷款或存款服务的微型金融机构为半正规金融机构，这类机构不是银行监管体系的监管对象；提供存贷服务但较少受到监管部门监管的金融机构是非正规金融机构。[①] 但是在中国，小额贷款公司提供贷款服务，受地方监管部门监管。下面分析我国小额信贷供给方的特点及其存在的问题。

我国小额信贷供给仍然是政府主导发展与控制的结果。一方面，中国小额信贷主要由政府推动，政府要求相关的正规金融机构，如中国农业银行、农村信用社和中国邮政储蓄银行从事小额贷款业务，这些机构常常受政府的干预，运行效率低下。中国农业银行商业化改革后，服务领域明显偏离"三农"，给中小企业和"三农"贷款较少，国有企业成为其主要贷款对象。农村信用社得益于政府补贴和优惠政策，以低于市场利率的利率发放贷款，导致过剩的贷款需求和信贷配给，产生了寻租空间，为获取贷款，贷款需求方向农村信用社等具有贷款发放审批权的人员支付额外的费用，提高了获得贷款的实际利率，造成借款者的福利损失，加深了农村地区的金融排斥，强化了金融资源配置的低效率。中国邮政储蓄银行从农村吸收了大量存款而在城市发放贷款。政府干预下正规金融机构的官僚化、腐败与僵硬，导致非正规金融在农村仍然普遍。相关调查表明，民间借贷不但对农村信用社的服务需求有挤出效应，还可能挤出对其他微型金融机构的服务需求（Turvey 和 Kong，2010）。[②]

可见，我国小额贷款公司是由于政策推动扶持的金融机构无法满足中小微企业及农户、穷人的金融服务需求而产生的。首先，由于信息不对称、农户缺乏有效抵押品以及较高的单位贷款成本，大型商业银行不愿开展小额信贷业务。其次，政府控制下的金融机构在资金配置方面的低效和运行的僵硬，导致了信贷配给行为，扭曲了小额信贷市场机制，为民间借贷提供了生存空间，而民间借贷的隐蔽性和缺乏有效监管产生的高利率以及暴力催贷可能会彻底损害穷人的发展能力。在这种背景下，小额贷款公司的产生和发展就成为一种必然。小额贷款公司的从业人员熟悉本地贷款需求者，可以依赖贷款客户在本地的软信息，从而降低小额贷款市场的信息不对称程度，服务于那

① Torre M. L，Vento G. A.，"Microfinance"，Palgrave Macmillan Studies in Banking and Financial Institutions，2006，pp. 139-140.

② Turvey C. G.，Kong，R.，"Informal Lending Amongst Friends and Relatives：Can Microcredit Compete in Kural China?"，*China Economic Review*，Vol. 21，2010，pp. 544-556.

些由于经济条件达不到要求而被正规金融机构排斥的客户（Hulme 和 Arun，2009），弥补了中国小额信贷市场的供给缺口。需要注意的是，小额贷款公司应实现自负盈亏、收益能覆盖成本，在做好风险管理的同时能持续为小微企业和农户提供合适的金融产品和服务，靠补贴和救助生存的绝对意义上的穷人并不是小额贷款公司的目标客户。①

（二）小额贷款公司相关政策规定梳理

我国小额贷款公司始发于 2005 年，其产生既为了缓解小微企业、农户及个人贷款难的问题，也期望其能发挥"鲶鱼效应"，促进农村金融市场竞争。截至 2017 年 12 月 31 日，全国共有 8551 家小额贷款公司。

2008 年 5 月 4 日中国银行业监督管理委员会和中国人民银行发布的《关于小额贷款公司试点的指导意见》指出，小额贷款公司是由自然人、企业法人与其他社会组织投资设立、不吸收公众存款、经营小额贷款业务、服务"三农"的有限责任公司或股份有限公司。这表明小额贷款公司是以服务"三农"为社会责任、自行承担风险的组织，最大特点是只提供贷款服务而不吸收存款。坚持"小额、分散"的贷款发放原则，同一借款人的贷款余额不得超过小额贷款公司资本净额的 5%。按照市场化原则运作，在不超过司法部门规定的上限与中国人民银行公布的贷款基准利率 0.9 倍的下限范围内，贷款利率自由浮动。在资金来源方面，小额贷款公司的主要资金来源为股东缴纳的资本金、捐赠资金，以及来自不超过两个银行业金融机构的融入资金。在法律、法规规定的范围内，小额贷款公司从银行业金融机构融入资金的余额，不得超过资本净额的 50%，融入资金的利率、期限由小额贷款公司与相应银行业金融机构自主协商确定，利率以同期"上海银行间同业拆放利率"为基准加点确定。在监管方面，省级政府明确一个主管部门（金融办或相关机构）负责对小额贷款公司的监管，建立审慎规范的资产分类制度和拨备制度，对其进行准确的资产分类，充分计提呆账准备金，确保资产损失准备充足率始终保持在 100% 以上。在未来发展方面，依法合规经营、没有不良信用记录的小额贷款公司，可在股东自愿的基础上，按照《村镇银行组建审批指引》和

---

① Hulme，D.，Arun，T.，"Microfinance：An Introduction"，*Routledye*，2009，pp. 47-60.

《村镇银行管理暂行规定》规范改造为村镇银行。

为了充分发挥小额信贷公司服务"三农"和中小微企业的作用,我国政府出台了一系列文件,具体如表4－3所示。

表4－3　小额信贷公司相关文件梳理

年份	规定	出台背景	目的	主要方式
2005	中央一号文件	农业依然是国民经济发展的薄弱环节,农村经济社会发展明显滞后的局面没有根本改观	推进农村金融改革和创新	有条件的地方,可以探索建立更加贴近农民和农村需要、由自然人或企业发起的小额信贷组织
2006	中央一号文件	解决好"三农"问题仍然是工业化、城镇化进程中重大而艰巨的历史任务	加快推进农村金融改革	大力培育小额贷款组织
2008	《关于小额贷款公司试点的指导意见》	农村金融供给能力严重不足,2005年以来商业性小额贷款公司试点为小额信贷带来新的发展阶段	全面落实科学发展观,有效配置金融资源,引导资金流向农村和欠发达地区,改善农村地区金融服务	承认了民间贷款机构的合法地位
2009	《关于当前金融促进经济发展的若干意见》	应对国际金融危机的冲击,扩内需、促发展	创新融资方式,拓宽企业融资渠道	扩大小额贷款公司试点
2009	《小额贷款公司改制设立村镇银行暂行规定》	小额贷款公司发展迅猛,个别地区出现了盲目发展、市场定位偏差、风险加大等问题	规范小额贷款公司改制设立村镇银行的准入条件,引导小额贷款公司健康发展	确定符合条件的银行业金融机构作为主发起人
2010	中央一号文件	农村金融应为农村农业发展提供支持,且偏远地区存在金融服务空白的乡镇	提高农村金融服务质量和水平。引导更多信贷资金投向"三农"	有序发展小额贷款组织,引导社会资金投资设立适应"三农"需要的各类新型金融组织
2010	《关于进一步做好中小企业金融服务工作的若干意见》	受国际金融危机冲击,我国中小企业生产经营困难	改进和完善中小企业金融服务,拓宽融资渠道,着力缓解中小企业（尤其是小企业）的融资困难	鼓励各银行业金融机构到金融服务空白乡镇开设村镇银行和贷款公司。支持符合条件的小额贷款公司转为村镇银行。大中型商业银行在防范风险的前提下为小额贷款公司提供批发资金业务

续表

年份	规定	出台背景	目的	主要方式
2011	《国务院关于鼓励和引导民间投资健康发展的若干意见》	我国民间投资不断发展壮大，已经成为促进经济发展、调整产业结构、繁荣城乡市场、扩大社会就业的重要力量	鼓励和引导民间资本进入金融服务领域	民间资本发起或参与设立村镇银行、贷款公司、农村资金互助社等金融机构
2013	《关于金融支持经济结构调整和转型升级的指导意见》	金融运行总体稳健，但资金分布不合理问题与经济结构调整和转型升级的要求不相适应	发挥金融对经济结构调整和转型升级的支持作用	加强对小额贷款公司、融资性担保公司的监管，对非融资性担保公司进行清理规范
2014	中央一号文件	我国经济社会发展正处在转型期，农村改革发展面临的环境更加复杂、困难挑战增多	强化金融机构服务"三农"职责	对小额贷款公司，要拓宽融资渠道，完善管理政策，加快接入征信系统，发挥支农支小作用
2016	《推进普惠金融发展规划（2016—2020年)》	普惠金融服务不均衡，普惠金融体系不健全，法律法规体系不完善，金融基础设施建设有待加强，商业可持续性有待提升	推进普惠金融发展，提高金融服务的覆盖率、可得性和满意度	拓宽小额贷款公司和典当行融资渠道，加快接入征信系统。配套出台小额贷款公司管理办法等。通过法律法规明确从事扶贫小额信贷业务的组织或机构的定位
2017	《关于小额贷款公司有关税收政策的通知》	由于未能明确小额贷款公司的金融行业身份，小额贷款公司也不能享受到金融企业贷款损失资金准备金、企业所得税税前扣除政策，这不利于小额贷款公司发挥其支持"三农"和中小企业发展中的作用，实际变相增加了"三农"和中小企业的融资成本	引导小额贷款公司在"三农"、小微企业等方面发挥积极作用，更好地服务实体经济发展	对经省级金融管理部门（金融办、局等）批准成立的小额贷款公司免征或减征税款

注：由笔者整理总结。

（三）小额贷款公司发展历程及业务发展情况

2005 年 10 月，中国人民银行在山西、四川、贵州、内蒙古、陕西 5 个省（自治区）开始小额贷款公司试点并成立 7 家小额贷款公司，2006 年 12 月，中国银监会发布的《关于调整放宽农村地区银行业金融机构准入政策　更好支持社会主义新农村建设的若干意见》中，又提出发展贷款公司这一新型农村金融机构，却并不承认小额贷款公司的金融机构身份。直到 2008 年 5 月，中国银监会和中国人民银行联合出台《关于小额贷款公司试点的指导意见》后，小额贷款公司进入了一个快速的发展时期。表 4－4 展示的是 8551 家小额贷款公司在全国各省区市的分布情况。小额贷款公司在经济发展基础较好的地区发展较好，在某些地区出现了创新性的发展成果。比如 2013 年成立的广州立根小额再贷款股份有限公司，为小额贷款公司提供融资服务。又如，2013 年 6 月苏州吴江市鲈乡农村小额贷款股份有限公司在纳斯达克（NAS-DAQ）上市，为小额贷款公司的融资渠道拓展做了有益的探索。

小额贷款公司的发展有利于促进农业和农村中小企业发展、规范民间借贷以及促进农村金融市场多元化。

表 4－4　小额贷款公司分地区情况统计（2017 年 12 月 31 日）

地区名称	机构数量（家）	从业人员数（人）	实收资本（亿元）	贷款余额（亿元）
全国	8551	103988	8270.33	9799.49
北京市	99	1403	136.07	146.77
天津市	95	1299	119.54	129.6
河北省	437	5894	247.74	245.6
山西省	294	3233	186.15	172.6
内蒙古自治区	361	3259	257.71	262.06
辽宁省	547	5061	362.84	310.98
吉林省	532	4892	145.03	109.88
黑龙江省	254	1997	133.33	112.62
上海市	123	1575	200	219.01
江苏省	630	5795	809.26	932.72
浙江省	326	3418	574.58	668.24
安徽省	439	4867	363.87	447.01

地区名称	机构数量（家）	从业人员数（人）	实收资本（亿元）	贷款余额（亿元）
福建省	118	1415	258.81	299.81
江西省	200	2531	222.56	223.45
山东省	334	4282	448.62	495.04
河南省	282	3752	221.07	238.48
湖北省	283	3615	305.63	310.71
湖南省	128	1903	104.2	105.4
广东省	461	9509	653.54	855.6
广西壮族自治区	304	3909	264.83	474.33
海南省	56	970	61.71	65.95
重庆市	266	6319	734.9	1467.37
四川省	322	5729	537.45	606.15
贵州省	281	2630	88.52	80.99
云南省	272	2944	129.13	127.88
西藏自治区	18	156	14.32	13.98
陕西省	270	2868	245.81	241.77
甘肃省	331	3570	151.35	128.99
青海省	77	878	47.99	47.17
宁夏回族自治区	128	1680	62.28	56.22
新疆维吾尔自治区	283	2635	181.51	203.13

注：数据来源于中国人民银行。

（四）不同区域小额贷款公司发展比较

通过总结历年小额贷款公司的机构数量、从业人员数和业务规模等情况，发现小额贷款公司的发展过程阶段性特征明显，在经历了高速增长期、于2015年达到发展高峰后增长速度逐渐放缓，甚至公司数量出现负增长。根据中国人民银行数据，截至2017年年底，全国共有小额贷款公司8551家，贷款余额9799亿元，机构数量处于下降阶段（见表4-5）。通过对历年不同地区的机构数量、从业人员数、实收资本以及贷款余额的总结比较，发现各地区小额贷款公司发展规模和发展阶段存在明显差异。2017年，全国范围内机构数量前三名的是江苏省、辽宁省和吉林省，分别为630家、547家和532家，实收资本前三名的是江苏省、重庆市和广东省，分别为809.26亿元、734.9亿元和653.54亿元，贷款余额前三名的是重庆市、江苏省和广东省，分别为1467.37亿元、932.72亿元和855.6亿元。与之相比较，机构数量最少的西藏自治区、海南省和青海省分别为18家、56家和77家，实收资本分别为14.32亿元、61.71亿元和47.99亿元，贷款余额分别为13.98亿元、65.95亿元和47.17亿元，可以看出发达地区与较落后地区的小额贷款公司发展水平差距巨大。由于不同区域小额贷款公司发展程度与本区域的经济金融环境、经济政策有关，各地小额贷款公司发展呈现较为稳定的局面，发展较好的地区保持了较好的发展势头，较弱地区的发展也并未实现突破，例如江苏省、辽宁省、广东省等省市小额贷款公司发展始终保持在全国前列，说明这些地区的小额信贷发展态势得到了延续；湖南省小额贷款公司试点工作起步较晚，尚未形成规模效应，截至2017年12月31日，湖南省小额贷款公司数量为128家，实收资本104.2亿元，贷款余额105.4亿元，均为全国倒数第六；比较2013年3月31日的数据，湖南省有小额贷款公司85家，为全国倒数第五，实收资本56.27亿元，贷款余额61.51亿元，处于全国倒数第七位置，可见湖南省近三年小额贷款公司在全国的发展始终处于下游水平。

表4-5　全国小额贷款公司近年来发展情况

年份	贷款公司数量（家）	贷款余额（亿元）	新增贷款（亿元）
2011	4282	3915	1935
2012	6080	5921	2005
2013	7839	8191	2268
2014	8791	9420	1228
2015	8910	9412	-8
2016	8673	9273	-139
2017	8551	9799	504

注：数据来源于中国人民银行。

（五）小额贷款公司的优势及存在的问题

1. 小额贷款公司的优势分析

作为增量农村金融机构，小额贷款公司"只贷不存"的性质受到研究者的质疑。在2006年博鳌亚洲论坛上，格莱珉银行（GRAMEEN）的创始者穆罕默德·尤努斯表示，小额贷款公司"只贷不存"就像人只有一条腿走路。也有研究者担心小额贷款公司追求利润最大化而偏离服务"三农"的目标，但在现实中，小额贷款公司却实现了经济效益和社会效益的"双赢"：即在获得利润的同时也实现了为中小微企业和穷人提供金融服务的目标。下文立足于小额贷款公司的特征对其优势进行分析。

（1）小额贷款公司作为独立经营公司的优势

小额贷款公司是由自然人、企业法人或其他组织设立的有限责任公司或股份有限公司，这表明小额贷款公司比传统金融机构或提供金融服务的非政府组织有更为清晰的产权，比民间高利贷和政府管制利率有更合理的利率水平。

首先，小额贷款公司产权更为清晰。产权不仅是对资源的使用、收益、处置和转让的权利，还强调所有者行使权利的能力。科斯第二定理说明了产权安排与经济运行效率之间的关系，即在交易成本不为零的情况下，产权的清晰度影响交易成本和资源配置效率。明晰的产权意味着相关主体有行使权利的能力，能降低交易成本，实现资源优化配置。随着中国农业银行的商业化改革，农村信用社成为农村金融服务的主力。然而，由于历史原因及农信社在农村金融市场的垄断地位以及预算软约束的存在，农信社产权模糊，长期以来经营绩效不佳。地方政府将农信社作为控制农村金融资源的重要工具，成为农信社的实际控制者，农信社的管理者并没有独立的经营决策权，存在所有者缺位问题；预算软约束下的农信社承担着政策性金融职能，接受政府的支持和救助，因此无法通过盈亏判断管理层的责任履行情况；农信社享受着国家信用的隐性担保，缺乏通过硬化预算约束来改善内部管理、实现自负盈亏的动机，也没有创新合适的金融产品来满足农户需求的动力，反而追求高收益高风险的项目，增强自身控制权，导致农信社不良资产率上升，不利于金融服务"三农"社会目标的实现。此外，农信社"所有者缺位"与"内部人控制"并存的情况下，贷款投向与投量掌握在农信社个别人手中，为寻租提供了空间，导致社会福利受损。

而小额贷款公司的产权明晰，有利于其经济目标和社会目标的实现。小额贷款公司的相关文件规定了小额贷款公司的组织形式、注册资本、股东持股比等方面的内容，这就明确了小额贷款公司的产权及产权所有人。虽然小额贷款公司的从业人员人数相对于银行业金融机构较少，但高层管理人员有银行从业经验，董事会和监事会职责划分清晰。同时，尽管小额贷款公司和非政府组织（NGOS）都是依靠社会网络等软信息为中小企业和弱势群体提供融资服务的机构，但非政府组织开展的小额信贷服务具有较强的公益性，缺乏商业可持续性，而小额贷款公司受益于明晰的产权结构，强调组织的盈利性。

其次，小额贷款公司的利率更加灵活。小额贷款公司的贷款利率在监管允许的范围内上下浮动，利率水平普遍高于8%—10%的农信社贷款利率，低于在42%—60%之间波动的民间高利贷利率（Turvey 和 Kong，2010），灵活的利率水平反映了市场机制作用下资金供需状况的变动，有利于农户融资需求得到满足。[1]农信社的贷款利率低于真实市场利率，市场机制配置资金的作用受限，而且由于这类贷款发放更多是出于政策因素而非满足金融市场及客户潜在的金融需求，削弱了农信社业务开展的经济动机。另外，外来的潜在竞争者对当地客户的信息收集成本较高，立足本地社会网络的高利贷就应融资需求而产生了。相比之下，小额贷款公司具备了解当地客户个人信息的渠道，贷款利率受供求关系和信息成本影响，且纳入地方监管体系，能以合理的价格为农户提供融资服务。

（2）小额贷款公司不能吸收存款的优势

小额贷款公司资金来源主要包括股东资本、捐赠资金，以及从不超过两家银行业金融机构融入资金，这一规定一开始就受到很多学者质疑。但从小额贷款公司的实际运行看，小额贷款公司不吸收存款的特点使得其市场范围

---

[1]　Turvey C. G. , Kong R. , "Informal Lending Amongst Friends and Relatives：Can Microcredit Compete in Kural China"？ *China Economic Review*，Vol. 21，2010，pp. 544-556.

得以划定，避免了与现有银行的直接竞争。我国的正规金融体系以银行类金融机构为主，其中四大国有银行占主导地位，在吸纳公众存款方面具有绝对优势，但以给国有企业发放贷款为主的贷款业务却表现欠佳，不良贷款率很高（中国银行业监督管理委员会年度统计报告）。相反，以中小企业和穷人为融资对象的小额贷款公司，贷款业务却有较为突出的业绩表现，不仅不良贷款率低且投资回报率还逐年提高，有实证研究表明整体及东中西部地区的小额贷款公司平均不良贷款率分别为 0.8%、0.9%、0.01% 和 0.78%，都低于银行业金融机构 2.4% 的不良贷款率（陈方、李金平，2012）。[1]

假如小额贷款公司可以吸收贷款，却不拥有与国有商业银行一样的吸纳存款的能力，则会由于增加存款业务而带来运营成本的增加，从而导致利润率降低。此外，存款业务也会给小额贷款公司带来新的风险和风险防范要求。一方面，开展存款业务会使小额贷款公司面临准备金问题，业务范围的扩大也会带来相应的监管以防范风险，而仅提供贷款服务的金融机构的监管要求相对单一。因此，若小额贷款公司开展存款服务，反而会降低收益、提高风险，从而削弱其提供小额贷款的优势。另一方面，大型商业银行比小额贷款公司有更强的经济实力来抵御风险，例如一旦发生通货膨胀，大型商业银行可以利用外汇市场购买外汇进行对冲操作，控制本币的通胀风险和贬值损失，立足本地市场的小贷公司则无法进行这种操作。总之，小额贷款公司应明确差异化竞争理念，以填补小额信贷市场空白为机构市场定位，提升小额信贷服务的能力，在防范风险的同时不断创新小贷产品。另外，通过获取不超过两家银行的融入资金，小额贷款公司拓展了大银行与小额借款人的联结渠道，促进了资金配置效率的提高。

（3）小额贷款公司地区性经营的优势

小额贷款公司不得跨区经营，受地方政府监管，监管主体为省金融办。这一规定控制了小额贷款公司的扩张规模，但也使得小额贷款公司经营范围和服务对象更为确定，有利于其自身优势的充分发挥。小额贷款公司产生和发展的缘由是传统金融体系无法满足农民、个体户和中小微企业的融资需求，

---

[1] 陈方、李金平：《小额贷款公司对中小企业融资的影响——对 61 家小额贷款公司及其贷款业务的实证分析》，《金融评论》2012 年第 6 期。

他们的融资规模相对较小、融资期限较短，小额贷款公司应根据客户金融需求改进融资产品，同时小额贷款公司对本地客户的信息优势也是其业务开展的重要优势。因此，本地经营并提供小额短期贷款符合小额贷款公司发展的比较优势。

存款"信用岛"带来的市场分化可以很好地解释小额贷款公司这方面的优势。存款"信用岛"现象是由于借贷双方的距离增加提高了贷款风险和管理成本，为了降低违约风险，贷款方选择距离更近、更可控制的借款方进行放贷的现象。① 另外，有研究发现，借贷双方的距离仅仅是基于软信息放贷行为（即信用贷款）的重要影响因素，而基于硬信息放贷行为（如抵押贷款）借贷双方距离对是否发放贷款的决策没有影响（Freixas 和 Rochet，2008）。② 小额贷款公司符合"信用岛"原理，服务对象是由于缺乏抵押品、与传统金融机构信息不对称而难以获得传统金融机构服务的人群，面临不同于大型商业银行的市场需求主体，小额贷款公司依赖于客户软信息进行贷款决策。

另外，小额贷款公司区域化运营也有利于降低交易成本。大银行与小客户之间存在信息不对称，大银行很难掌握大量分散、各自独立的小农户及财务制度不健全的小微企业的相关信息并进行有效的风险分析，发放贷款需要进行信息收集、整理、分析等，相对于较大额度的贷款，小额信贷单笔贷款成本更加高昂。而且，农户由于缺乏合规的抵押物或担保品，会给银行带来极大的违约风险和监督成本，因此，大银行发放小额贷款收益低、风险高，其比较优势没有得到发挥。相对而言，小额贷款公司掌握本地市场的相关信息，面对小农户及小微企业有信息和社会网络优势，通过熟人间的社会网络了解当地农户和小微企业的经营状况、信用水平和企业家能力，能克服信息不对称，降低交易成本和贷款风险，提高公司运行效率。同时小额贷款公司较少的管理层级，有效提升了信息传递效率，机构部门设置简单但主要功能完整，员工不多但熟悉银行业务，有效地减少了管理成本与监督成本（李明

---

① Basu K.，"On Misunderstanding Government：An Analysis of the Art of Policy Advice"，*Economics & Politics*，Vol. 9，2010，pp. 231-250.

② Freixas X.，Rochet，J. C.，"Microeconomics of Banking"，*MIT Press*，2008.

贤、陈铯，2012）。①

（4）小结

小额贷款公司是独立经营的公司，产权清晰，利率灵活可控，能在市场机制作用下有效地进行资金配置，实现自负盈亏和可持续发展。业务方面的"只贷不存"为小额贷款公司划定了市场范围，放弃不具有优势的存款业务，避免了与大银行在同一市场上的直接竞争。本区域经营则能发挥软信息和社会网络的作用，帮助小额贷款公司降低贷款风险和交易成本。以上特点使小额贷款公司成为小额信贷市场的主要供给者之一，能同时兼顾经济效益与社会效益的双重目标。

值得注意是，小额贷款公司发展仍然面临潜在风险和挑战。因为小额信贷需求远大于小额信贷的供给，容易产生机构自身资金被贷空的现象。小额贷款公司的监管由地方政府负责，更具灵活性，但也面临不同地方政府监管能力存在差异的问题，不利于小额贷款公司的风险控制。还有一些问题，如再融资问题、风险管理和业务创新问题等，都有待进一步完善。

2. 小额贷款公司发展中面临的问题分析

大量未得到满足的小额信贷市场需求为小额贷款公司业务开展提供了空间，然而，小额贷款公司还面临定位不清、资金来源受限、竞争力不强以及专业人才缺乏等问题，而且，由于资金贷空产生的再融资需要，再融资问题也成为小额贷款公司最大的风险来源。

（1）定位不清，监管效率低下，发展前景不明

目前，小额贷款公司发放贷款虽然属于金融服务，但就法律性质而言，我国小额贷款公司是由中国人民银行批准，经地方政府部门审批，在工商管理部门登记的企业法人，不具有金融机构的官方认证，因此，研究者在小额贷款公司性质方面存在不同看法，有的研究者认为小额贷款公司是金融机构，有的研究者认为不属于金融机构，有的研究者认为是准金融机构。在我国，金融机构经营贷款业务需中国银监会批准和中国人民银行许可，而小额信贷公司在中国银监会和中国人民银行发布的《关于小额贷款公司试点的指导意

见》中，定义其为公司，却并未给予其"非银行业金融机构"的身份。小额贷款公司没有获得"金融机构法人许可证"，不受银监会的监管，而由地方政府相关部门监管；虽然政府相关部门制定了管理细则，但不同地方政府的能力差异导致监管办法不一，监管部门的设置安排也不同；由于金融监管具有专业性，对地方政府而言，还存在着监管组织机构不完善、监管主体不清、监管职能不明确和多头监管的问题以及人员配备和监管工具不足、监管能力滞后等问题，无法对小额贷款公司实现有效监管。

另外，由于小额贷款公司非金融机构的法律身份，不享受国家财政对农村金融机构的税收优惠，无法提取税前风险准备金，税收一方面比照金融机构征收，缴纳包括营业税等 8 种税；另一方面又受一般性企业税收制度的制约，且不能从银行获得同业拆借资金的支持，不能进入中国人民银行的结算系统。由于小额贷款公司被归为非金融企业，且我国规定企业之间不得互相借贷或变相借贷融资，因此，小额贷款公司抵押登记申请一般不被抵押登记机关受理，国家也未出台相应的扶持政策帮助其获得资金和办理抵押登记，可以说，小额贷款公司面临生存困境。

总之，小额贷款公司性质定位模糊，缺少持续发展的制度支撑；监管主体不明确，又要缴纳金融保险业和一般性企业应缴的两种税，负担很重，未来发展仍然扑朔迷离。

（2）资金来源受限，竞争力不强

除了不得从超过两家以上的银行获取超过资本金 50% 的融入资金的限制条件，小额贷款公司的单一股东持股比例不超过 20% 的规定，抑制了小额贷款公司发起人制定公司长期目标规划和做大做强的动力，挫伤了社会力量进入小额信贷市场的积极性，社会投资人可能采取具有隐蔽性的股权代持方式持股，给小额贷款公司带来治理上的隐患；有的甚至将资金投入高利贷市场，成为干扰金融市场秩序的因素。融资渠道受限导致小额贷款公司面临"无钱可贷"的现象，从而产生了小额贷款公司再融资的需求，出现给小额贷款公司提供贷款的小额再贷款公司，但小额再贷款公司仍然是"只贷不存"，同样面临着贷款资金匮乏的问题，它的存在还延长了小额信贷发放的链条，资金从资金富足方，如资金捐赠者、大型银行及作为最后贷款人的中央银行，流向资金短缺方，如农户、小微企业的过程中，资金经历小额再贷款公司到小额贷款公司、然后才能最终发放到资金需求者手中,融资过程中参与方的增多增加了资金成本和资金供给的脆弱性。

小额贷款公司还面临着来自存量农村金融机构、其他增量农村金融机构以及民间借贷的市场竞争压力。在现有的制度安排下,小额贷款公司凭借其简化的贷款审批程序及较少抵押甚至无抵押要求的贷款来赢得客户青睐,但这也会造成较高的贷款利率,会给资金回收带来风险。此外,小额贷款公司在本区域经营有效地控制了经营风险,但同时也限制了客户的选择范围,不利于吸引优质客户和扩大业务范围。同时,与银行开发多种形式金融产品的能力相比,小额贷款公司产品创新能力有限,客户区分度不高,仅仅为客户提供单一的贷款产品,不能针对客户需求提供金融产品,无法满足小额贷款需求者的多元化金融服务需求。利率在同期基准利率的0.9—4倍范围内自行定价,但小额贷款公司利率定价缺乏合理依据,或是"一刀切"利率,或存在"人情"利率,而没有专业的定价模型,不利于小额贷款公司的风险定价与管理。小额贷款公司对单个客户、单笔贷款发放额也有限制,同一借款人的贷款余额按规定不得超过小额贷款公司注册资本的5%,向同一借款人发放的单笔贷款不得超过小额贷款公司注册资本的1%,以此保证小额贷款公司的贷款主要用于满足短期、小额的贷款需求,难以满足中小微企业长期、大额的贷款需求,小额贷款公司的业务扩展受限,中小微企业则会转向民间金融寻求贷款。

另外,小额贷款公司实际上是通过将民间金融合法化以实现对民间金融的监管,但在目前的监管体系下,小额贷款公司比民间金融运营成本更高。因为小额贷款公司要承担金融税和企业税双重税负,受到业务经营方面的管制,如关于利率的限制,而民间借贷不需要申请牌照,也不需承担税负,不受监管和政策限制,运营成本更低。因此,小额贷款公司在多重竞争压力下不具有竞争优势。

(3) 专业人才缺乏,发展动力不足

小额贷款公司仍处于发展初期,从业人员不多,而且小额贷款公司多设立在县域,经营范围小、地理位置偏僻,经济实力不强,人才选择的余地不大,难以招募到具备金融知识和经验的人员,因此,除了满足高管人员必须具备金融行业从业资格的政策条件要求外,小额贷款公司的其他从业人员并没有从业资格要求。出于经营成本的考虑，小额贷款公司的员工大部分都缺乏专业的金融训练，专业能力和素质有待提升；自行培养从业人员所需的时间长、成本大；经济、金融专业的大学毕业生及金融从业人员对小额贷款公司缺乏认可度，小额贷款公司的工作环境也不如其他银行类金融机构，导致专业人员对薪资水平的要求高。从人员绩效考核管理上来看，小额贷款公司的绩效考核办法相对简单，工资收入仅仅与贷款回收数量挂钩，而缺乏基于放贷情况和业务效益等情况的综合考量，对从业人员激励约束作用不强，不能有效提升员工工作的积极性，员工的流动性较强，不利于小额贷款公司的管理和风险控制。而小额贷款公司面对广阔的市场空间需要继续探索，需要具有能力高、素质强及具有开拓创新精神的员工，而目前小额贷款公司员工综合能力和吸纳优秀人才的能力都不足以承担起开拓市场、弥补现有金融体系服务空白的重任，小额贷款公司发展受到人才因素的制约。

（4）小结

小额贷款公司弥补了现有农村金融体系的不足，较好地发挥了引导和规范民间资本的作用。然而，性质不明、监管多头、税收繁重、资金来源限制及专业从业人员不足等问题，仍然是小额贷款公司长期发展的主要障碍。而且，由于资金来源的限制，小额贷款公司发展规模受限、实力难以壮大，难以吸引优秀人才进入小额贷款行业，其贷款产品单一，也难以满足客户多样化的金融服务需求，与其他农村金融机构相比竞争优势并不明显；沉重的税负又给小额贷款公司带来高额的运营成本，与民间借贷相比也没有优势，因此，小额贷款公司的发展前景仍然充满变数。

（六）小额贷款公司可持续发展分析

小额贷款公司应符合满足有能力的贷款人的贷款需求及贷款本息能收回、运营收益能够覆盖成本，从而实现可持续发展。目前，衡量小额贷款公司可持续发展能力最基本的指标包括机构自我可持续指标和补贴依赖指标。

机构自我可持续发展能力（Self-Sufficiency）包括两方面的内容，即运营的自我可持续（Operational Self-Sufficiency，即OSS）和财务的自我可持续（Financial Self-Sufficiency，即FSS）。其中，运营的自我可持续是可持续发展的首要目标，用经营自负盈亏率来表示，小额贷款公司经营自负盈亏率指的是小额贷款公司经营收入弥补直接成本的程度，经营自负盈亏率＝经营收入／（经营费用＋财务费用＋贷款损失准备金）×100%。当OSS＞100%时，小额贷款公司实现了运营的自我可持续。财务的自我可持续是在运营的自我可持续的基础上的进一步调整，指的是经营收入不仅覆盖运营直接成本，还能弥补间接成本，用财务自负盈亏率来表示，小额贷款公司的财务自负盈亏率衡量的是在无外部帮助和补贴情况下小额贷款公司的持续运营与发展能力，财务自负盈亏率＝经营收入／（经营费用＋财务费用＋贷款损失准备金＋年度获得的全部补贴＋资金成本）×100%。当FSS＞100%时，小额贷款公司实现了财务的自我可持续。这两个指标也揭示了小额贷款公司发展层次的变化提升，小额贷款公司首先需实现运营的自我可持续，再实现财务的自我可持续，前两个指标达到要求后，小额贷款公司才可能实现盈利。由于小额贷款公司的主营业务是贷款业务，贷款收益是其最主要的收入来源，因此用贷款收益率表示盈利能力，贷款收益率＝经营收入／平均贷款余额，贷款收益率越高，说明小额贷款公司能获得更多的利润，可持续发展的能力越强。

在存在补贴和外部资金支持的情况下，用补贴依赖指数（Subsidy Dependence Index，即SDI）来衡量小额贷款公司的发展对各种补贴和资助的依赖程度，可以解释为小额贷款公司去除补贴后需要提高的利率水平。补贴依赖指数＝（年度所获补贴－报告利润）／年度平均利息收入×100%。当SDI＞0时，说明小额贷款公司需提升等同于SDI值百分点的平均贷款利率，SDI指数越小，说明小额贷款公司对外部资金的依赖程度越低；当SDI＝0时，表明小额贷款公司完全实现可持续发展；当SDI＜0时，说明小额贷款公司实现了商业化发展，因为他的年度利润减去以市场利率计算的资金成本后，还能超过年度补贴总额，在无补贴情况下平均贷款利率还有下降的空间。

目前小额贷款公司面临着旺盛的市场需求，然而小额贷款公司"只贷不存"，及其他内外部融资的限制带来的贷款资金来源的不足，极大地制约了小额贷款公司业务规模的扩展；小额贷款公司业务较为单一、产品创新能力不足，限制了其业务扩展和多元化经营收入的形成。总体而言，小额贷款公司进入了一个行业规模相对平稳的阶段，也面临发展瓶颈期。在对山东省小额贷款公司的调查中发现，绝大多数小额贷款公司的放贷资金达到可用资金的90%以上，小额贷款公司自身出现无钱可贷的局面，影响了小额贷款公司经营收入的稳定和贷款收益率的提升，小额贷款公司可持续发展面临制度性制约。2011 年江苏省 227 家小额贷款公司的数据显示，小额贷款公司的平均运营自足率 OSS 为 3.05，OSS 最高的小额贷款公司达到 14.23，OSS 最低的仅为 0.03，说明小额贷款公司发展存在明显的差异性，一部分小额贷款公司的营业收入无法有效弥补成本，小额贷款公司的经营风险在增加。对安徽省 46 家小额贷款公司的调查发现，2013—2015 年小额贷款公司的贷款逾期率和不良贷款率不断攀升，这也相应增加了贷款损失准备金的数量，影响小额贷款公司 OSS 和 FSS 指标的提升。另外，小额贷款公司面临多重赋税，且扶持小额贷款公司的优惠政策不明，享受银行优惠贷款和税收优惠政策缺乏依据，不利于小额贷款公司财务费用、经营费用及资金成本的降低，小额贷款公司的可持续发展缺乏有力的政策支持，财务自负盈亏率 FSS 难以提升。小额贷款公司缺乏稳定的资本金来源，遭遇到融资难、后续资金短缺的问题，经营业务单一，经营收入和贷款收益提升受阻，加之税收和补贴支持的力度较小，运营成本较高，导致小额贷款公司可持续发展能力不高。

（七）小额贷款公司服务农户的效果

根据政策要求，小额贷款公司应遵循"小额、分散"的贷款发放原则，扩大贷款客户范围和数量，发挥"毛细血管"传输资金的作用，实现以普通农户及小微企业为服务对象的小额贷款业务开展，提升农村地区的贷款覆盖率。普通农户是数量众多、更为弱势的资金需求者，是资金需求额更小、金融资源更难抵达的人群，基于小额贷款公司为"三农"提供贷款服务的宗旨，农户对小额贷款公司贷款的可获得性及满意度是小额贷款公司服务农户效果的重要评价内容和依据，下文就将对小额贷款公司服务农户的效果进行分析。

1. 小额贷款公司服务农户的广度不够

在支农广度上，目前小额贷款公司对农户提供贷款服务的主动性还不强，拓展农村小额贷款市场的动力不足，农户贷款覆盖率有待提升。支农广度主要可以通过享受贷款服务的农户数量和贷款周转速度来衡量，贷款农户数量增加，贷款资金周转速度加快表明同样数量的贷款资金能服务更多的农户，两者都能提升支农广度。小额贷款公司的贷款业务增长为更多的农户提供了金融支持，部分小额贷款公司还专门根据"三农"特征和需求设计了相关贷款产品，如农户联保贷款。然而，与正规金融机构及微型金融机构相比，小额贷款公司贷款笔数较少，杨虎锋、何广文（2012）对 16 个省 42 家小额贷款公司的调查发现，平均贷款笔数为 198.9 笔，样本中 69% 的小额贷款公司农户贷款笔数在 300 笔（含 300 笔）以下，说明小额贷款公司服务广度不宽，仍有大量农户没有享受到贷款服务。由于大量未满足的农户贷款需求的存在，小额贷款公司对于主动营销、为农户提供贷款服务的积极性不高，多是等待客户上门，而不是主动发现、拓展市场，距离农村较近的小额贷款公司，还能深入田间地头、向农户宣传公司的贷款服务内容，而处于城区的小额贷款公司则仅仅是发放宣传资料，缺乏培育农村客户的动力，卢亚娟、孟德锋（2012）对小额贷款公司实现机构盈利和服务"三农"双重目标方面进行了实证研究，发现小额贷款公司并没有明显倾向于服务农户的意愿[①]。

2. 小额贷款公司服务农户的深度不足

在支农深度上，涉农贷款所占比例尚未达到政策要求，小额贷款公司存在大额放款的动机，贷款额度标准有变大趋势。支农深度可以用平均贷款额度和涉农贷款比例来表示，平均贷款额小、涉农贷款余额比例高是支农深度提高的重要表现。自从中国银监会 2008 年出台文件提出小额贷款公司应服务农户和小微企业，提高客户数量和服务覆盖面以来，各地也出台了小额贷款公司资金投向比例的文件，甚至明确了投向"三农"的贷款余额比例，如2009 年江苏省要求小额贷款公司投向"三农"的贷款余额不低于总贷款余额的 70%，山东省提出 70% 的贷款发放给贷款规模不超过 50 万元的小额借贷人，四川省提出原则上小额贷款公司的贷款发放额应在 20 万元以下。2012年以来，各省金融办陆续公布小额贷款公司贷款投向数据，以引导和鼓励小额贷款公司将贷款投向"三农"，如 2012 年江苏、辽宁、上海、四川及河北等省市的小额贷款公司将 50% 以上的贷款发放给了农民、小微企业及个体户，2012 年前 11 个月，江苏省小额贷款公司 62% 的贷款投向了"三农"，累计支农 4.6 万人，2013 年山东省的小额贷款公司涉农贷款比例达到 55.9%。

---

① 卢亚娟、孟德锋：《民间资本进入农村金融服务业的目标权衡——基于小额贷款公司的实证研究》，《金融研究》2012 年第 3 期。

　　然而，规定贷款投向农户等主体比例的要求，并没有得到完全落实，实际上，一些小额贷款公司为了追求更大利润偏离了农户这一目标客户，转而发放单笔资金规模较大的贷款，如山东省已经出现小额贷款公司服务目标偏离普通农户的现象，2010—2013 年平均贷款额度都在 110 万元以上，贷款人群集中，支农深度较低；小额贷款的标准也并未得到统一，江苏省将小额贷款标准的制定权给予各地金融办，一些地区因此将小额贷款额度标准定在了 100 万元甚至以上。杨虎锋、何广文（2012）通过对 16 个省市 42 家小额贷款公司业务开展情况进行研究，发现小额贷款公司的平均单笔贷款金额远高于微型金融的单笔贷款规模，普通农户并不是小额贷款公司的主要服务对象。①

　　3. 小额贷款公司对农户的贷款服务效果不佳

　　小额贷款公司服务农户规模有限，存在目标偏离、贷款发放集中等问题，对农户的贷款服务效果不佳，原因在于小额贷款公司受政府政策影响较大，支农内生能力弱。小额贷款公司作为引导民间金融透明化、公开化的产物，其发展仍处于现有金融体系框架之中，也是政府为适应需求主动采取的诱致性金融制度创新，受到国家政策极大的影响，其最初发展受国家 4 万元亿投资刺激而导致发展的黄金期，而国家对于小额贷款公司资金来源、业务开展及税收等方面的规定和限制，影响了小额贷款公司的发展壮大，运营成本高、经济实力较弱导致其服务农户的效果十分有限，发展也与"三农"发展的金融需求脱节。如小额贷款公司提供的单一贷款服务不能满足农户多样化金融服务需求；资金来源只能靠有限资本金的小额贷款公司，在面临季节性的农业生产带来的农户资金需求的同期性时，很容易产生流动性压力，难以满足农户的贷款需求。

　　总之，小额贷款公司服务农户的目标不清晰，与其他金融机构之间未形成差异化竞争局面，持续提供贷款服务的能力不足。小额贷款公司作为公司法人，要实现可持续发展，应充分发挥自身特点和优势，在传统金融机构未能触及的金融市场上开展业务、培育客户，然而就目前情况而言，小额贷款

---

　　① 杨虎锋、何广文：《商业性小额贷款公司能惠及三农和微小客户吗?》，《财贸研究》2012 年第 1 期。

公司并没有发挥其特有的软信息优势,为农户提供信用贷款仍然沿袭重抵押担保的经营模式,更多地为相对富裕的人群提供贷款服务,并在这一服务目标偏离过程中失去了对农户信息掌握的优势;缺乏针对农业生产、农民发展的金融需求开发创新金融产品的动力,主要是复制银行的中小微企业贷款产品,产品同质化严重;也不主动联系、发展"三农"客户,做好面向农户的贷款营销活动。因此,偏离服务"三农"客户目标群体的小额贷款公司没有实现对金融市场的分割和差异化竞争。根据前文的分析可知,在传统金融市场上,小额贷款公司与银行类金融机构相比也缺少竞争优势,因此,小额贷款公司支农的内在动力不足,发展前景不明朗。

四、农村资金互助社相关规定及其业务开展情况

2006 年中国银监会颁布《关于调整放宽农村地区银行业金融机构准入政策 更好支持社会主义新农村建设的若干意见》,提出在农村地区大力创设与发展服务"三农"使命的村镇银行、贷款公司、农村资金互助社等新型农村金融机构。这是国家第一次正式提出"引导农户发展资金互助组织",也是第一次从政策上对"农村资金互助社"的发展给予了充分的肯定,农村资金互助社开始在全国范围内迅速发展。农村资金互助社是经中国银监会批准,由乡(镇)、村农户和农村中小企业自愿入股组成,以服务农村弱势群体为宗旨,为社员提供存贷款、支付结算等金融服务,实行民主管理的互助性农村金融机构,是具有合作性、互助性、灵活性、地域性特征的合作金融组织。2007 年,农村资金互助社纳入中国银监会的监管范围,2009 年中国银监会公布了《新型农村金融机构 2009 年—2011 年总体工作安排》,计划到2011 年新型农村金融机构数量发展为 1294 家,其中农村资金互助社 161家。实际上,随着 2012 年中国银监会提出暂缓审批农村资金互助社牌照,目前得到中国银监会正式批准的农村资金互助社仅有 49 家,还有相当数量的农村资金互助合作组织虽然在开展业务,但尚未得到中国银监会的正式批准。

然而实践证明,发展资金互助社这种增量农村金融组织,完全官办或者完全商业化都不能适应目前我国农业农村经济发展现状,必须从我国农村金

融发展的现实状况出发，结合国家政策，以农民合作社或供销合作社为组织基础，坚持以服务"三农"为主来开展信用合作，建立属于农民自己的、内生性的农村合作金融组织。2013年党的十八届三中全会首次提出允许农村合作经济组织开展信用合作，接着2014年、2015年、2016年连续三年的中央一号文件都提及引导和鼓励农村合作经济组织内部开展资金互助业务，其中2014年中央一号文件明确指出"培育发展农村合作金融"，推动坚持社员制、封闭性的社区性农村资金互助组织发展。

（一）农村资金互助社相关规定的梳理

为确保农村资金互助社有序发展，自2006年以来，中国银监会和中国人民银行陆续出台了《农村资金互助社管理暂行规定》《农村资金互助社组建审批工作指引》《农村资金互助社示范章程》等一系列规范性文件，以促进农村资金互助社沿着既定的目标规范发展。从实际运行情况来看，属于银行类金融机构的农村资金互助社发展面临很多约束，表现为政府干预政策限定、内部治理合作制原则受挑战、盈利水平低、监管过度等，导致资金互助社发展疲软。为一定程度上避开政府的过度干预以及严格的监管程序，让市场机制充分发挥调节作用，中国银监会2012年提出暂缓审批发放农村资金互助社的金融牌照，但从近几年的实践来看资金互助社发展出现了新的苗头，农民专业合作社内部开展资金互助势头良好，且从2012年以及2014—2017年连续四年的中央一号文件可以看出，国家对农民专业合作社内部开展资金互助业务相当支持（见表4-6）。

表4-6　农村资金互助社相关规定的梳理

年份	规定	出台背景	目的	主要方式
2007	《农村资金互助社管理暂行规定》	农村资金互助社培育与发展工作取得了积极成效，但发展中仍存在着市场定位、治理机制、产权结构等认识不清的问题	为加强对农村资金互助社的监督管理，规范其组织和行为，保障农村资金互助社依法稳健经营，改善农村金融服务	对农村资金互助社的机构设立、社员和股权管理、组织机构、经营管理、监督管理及合并、分立、解散和清算作出规定。机构设立必须有10名以上发起人

续表

年份	规定	出台背景	目的	主要方式
2007	《农村资金互助社组建审批工作指引》	农村资金互助社组建出现鱼龙混杂的现象，存在盲目发展、市场定位偏差、经营风险等问题	规范农村资金互助社组建工作，进一步明确组建标准、程序和申请材料要求，提高市场准入效率	确定详细的筹建工作程序、开业工作程序、审核内容和申请材料要求，组建农村资金互助社必须严格遵照执行
2007	《农村资金互助社示范章程》	农村资金互助社业务开展期间出现内部治理、产权结构、财务管理机制不健全等问题	为维护农村资金互助社社员和债权人的合法权益，规范资金互助组织及其行为	明确运行总则，业务范围、社员身份、股权管理、组织机构、业务和财务管理、合并、分立、解散和清算等细则
2009	中央一号文件	国际金融危机持续蔓延，世界经济增长明显减速，对我国经济的负面影响日益加深，对农业农村经济发展的冲击不断显现	增强农村金融服务能力。发展多种形式的新型农村金融组织和以服务农村为主的地区性中小银行	抓紧出台农民专业合作社开展信用合作试点的具体办法
2012	中央一号文件	农村资金互助社准入门槛高，发展疲软。而以合作社为支撑的资金互助社发展势头迅猛	提升农村金融服务水平。加大农村金融政策支持力度，持续增加农村信贷投入，发展多元化农村金融机构	有序发展农村资金互助组织，引导农民专业合作社规范开展信用合作
2014	中央一号文件	中国银监会 2012 年提出暂缓审批发放农村资金互助社的金融牌照。各种农民自发的以合作社为基础的农村资金互助社发展迅速	在管理民主、运行规范、带动力强的农民合作社和供销合作社基础上，培育发展农村合作金融，不断丰富农村地区金融机构类型	坚持社员制、封闭性原则，在不对外吸储放贷、不支付固定回报的前提下，推动社区性的农村资金互助组织发展
2015	中央一号文件	以农村合作经济组织为基础的资金互助业务发展势头良好，但运营中面临着资金来源不足、内部治理机制及监管不足等问题	推进农村金融体制改革。主动适应农村实际、农业特点、农民需求，不断深化农村金融改革创新	积极探索新型农村合作金融发展的有效途径，稳妥开展农民合作社内部资金互助试点，落实地方政府监管责任

续表

年份	规定	出台背景	目的	主要方式
2016	中央一号文件	在农民合作社内部开展信用合作相比正规金融机构具有独特的优势，能够在一定程度上缓解社员融资约束，但保持规范发展还任重道远	加快构建多层次、广覆盖、可持续的农村金融服务体系，发展农村普惠金融，降低融资成本，全面激活农村金融服务链条	扩大在农民合作社内部开展信用合作试点的范围，健全风险防范化解机制，落实地方政府监管责任
2017	中央一号文件	农村资金互助组织发展迅速，但也有人利用其管理漏洞进行农村非法集资和金融诈骗	加快农村金融创新。强化激励约束机制，确保"三农"贷款投放持续增长	支持农村商业银行、农村合作银行、村镇银行等农村中小金融机构立足县域，加大服务"三农"力度，健全内部控制和风险管理制度

（二）农村资金互助社业务开展情况

1. 农村资金互助社发展概况

根据国家统计局的测算，到 2020 年我国新农村建设新增资金需求总量为 15 万亿元左右。而近年来农村资金要素大规模流出，"失血"严重的农村市场仅靠政策性"输血"难以真正强身健体，如何形成一套自身完备的"造血"机制成了农村金融发展的当务之急。为缓解农村地区银行业金融机构网点覆盖率低、竞争不充分等问题，2007 年中国银监会出台了《农村资金互助社管理暂行规定》和《农村资金互助社示范章程》，决定首先在四川、青海等 6 个省的农村地区开展试点。2007 年 3 月，全国首家农村资金互助社——百信农村资金互助社成立；随后青海省兴乐、四川省益民、河南省南马庄等地也纷纷成立农村资金互助社；同年 10 月，中国银监会将试点省份扩大到全国 31 个省（自治区、直辖市）。然而，通过对农村资金互助社资金来源情况的调查发现，资金来源渠道窄严重制约着农村资金互助社的发展。风险防范是农村资金互助社健康发展的关键，然而农村资金互助社的发展出现了一股怪圈，在"地下"非法经营时，它具有较高的制度效率；在获得合法地位后，由于中国银监会正式批准挂牌的农村资金互助社门槛高、监管标准严，其制度效率反而下降了，即政府的过度监管增加了农村资金互助社的运营成本，并造成社会福利损失。

这种现象说明顺应农业农村经济发展需要的农村内生性金融组织才具有发展优势。因此，以农民专业合作社为基础的农村资金互助社能够规避过严的金融监管以及高门槛的制约，贴近农户需求，具有组织优势，发展较为强势。到2017年7月底，全国农民专业合作社数量已达193.3万家，入社农户将近1亿户，覆盖全国46.8%的农户，其中示范性农民专业合作社的数量已超过14万户。农民专业合作社带动农户积极开展生产合作、运销合作，产业覆盖面扩大，产业化水平提高，市场竞争能力不断提升，以其为组织基础的农村资金互助社发展势头良好。

2. 农村资金互助社发展的优势

从农民专业合作社内部发展起来的农村资金互助社具有一定的信息优势、成本优势，能够充分利用亲缘、地缘等信息资源，增加农村合作经济组织的凝聚力，是发展合作金融、破解农村金融难题的有益探索。王家传、丁述军、冯林（2015）对部分自发开展内部信用互助业务的农民专业合作社进行实地调查发现：目前合作社内信用互助业务普遍存在，并发挥着积极作用。[①]

（1）独特的信息优势和成本优势

一是信息优势。农村资金互助社建立在共有的社区信息、社会价值观的基础上，社员之间彼此熟悉，信息透明、对称，交易费用通过社会关系网络内化于社员的日常生活中，贷款投向与回收具有内在的约束机制，有效避免了"信息不对称"问题。二是成本优势。农村合作经济组织内开展资金互助业务，对参与社员而言，实现了以较低的内部合作成本对较高的外部交易成本的替代，并通过组织内部多领域合作实现经济上的联合，不仅降低了融资成本，社员还额外获得一些非经济利益（熟人网络的扩张、社会信任的提升等）。因此，即使在互助资金规模有限的情况下，农村资金互助社也可取得较好的经济效益，实现资金互助合作的可持续发展。

（2）内生发展模式，更贴近农户需求

随着农村市场经济的快速发展，以农信社为主的农村合作金融机构在商

---

① 王家传、丁述军、冯林：《合作社信用互助业务规范发展意愿调查》，《金融发展研究》2015年第4期。

业化目标驱使下，不管是金融服务供给方面还是地理位置上离农户越来越远，导致农户从正规金融机构获得融资供给十分有限。与商业金融机构不同，合作社的出现和发展推动了资金互助业务的产生，合作社是这类合作金融组织的母体，其进行的金融创新完全是顺应社员实际生产需求和资金流动状况。合作社作为供给主体，提供的金融产品符合农户信贷需求单笔额度小、零散以及周期性、季节性的特点。依托相同或相似生产经营的社员中，通过提供统一赊销、延期付款等形式开展信贷业务，将农产品生产成果作为信贷抵押担保品，更贴合农户的需求。通过生产合作带动信用合作，促进合作社内部资金的有效循环和利用，再通过信用合作助力生产合作，两者相辅相成、紧密结合，因而具有更强生命力和发展前景。

（3）以互联性交易方式，降低违约风险

合作社发展信用合作是合作社向"全要素合作"发展的助推剂和黏合剂，通过生产环节生产资料的购买与农资营销结合起来，通过对社员提供资金、技术、生产资料购买、农产品销售等方式开展"互联性"交易，解决农民贷款难、融资贵以及"抱团"获得优惠价格等问题，不仅延伸合作社产前、产后服务链、加强产业链多个环节的融合，还有利于合作社内部协调使用资金、增加农民的组织化程度。这里引入"互联性金融交易（Interlinkage）"理论，即借贷交易双方同时也是土地租佃交易、劳动雇佣交易、商品买卖交易的主体。互联性金融交易利用坚实的微观基础，将合作社与农户结合在一起，形成一个双边依赖的整体，打通金融市场和其他要素、产品市场之间的联系，避免金融交易脱离实体经济而孤立无援，减少农户违约风险，让农户自我履约，从而保证农村金融市场的正常运作。合作社内开展资金互助将金融服务与土地租佃、生产资料购买、农产品销售结合在一起，就是互联性金融交易的一种形式。在信息不完善和某些市场缺失的情况下，生产、赊销与信用业务的结合能够提升合作效率，内化风险，并提升交易双方的福利水平。我国农业经济社会的发展也决定了互联性金融交易具有独特优势，这也是我国一直以来鼓励合作社发展资金互助业务的重要原因。

3. 农村资金互助社面临的问题与缺陷

农村资金互助社试点以来，在国家政策的指导和支持下逐步发展，虽也填补了存量农村金融机构在农村金融产品和服务上供给不足的缺口，解决了部分农民生产发展和生活资金短缺的问题，在一定程度上缓解了农民贷款难、融资贵的问题，但农民专业合作社开展资金互助业务是由社员自发形成，目前处于起步阶段，运行模式、发展路径还不成熟，开展资金互助业务的活力不足，且由于农民专业合作社自身特点决定了其在开展资金互助业务时存在一些难以克服的缺陷，制约了资金互助的效果。

（1）社会认同度不高，农户合作的积极性低

农村资金互助社是农民自己的组织，农民是资金互助社的主体，没有广大农民的积极参与，农村资金互助社的建立和发展就会裹足不前。长期以来，宣传上的片面性和实践上的误导，使得广大农民对合作社还缺乏正确的认识和了解，不少农民对合作社"心存余悸"，甚至"谈合色变"；受我国传统文化、早期的人民公社化、"大跃进"时期"大锅饭"思想的影响，以为合作社就是搞老一套的计划经济，就是归大堆，对资金互助合作有抵触情绪。中国典型的"小农"求稳定、怕风险的思想意识以及投机心理的广泛存在，降低了农户抵御市场风险的能力和创新意识，即使加入了合作社也难以实现真正合作。且由于农村固有观念和社区内分层现象，隐形地构筑了一种低收入者加入合作经济组织的壁垒，有的甚至会流于形式。

（2）内部治理机制不完善与违规冲动

"大户治理"现象的存在，"一人一票"的民主管理模式被"比例投票方法"取代，即根据社员的惠顾额或社员股份额来确定票数，这种核心社员对资金互助组织的掌控，使治理机制出现非民主化倾向。在独具中国特色的"核心—外围"社员分层的背景下，对社员的借款用途、信用等级、还款能力等做评估时，核心社员对组织内资金的流向带有一定的主观性。一方面核心社员与普通社员的利益发生冲突时，特别是普通社员因为所得利益少而对内部管理与监督并不积极时，内部治理就会出问题（王苇航，2008）。① 另一方面，一些自发的资金互助社暴露出自我发展冲动，在利益面前难挡诱惑。有的资金互助社没办多久就想跳出社员的圈子出去拉存款，甚至准备给企业放款，要做"又大又强"的全能银行，寻求商业利润，背离做"又小又精"

---

① 王苇航：《关于发展农村资金互助合作组织的思考》，《农业经济问题》2008 年第 8 期。

的、为社员和农村服务的微型金融的发展定位。随着资金互助社业务的向外拓展，失去原有的客户信息优势，运营成本增加，不利于向低收入农户开展业务，可能会渐渐偏离服务"三农"的目标，走上农村信用社的老路。

（3）产权关系不明晰，利益分配不健全

农民专业合作社社员和农村资金互助社社员相互交叉，组织与社员、社员与社员之间产权边界不清，权责异化等问题严重，而我国对资金互助组织产权保护的法律法规还处于盲区，"搭便车""偷懒"问题使资金互助业务效率不高。农村资金互助社的社员也没有意识到充分运用自己的权利对其实施民主管理和监督，普通社员对权利的运用流于形式。由于各地经济发展环境、农民素质不同，规章制度是否能严格执行、操作风险能否规避等问题还值得深思。目前有些资金互助社财务管理制度不健全，贷款发放回收不规范，逾期贷款处理方式不适当，再加上大部分农民专业合作社还无法保证利润，缺乏规范的会计核算制度，难以遵守《农民专业合作社法》规定的按交易量（额）返还原则，社员的经济利益没有得到有效维护，难以从根本上调动社员参与资金互助合作的积极性和主动性。

（4）政府干预过度，市场机制扭曲

"合作"与"竞争"同是市场经济条件下具有共生性的产业组织行为，农民专业合作社的生命力在于它能弥补"竞争"的功能性缺陷，起到制衡作用。但现阶段我国市场经济发展还不成熟，政府对农村资金互助社的构建以及业务开展有多重限制且门槛高，管理人员素质、营业场所、审批过程等要求都高于农村专业合作社，两社发展脱节，政府这种过度干预扭曲了市场的调节作用，农村资金互助社作为新型农村金融机构难以公平参与市场竞争，限制了社员之间的合作。另外，监管手段不匹配，高度集中的金融监管体制已不适应农村资金互助社发展对金融监管的需求，采用等同商业银行的监管程序和风险管理标准，无疑会增加资金互助社的组织成本与交易成本，导致农村合作经济组织内信用合作效率低。

（5）社员异质性显著，合作制原则面临挑战

从目前我国农民专业合作社发展现状来看，社员具有异质性特征已成为其最重要的内部环境特征，合作社的发展壮大更多地依赖整合不同资源禀赋，但具有共同利益取向的合作与汇集，一些资本实力雄厚的"农村精英"或者

"农村企业家"也陆续加入合作社的现象普及，使单一、纯粹的合作制很容易演化为不稳定、复杂的混合型俱乐部，合作社内部社员呈现异质化结构也是应有之义。在社员异质性的内部环境下，合作社的所有者和惠顾者身份错开，很多普通农户社员只开展生产活动并不进行资金参与，还有部分资本雄厚的社员并不进行农业生产活动，只进行资本投资，还有少部分社员对合作社的管理拥有强大的控制权和决策权，这些内部环境变化使合作社经典的"一人一票"民主治理机制和按交易额分配盈余机制受到挑战，同时，社员资源禀赋不同，导致社员参与资金互助的目的、角色以及行为都具有差异，内部人控制、精英俘获等问题随之而来，社员的信用合作关系是否受到影响，合作社内资金互助在试点获得初步成功之后，如何保持持续发展等问题，都是我国农村合作金融体系框架内需要考虑的问题，值得深入探讨和研究。

（三）农村资金互助社成员的异质性及其行为分析

1. 成员异质性内涵及成员构成分析

在传统经典的农民专业合作社中，社员为了克服生产上、要素资源上的弱质性，参与合作社的行为动机基本一致，合作社的经营管理者由社员民主产生，主要为社员的利益服务。但随着我国工业化、城镇化及农村经济的快速发展，除了社员的文化程度、社会经济地位、社会关系、收入水平等要素资源禀赋存在显著差异外，面对社会环境的变化和市场竞争的日益加剧，以农村能人、村社干部、商人、龙头企业牵头的合作社的数量越来越多，社员的资源禀赋差异导致社员的入社目的、行为方式及利益诉求也具有显著差异，合作社社员异质性问题日益突出，内部治理结构上的民主管理及利益分配上的惠顾原则受到挑战（邵科、徐旭初，2008）。①

在农民专业合作社各类业务开展中，由于异质性社员参与生产合作、运销合作以及信用合作的目的、经济行为、利益诉求的差异，进而形成合作社内一系列内部博弈活动。农民专业合作社由传统同质性特征的小农户联合集体行动的有机体，已经逐渐过渡到不同要素拥有者、不同阶层的农户参与的、

---

① 邵科、徐旭初：《成员异质性对农民专业合作社治理结构的影响——基于浙江省88家合作社的分析》，《西北农林科技大学学报（社会科学版）》2008年第2期。

非零和博弈的联盟。合作社的成员基础逐渐分化为拥有稀缺优势资源（如资金、企业家才能、社会资本等）的核心社员和拥有一般要素资源（如土地、劳动力等）的普通社员两类不同的参与主体。这里借鉴徐旭初、邵科（2014）的研究，本研究将参与资金互助业务的社员分为核心社员和普通社员两类，其中核心社员分为内核社员和外核社员；普通社员分为股东社员、惠顾社员（见图4–4）。①

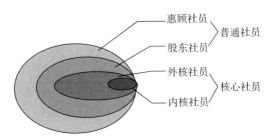

图4–4　农村资金互助社异质性社员分布

（1）内核社员

一般为农民专业合作社和农村资金互助社的理事长，也是合作社的创建者，作为合作社的领头羊，具有投资者和管理者双重身份和较高的文化素质，社会资源丰富，创新意识强，受到当地农户的支持，是合作社的灵魂人物。

（2）外核社员

一般为理、监事会成员，具有管理者和惠顾者双重身份，生产规模较大，加入合作社是为了进一步扩大生产经营规模，获得更多的经济利益。他们出售农产品给合作社的同时也参与部分业务管理，收入水平高于普通农户，热情积极参与社内各项业务。

内核社员和外核社员构成异质性社员中居于上层的核心社员，他们供给大额初始资本除了为了获取其自身稀缺的原材料、劳动力供应以外，也是资金互助社高额的生产性借款、投资性借款的潜在需求者。其参与资金互助更直接的目的是能以较低的交易成本规避面临的大额融资约束，大额的股金和存款不仅能帮助他们在生产周期的间隙获得闲置资金的剩余收益，也是他们向

---

① 徐旭初、邵科：《合作社成员异质性：内涵特征、演化路径及应对方略》，《农林经济管理学报》2014年第6期。

资金互助社其他社员施加影响的砝码。

（3）普通社员

普通社员是合作社主要的惠顾者，包括股东社员、惠顾社员。普通社员在合作社成员中占比最大，是合作社的主要成员群体，以出售农产品给合作社和享受农村资金互助社金融服务为目的加入合作社，在资金互助业务上属于小额的生活性借款的潜在需求者。普通社员一般以劳动力或土地要素入股，股份较少，偿债能力较弱，因为可选择的融资途径有限，对资金互助较为渴望。

核心农户的资源禀赋优越，具有企业家才能，社会资本丰富，参与市场活动的能力强，拥有充足的股权，在合作社一般担任社长或者理事长，掌控着合作社的治理权，能够获得更多的剩余控制权、剩余索取权，甚至为了获取某些特殊的政治收益而愿意作为合作社的发起者，并积极动员异质性的小农户缔结资金互助组织，参与资金互助合作（黄胜忠，2008）。[①] 他们在农村资金互助社运行初期，往往投入较多资本，并积极参与资金互助社的经营管理，拥有资金互助社内部政策制定及业务开展的主动权和优先决策权。相反，普通农户一般由资本相对稀缺、属于风险规避型的小农户构成，具有相对同质性，资源禀赋主要有土地、劳动力和少量的资金，在资金互助组织运行初期出资较少或不出资，因而享有的管理者身份很有限，甚至有很强的"搭便车"心理，参与资金互助组织经营管理的积极性不高，甚至不想获得管理者身份，宁可让渡出更多的剩余控制权和剩余索取权以换取由合作带来的便利，如解决融资难题或获得优惠的金融服务，如低息贷款。他们的行为是在与大资本抗衡过程中的妥协，只要他们能够获得比自主参与市场更多的好处，他们就会选择参与资金互助业务，否则他们将选择"用脚投票"。

2. 异质性成员参与资金互助行为差异分析

在社员异质性环境下，利益主体多元化和资源禀赋的差异是导致异质性社员在合作社中拥有不同身份地位、处于不同层级的根本原因。不同层次的

---

① 黄胜忠：《转型时期农民专业合作社的组织行为研究：基于成员异质性的视角》，浙江大学出版社2008年版。

合作社社员在资本参与、业务参与和管理参与上表现出差异性特征。

　　在资本参与上，资本参与差异决定产权结构，产权结构是合作社治理的基础。产权结构影响合作社的治理模式和利益分配。在异质性社员结构下，少数核心社员拥有合作社的主要剩余控制权和剩余索取权，其外在体现就是核心成员拥有合作社的多数财产所有权。由于在集聚生产要素和避免代理问题上有优势，这种所有权安排存在合理性（林坚、黄胜忠，2007）。[①] 核心社员为合作社的发展贡献了更多资源，包括可计量的货币资本和不可计量的人力资本和社会资本，他们在合作社产业链延伸以及资金互助合作价值创造和实现的过程中所做的贡献最大。相比之下大多数只担任参与者角色的普通社员，仅投入了有限的人力资源和少量资金，在投入对比悬殊情况下，核心社员的利益远大于普通社员也具有合理性。

　　在业务参与上，核心社员作为生产大户一般将生产的产品全部交付给合作社，同时积极参与两社的经营管理，而普通社员经营管理能力欠缺，只能以生产者身份参与合作社，往往存在"机会主义"动机，生产的产品可能会部分出售给合作社以外的市场主体以获得更多的利益，为了获得购买生产资料价格上的优惠和资金帮助，普通社员愿意让渡出部分参与管理的权利（周文根，2007）。[②] 核心社员以关键性稀缺要素——资本的所有权为基础在合作社和资金互助社治理中居于强势地位，与我国农村合作经济组织发展实践中的"大户治理""资本控制"等偏向于稀缺要素所有者的治理机制不谋而合，既保证了稀缺要素所有者——核心农户参与合作的积极性，也一定程度上满足了普通社员的价格优惠和技术指导等需求，有利于实现异质性社员的帕累托改进，因此可以认为是一种追求效率的治理逻辑。

　　在管理参与上，社员异质性使得农民专业合作社的产权结构和控制权向部分有资金优势的核心社员倾斜，多数普通社员没有受到向农民专业合作社投资的激励。合作社为了降低初期发起和设立资金互助业务的组织成本、管理成本和交易成本，获取更多的显性收益，核心社员会意图采取规避金融合

---

　　① 林坚、黄胜忠：《成员异质性与农民专业合作社的所有权分析》，《农业经济问题》2007 年第10 期。

　　② 周文根：《基于企业框架的专业合作社激励机制》，《中央财经大学学报》2007 年第7 期。

作的措施，在管理岗位上强化自己对资金互助社的控制权和决策权；而处于外围的普通社员因为依赖能人经营，加上自身市场谈判能力有限，话语权被剥夺，以至于他们没有受到激励参与合作社的经营管理活动。另外，这些普通社员为了从合作社获得购买生产资料价格上的优惠、销售渠道的畅通和互助资金帮扶，他们也愿意让渡出部分管理权。因此，若无外力约束，以合作制为基础的农民专业合作社会逐渐演变成以大股东的意志为决策依据的股份制信贷机构，原本惠及普通社员的以合作制为原则的金融功能出现弱化趋势，出现作为惠顾群体的普通社员的"使命漂移"，这样必然会降低组织的凝聚力，脱离内部开展资金互助业务、促进社员产业发展的初衷。

3. 异质性社员参与资金互助的治理机制分析

治理问题在任何一个合作社制度安排中都最为核心，它决定了资金互助业务是否朝着使贫困群体受益的方向运营和发展。经典的合作社社员同质性程度高，社员为了克服生产上、资源禀赋上、市场竞争上的弱质性而参与合作，入社目的、参与行为相对一致，忠诚和信任等社会机制的效率较高，为合作社的治理结构奠定了稳定的基础。而社员异质性条件下建立的资金互助社，社员的入社动机、参与行为都发生了很大变化，治理结构也不再是"一人一票"的单纯民主管理模式，取而代之的是"比例投票方法"，即根据社员的惠顾额或社员股权大小确定差异化的票数，尽管单个成员的最高票数有所限制，但核心社员对资金互助组织的绝对掌控使其管理出现了非民主化倾向。另一方面，作为资金互助组织，信贷业务开展需考虑社员的借款用途、信用等级、还款能力等因素，在独具中国特色的"核心—外围"状态下，核心社员对组织内资金的掌控带有主观性，当核心社员与普通社员的利益发生冲突时，特别是普通社员因为分享的利益很少而对内部管理态度不积极，存在严重"搭便车"心理的情况下更是如此（邵科、徐旭初，2013）。[①] 这种情况下，农村资金互助社就会偏离农村合作经济组织的初衷，而将资金更多借给管理层和核心社员，普通社员很难享受到资金互助服务，甚至对资金互助业务的程序都缺乏了解。

---

① 邵科、徐旭初：《合作社社员参与、概念角色与行为特征》，《经济学家》2013年第1期。

4. 异质性社员参与资金互助的利益分配制度安排

农民专业合作社"利益共享"机制是维持所有社员参与资金互助、保持融资积极性的根本保障，合作社"二次返利"的分配制度也是区别其他组织的固有属性。对于异质性社员的农民专业合作社，核心社员作为投资者和管理者，为合作社的发展投入了更多的稀缺要素资源，不仅包括可计量的自然资源、资本资源以及人力资源，他们在合作社扮演重要角色，对合作社的贡献程度也更大，当然承担的风险也更高。除此之外，核心社员投入的社会信任、威望、人际关系网络等社会资本不可计量，这种无形且不可计量的资源正是小农缺乏的、市场竞争所必需的稀缺性资源，对合作社在市场中竞争力的提升发挥着至关重要的作用。那么如果忽视合作社成员既有惠顾者、投资者，也有同时具备双重身份的参与者的现实基础，按照原先限制股金分红和按交易额分配利润的制度安排——"一人一票的民主决策机制、剩余收益按交易量返还给社员"，就显得比较牵强。

不同要素所有者参与合作，能够获得与要素相匹配的收益是农民专业合作社保持活力的根本，也是持续发展的内在动力机制（王军，2015）。[①] 在异质性社员参与的合作社盈余制度安排中，核心社员对利益诉求与普通社员不同，他们不仅追求经济上的利益，还包括经营管理权、社会威望、社会地位等政治利益。普通社员因为自身资源禀赋没有优势，投入合作社的只有少量的土地和劳动力，成为一般惠顾者，加入合作社的目的也只是为了获得运销和金融等服务，更多的是资金和服务的需求者，只要加入合作社后获得的经济利益多于加入合作社前，那么他们就有参与生产合作和资金合作的积极性，但是对于合作社日常决策和管理权的政治收益基本从无法获得转变为不感兴趣。核心社员的利益目标高于普通社员，表现为核心社员生产积极性、融资积极性都要高于普通社员，虽然追求共同利益是合作社存在的基础，但是合作社通过整合不同资源要素而获得发展与壮大，那么尊重核心社员稀缺资源的利益诉求，便是合作社一种合理的制度安排，实现对投入稀缺性要素的利益分配是维持合作组织持续健康发展的必然要求。

---

① 王军：《中国农民合作社变异的经济逻辑》，《经济与管理研究》2015 年第 1 期。

（四）异质性社员参与资金互助的博弈与均衡分析

1. 异质性社员的完全且完美动态博弈

（1）基本条件和模型假设

农村资金互助社开展资金互助业务内生于社员需求，且具有亲缘、地缘等独特的信息优势，社员对相互之间的战略决策、收益函数等基本信息了解，特别是社员异质性情况下资金互助组织的牵头人（核心社员）和普通社员之间博弈的行动有先后顺序，一方先行动，后方观察到先行动者的选择后再决定自己的行动，因此，本研究构建一个完全且完美信息动态博弈模型来分析异质性社员之间资金互助业务的开展。模型的参与人标准化为普通社员和核心社员两类，较强一方为核心社员，较弱一方为普通社员，他们的行为决策是较强的一方先选择，较弱的一方根据较强一方的行为决定自己的行为选择（李明贤、周蓉，2016）。[①] 本研究的模型分析建立在如下假设的基础上：

假设一：农村资金互助社只有两类参与人，分别为核心社员与普通社员，在下述博弈扩展形中博弈方 1 代表普通社员，博弈方 2 代表核心社员。核心社员一般兼任资金互助社的理事长或理事会重要成员，存在一人多票的情况，拥有开展资金互助业务的决策权。

假设二：资金互助社社员都是理性经济人，其行为选择符合自身利益最大化目标。

假设三：社员的决策变量为利率水平 r，社员 1 加入资金互助社是为了获得更低成本的资金或更容易获得贷款。

（2）动态博弈模型构建

第一阶段：合作与不合作的博弈。社员 2 发起建立农村资金互助社，社员 1 选择是否加入农村资金互助社。加入农村资金互助社唯一的判断标准就是加入比不加入能获得更大的利益，至少不损失自身利益，否则社员 1 就会选择不合作。显然，单个社员 1 生产经营规模小，不具备信息优势，缺乏竞价或谈判能力，同时面临从正规金融机构融资难、融资贵的困境，只要社员 1

[①] 李明贤、周蓉：《异质性社员参与农村资金互助业务的博弈分析》，《农业经济问题》2016 年第 2 期。

加入资金互助社优于自主的分散化融资，社员 1 便具有较强的合作意愿或潜在需求。若社员 1 不合作，则博弈结束，双方得益都为 0；若社员 1 选择合作，博弈便会进入第二阶段。

第二阶段：借款与不借款的博弈。社员 1 选择不向农村资金互助社申请贷款，博弈结束，双方得益都为 0；如果社员 1 选择向资金互助社申请贷款，博弈进入第三阶段。

第三阶段：社员 1 与社员 2 展开信贷博弈，社员 2 有能力影响借贷结果，甚至掌握了借贷的决策权，社员 2 若拒绝贷款，则博弈结束，社员 2 的得益为 0，由于社员 1 无法用外来资金扩大再生产，或无法抓住投资机会进行创业，甚至无法满足简单再生产的资金需要，只能在现有的资金条件下进行生产经营，其得益为 A，A 可能是 0 甚至负值，若社员 2 接受贷款申请，则博弈进入第四阶段。

第四阶段：违约与不违约的博弈。社员 1 顺利获得贷款之后面临两种选择，违约和不违约。假设社员 1 向资金互助社提出申请借款 k，社员 2 接受社员 1 的申请同意借款，如果社员 1 选择不违约，则收益为 $U(k)$，偿还资金互助社的本息 $R = k + rk = (1 + r)k$ 之后，获得净收益 $U(k) - R$，且当利率 r 足够小时，rk 足够小，有 $U(k) - R > 0$，资金互助组织获得收益 $R - k$，且有 $R - k > 0$，一旦社员 1 顺利归还贷款本息，那么社员 2 会获得一定的激励和盈余分配，假设社员 2 获得收益为 $I, I > 0$。如果社员 1 选择违约不偿还贷款的本金和利息，那么社员 1 借贷过程中为了掩盖自己的违约风险，提出借款申请时更倾向于提供虚假材料，拉拢或贿赂社员 2，假设花费成本为 $F, 0 < F < R$。社员 1 贷款违约会导致资金互助社实施惩罚措施，且由于农村社区关系亲缘、地缘的紧密性，违约也会给社员 1 带来信誉损失，设社员 1 损失的福利为 W，则社员 1 获得贷款选择违约后的纯收益为 $U(k) - F - W$。资金互助社由于社员 1 违约遭受损失而对同意借款或作为贷款担保人的社员 2 相应的惩罚 P，则社员 2 的纯收益为 $F - P$。

普通社员与核心社员动态博弈过程如图 4 - 5 所示。

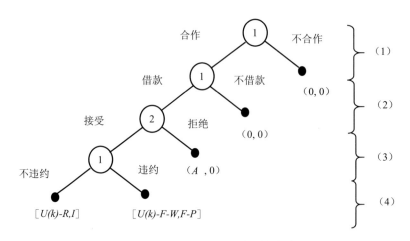

图4-5 普通社员与核心社员动态博弈的扩展形

（3）动态博弈的均衡分析

当 $U(k) - R > U(k) - F - W$，即 $R < W + F$ 时，社员1不违约需要归还的本金和利息之和小于违约时的贿赂成本和信誉福利损失之和，社员1会选择不违约。在社员1不违约的情况下，社员2选择接受贷款申请的得益 I 显然大于不接受贷款申请的得益0，社员2会选择接受贷款申请，均衡解为｛不违约，接受｝。此时社员1和社员2的纯收益均为所有策略得益中的最大值。以上博弈分析说明利率 r 越低，社员1不违约的净收益越大，社员1利益最大化选择为不违约，社员2最优选择为接受借款申请，博弈达到最优。为避免违约情况出现，必须创建一种风险保障机制，使社员1因违约产生的贿赂成本 F 与福利损失 W 能够弥补给农村资金互助社带来的损失即贷款者需归还的本金和利息之和 R，这样可以在很大程度上降低社员1的违约风险，同时农村资金互助社需要提前掌握组织成员的个人信息以及信息的关联度，预防社员之间的勾结行为。

当 $U(k) - R < U(k) - F - W$ 时

$$\begin{cases} 若\ F - P > 0 & 均衡解为\ ｛违约，接受｝ \\ 若\ F - P < 0 & 不存在均衡解 \end{cases}$$

从上式得出当 $R > F + W$ 且 $F > P$ 时，社员1违约的贿赂成本与信誉福利损失之和小于不违约时需要归还的本金与利息之和，社员1会选择违约。在社员1违约的情况下，若社员2所得的贿赂收入 F 高于资金互助社对他的惩

罚 P ，社员 2 会选择接受贷款申请，均衡解为 |违约，接受|；反之，若 $F <$ P ，此博弈不存在纳什均衡。|违约，接受| 这一均衡显然不符合我们的预期。若要打破这一均衡，实现 |不违约，接受| 这一最优选择，一方面需要加大对社员 2 违规操作的约束和惩罚 P ，使其认识到如果接受社员 1 的拉拢和贿赂将得不偿失，以降低社员 2 道德风险发生的可能性。另一方面需要农村资金互助社加大对违约社员的惩罚力度，严格对待社员 1 故意违约的情况，使社员 1 的信誉福利损失大于货款本息 R 与贿赂成本 F 之和。此外，农村资金互助社的预防措施必不可少，因为一旦债权出现难以保障的风险，贷款就有可能成为呆坏账，使农村资金互助社会面临资金链断裂的可能，农村资金互助社需要采取紧急措施进行风险分散、转移或化解，以减少损失。农村对于高风险社员，如果农村资金互助社在贷款前甄别出其风险而拒绝贷款，资金互助组织就保全了本金 k ，收益为 $k - \partial k$ ，（$0 < \partial < 1$），∂k 表示资金互助组织识别风险所付出的成本，∂ 越小，资金互助社遭受的损失越小。所以，为保全资产，减少损失，农村资金互助社必须对贷款风险严密监控，并努力提升风险识别和防控能力。

2. 异质性社员的博特兰德静态博弈模型

农村资金互助社成立之初，异质性社员以拥有稀缺性要素加入资金互助社，核心社员的大额资本和企业家才能等特有资源同普通社员的小额资本、土地和劳动力等可以进行很好的匹配和互补（林坚、王宁，2002）。[1] 在合作初期，异质性社员都具有比较强烈的资本、技术等方面的合作意愿，以提高单个农户在面对大市场时无法规避的市场弱势地位。当合作进行到一定阶段，随着核心社员控制权增强及社员异质性进一步深化，初始的合作基础不能维系和满足合作社内异质性社员合作关系的稳定和延续。普通社员鉴于合作盈余分配和"递增理性"的认知，采取消极态度或规避合作，这时需要通过合理的利益分配机制促使异质性社员积极参与信用合作，避免社员"用脚投票"。这里将稀缺性要素资本和劳动力视为异质性社员给农村资金互助社提供的有一定差别的要素产品，将普通社员供给的劳动力直接折算成工资作为资

---

① 林坚、王宁：《公平与效率：合作社组织的思想宗旨及其制度安排》，《农业经济问题》2002 年第 9 期。

金投入，假定与核心社员的资金资本投入具有同质性，这里借鉴简单的两寡头厂商且产品同质有一定差别的伯特兰德（Bertrand）价格博弈模型来分析异质性社员各自能够给自己带来最大利润的要素供给。

模型假设：①假定某一核心成员 1 拥有某种关键稀缺要素资本 K ，某一普通社员 2 拥有某种关键稀缺要素劳动力 L ，异质性社员为合作社投入有一定差别但可以互补的要素 K、L ，这里只讨论异质性社员拥有的相对稀缺要素的供给情况，对于共同拥有的要素比如土地、农业技术等要素没有个体差异性，不予讨论；②由于农村资金互助组织筹集互助准备金有单个社员入股上限的规定，存在入股最优额度，假定农村资金互助社对社员 1 和社员 2 提供的要素的需求分别是其价格 P_1、价格 P_2 的线性函数；③社员 1 和社员 2 生产的固定成本为 0，边际生产成本分别为 c_1、c_2。

社员 1 和社员 2 向合作社投入要素但不参与信用合作时，实现自身利润最大化的 Bertrand 模型的要素供给函数为：

$$q_1 = q_1(P_1, P_2) = a - P_1 + bP_2$$
$$q_2 = q_2(P_1, P_2) = a - P_2 + bP_1$$

上述不同的要素供给函数反映了异质性社员各自拥有稀缺要素的差别特征，其中 $b(b > 0)$ 表示异质性社员拥有要素的替代系数，即核心社员 1 拥有的要素——资本 k 与普通社员 2 拥有的要素——劳动力 L 之间的替代系数。两博弈方核心社员 1 和普通社员 2 各自的最优策略空间为 $s_1 = [0, P_{1\max}]$, $s_2 = [0, P_{2\max}]$ ，其中 $P_{1\max}$、$P_{2\max}$ 分别代表两博弈方拥有的资本 K 和劳动力 L 在市场上出售的最高价格；两博弈方的得益就是各自的利润，即要素收益减去成本，他们都是双方价格的函数：

$$u_1 = u_1(P_1, P_2) = (P_1 - c_1)q_1 = (P_1 - c_1)(a - P_1 + bP_2)$$
$$u_2 = u_2(P_1, P_2) = (P_2 - c_2)q_2 = (P_2 - c_2)(a - P_2 + bP_1)$$

上式偏导数为 0 时利润最大，即 $\frac{\partial U_1}{\partial U_1} = 0, \frac{\partial u_2}{\partial P_2} = 0$ ，解得社员 1、社员 2 不参与信用合作时各自最优策略的纳什均衡 (P_1^*, P_2^*)：

$$P_1^* = R_1(P_2^*) = \frac{1}{2}(a + c_1 + bP_2^*)$$

$$P_2^* = R_2(P_1^*) = \frac{1}{2}(a + c_2 + bP_1^*)$$

解此方程组得：$P_1^* = \dfrac{2\,(a+c_1)\,+b\,(a+c_2)}{4-b^2}$，$P_2^* = \dfrac{2\,(a+c_2)\,+b\,(a+c_1)}{4-b^2}$。

$(P_1^*,\ P_2^*)$ 为该博弈唯一的纳什均衡。将 P_1^*、P_2^* 代入两个得益函数则可以得到两社员各自单独行动时的最大收益 u_1^*、u_2^*。

$$u_1^* = \left[\dfrac{a}{b+2} - \dfrac{(2-b^2)c_1 + bc_2}{4-b^2}\right]^2$$

$$u_2^* = \left[\dfrac{a}{b+2} - \dfrac{(2-b^2)c_2 + bc_1}{4-b^2}\right]^2$$

　　虽然核心社员和普通社员之间资源禀赋的差异必然导致其参与资金互助合作的目的和行为有差异，但期望提高自身收益无疑是核心社员和普通社员共同的利益诉求，基本目的相近可以使不同层次的社员找到共同的利益契合点实现长期合作。威廉姆森（Williamson，1985）用交易费用理论研究了合作社的产生对于农业及农产品市场的影响，提出社员之间的联合能改变市场失灵的局面，且规模经营可以降低交易费用。[①] 夏英、宋彦峰、濮梦琪（2010）认为社员之间的信用是农村资金互助社得以维系的关键，社员与农村资金互助社之间的交易成本显然低于其与商业银行交易的外部成本，农村合作经济组织内部资金互助具有节约市场交易费用的优势。[②] 异质性社员拥有两种不同要素劳动和资本，同时使用这两种要素会产生溢出效应，使异质性社员的生产成本更低，所以我们认为异质性社员参与资金互助合作有节约成本的效用，假定社员选择合作时边际成本节约系数为 β，则边际成本为 $(1-\beta)c$，社员因为合作需要额外支付的合作成本为 $k\beta c$，则异质性社员 1、社员 2 选择参与合作的利润函数为：

$$u_1' = q_1[p_1 - (1-\beta)c_1] - k\beta c_1$$

$$u_2' = q_2[p_2 - (1-\beta)c_2] - k\beta c_1$$

上式偏导数为 0 时利润最大，即 $\dfrac{\partial U_1'}{\partial P_1} = 0$，$\dfrac{\partial U_2'}{\partial P_2} = 0$，解得社员 1、社

---

　　①　Williamson O. E.，"The Economic Institutions of Capitalism-Firms，Markets，Relational Contracting"，*The Free Press*，1985.

　　②　夏英、宋彦峰、濮梦琪：《以农民专业合作社为基础的资金互助制度分析》，《农业经济问题》2010 年第 4 期。

员 2 各自最优策略的纳什均衡（$P_1^{*'}$，$P_2^{*'}$）：

$$P_1^{*'} = \frac{2(a + c_1 + \beta c_1) + b(a + c_2 + \beta c_2)}{4 - b^2}$$

$$P_2^{*'} = \frac{2(a + c_2 + \beta c_2) + b(a + c_1 + \beta c_1)}{4 - b^2}$$

（$P_1^{*'}$，$P_2^{*'}$）为该博弈唯一的纳什均衡。将 $P_1^{*'}$、$P_2^{*'}$ 代入两个得益函数则可以得到两社员选择合作的均衡收益 $u_1^{*'}$、$u_2^{*'}$。

$$u_1^{*'} = \left[\frac{a}{b + 2} - \frac{(2 - b^2)(c_1 + K\beta c_1) + b(c_2 + k\beta c_2)}{4 - b^2}\right]^2$$

$$u_2^{*'} = \left[\frac{a}{b + 2} - \frac{(2 - b^2)(c_2 + \beta c_2) + b(c_1 + \beta c_1)}{4 - b^2}\right]^2$$

从而得到核心社员与普通社员选择合作的均衡利润 $u_1^{*'}$、$u_2^{*'}$，只要单个社员选择合作所得利润大于不合作所得利润，即满足 $u_1^{*'} > u_1^*$ 且 $u_2^{*'} > u_2^*$ 时，策略（合作，合作）就是异质性社员的帕累托最优解，核心社员与普通社员选择合作获得收益最大。解上述不等式，当且仅当 $0 < b < 2$ 且 $b \neq 1$ 时，有

$$\beta_1 > \frac{[k + (a + c_1)(b - 1)](4 - b^2) - 2bc_1}{(b^2 - 2b + 4)(b - 1)c_1},$$

$$\beta_2 > \frac{[k + (a + c_2)(b - 1)](4 - b^2) - 2bc_2}{(b^2 - 2b + 4)(b - 1)c_2}$$

异质性社员之间具有建立稳定合作的可能性。其中，$0 < b < 2$ 表示核心社员拥有的要素资本 K 与普通社员拥有的要素劳动力 L 之间的替代系数，$b \neq 1$ 表示 K 与 L 之间是不完全同质的，符合模型使用的假设条件，只要两博弈方合作的节约系数满足上式，那么双方都有合作的积极性。

（五）合作社内资金互助缓解社员融资约束的案例分析

依托合作社组建农村资金互助社以达到帮助农村那些有发展潜力的农户解决融资难、融资贵问题，帮助他们获得提高收入和摆脱贫困的机会，并填补农村合作金融空白，打击农村高利贷，促使民间金融的正规化，是农村资金互助社发展的重要目标之一。近年来的"中央一号文件"也持续强调支持农民专业合作社内部开展资金互助，加快农村合作金融的组织创新和制度创

新。那么，当前我国农民专业合作社在其内部制度环境变迁的背景下，社员之间资金互助缓解融资约束的效果如何？本研究通过对湖南省沅陵县王家岭蛋鸡养殖专业合作社和常德市澧县锦绣千村农业专业合作社内部资金互助的案例分析，探讨合作社内资金互助缓解农户融资约束的效果。

1. 沅陵县王家岭蛋鸡养殖专业合作社内资金互助的案例分析

（1）王家岭蛋鸡养殖专业合作社资金互助发展概况

王家岭蛋鸡养殖专业合作社（以下简称"王家岭合作社"）成立于2009年7月，注册资本950万元，是依托本村养殖蛋鸡技术、信息、资源和市场优势，专门从事集蛋鸡生产育雏、鸡蛋销售、有机肥加工、大棚蔬菜以及资金互助为一体的现代化新型农村合作经济组织。合作社设有理事会、监事会等管理监督部门，日常工作管理人员有20余人，社员126户、389人，其中贫困农户73户、214人。合作社社员总资产超过2400万元，现已科学笼养蛋鸡110万羽，有65万羽在产蛋中，年产值达5000万元，社员户均收入近30万元。合作社采取"五统一分"，即统一育雏、统一供料、统一防疫、统一包装、统一销售，分户饲养的生产经营方式。合作社育种鸡苗品质优异，产蛋性能稳定，鸡蛋、鸡苗畅销怀化、吉首、衡阳、广州及贵州等地，并受到市场的广泛好评。2012年被评为省级示范合作社，随着养殖户规模的进一步扩大，王家岭合作社创造了多个湖南省之最：日产蛋量1600箱，每箱360只，为全省之最；按市场批发价175元/箱计算，日产值28万元，除去每日饲养成本140元/箱，日获纯利润5.16万元，年获纯利润1800万元，为全省最高；2011年组织社员积极参股投入200万元修建了4栋现代化鸡苗育雏房，一次性（45天）能育出鸡苗12万羽，为全省最大。

为增强合作社自身"造血"功能，2014年11月，经全国农村金融改革试点县沅陵县金融改革办批复，王家岭合作社成立湖南省首家依托农民专业合作社的农民资金互助组织。资金互助部吸收合作社社员为资金互助部社员，筹集总股额400万元，其中合作社占股60%，社员占股40%。资金互助部参照金融机构成立专门的信贷管理部门，资金实行封闭运行，帮助内部社员解决产业发展过程中遇到的融资难题。资金互助部成立之初，经合作社社员代表大会商议资金互助部贷款利率为5%，入股社员可按10元/只、种植户按

5000元/亩的标准申请互助金，合作社资金互助主要采取商业信用和货币信用两种模式。商业信用，即社员以赊购方式从合作社获取生产资料，并在约定期限内以统一交售产品抵扣借款本金和利息；货币信用，即社员以规定利息从资金互助部获得短期借贷资金。采用信用贷款形式，无须担保抵押，手续便捷，资金在两个工作日内到位。资金互助部根据社员家庭情况、还贷能力、生产资料消耗和交易数据等信息建立综合数据库，为每一个社员进行信用评级确定对其实际放款额度，基本实现了资金互助服务信息化管理，有效防控了信用风险和操作风险。数据库记录每个成员的还贷情况，跟踪监管互助金的使用情况，最大限度内化成员的违约风险。

（2）资金互助部缓解社员融资约束情况

自2014年9月资金互助部成立以来，累计投放互助金约1050万元，受益社员63户，2015年年底资金互助部第一次分红，入股社员每户最低获得分红2000元，最高达20000元。2015年年底，合作社为了加快资金周转效率，资金互助将利率调高至10%—13%，与当地同期农信社个人贷款利率基本持平。高利率决策虽有异议，但实施以来，互助资金周转明显加快，社员还贷积极性普遍提高，相比2015年执行的低利率贷款，2016年、2017年在社员实际获得互助金总额和单个社员申请互助金额度都增加的基础上，总体融资的满足程度也是上升的。

表4-7 社员申请互助金规模及实际获得互助金规模

（单位：万元，%）

年份	互助金需求额度		实际获得互助金额度		整体满足程度
	总额	平均单笔额度	总额	平均单笔额度	
2015	412.21	2.87	270.05	1.88	65.51
2016	484.62	3.24	349.98	2.34	72.22
2017	593.46	4.47	430.16	3.24	72.48

从表4-7来看，2015年，社员总体申请的互助金额度为412.21万元，单笔的平均额度2.87万元，社员实际获得互助金总额为270.05万元，单笔的平均额度为1.88万元，社员平均获得互助金的满足程度为65.51%；2016年，社员总体申请的互助金总额为484.62万元，平均单笔规模为3.24万元，社员

实际获得互助金总额为 349.98 万元，平均单笔额度为 2.34 万元，社员平均获得互助金的满足程度为 72.22%；2017 年，社员总体申请的互助金总额为 593.46 万元，平均单笔额度为 4.47 万元，社员实际获得互助金总额为 430.16 万元，单笔平均额度为 3.24 万元，社员平均获得互助金的满足程度为 72.48%。随着合作社产业水平和组织化程度的提高，社员生产积极性和生产规模都有所提高，融资需求的额度也逐步扩大。虽受合作社总体资金规模限制，存在一部分社员融资需求难以得到全部满足的现象，但自 2015 年调高利率后，资金周转加快，社员获得互助金的整体满足程度从 2015 年的 65.51% 提高至 2016 年的 72.22%，约上升 7 个百分点。

（3）案例总结

王家岭合作社内部资金互助部一直坚守共同塑造的"守信激励、失信惩戒"的经营理念，资金互助部成立以来没有出现过一笔坏账，为缓解社员季节性的生产资金困难、扩大再生产及灾后恢复生产等的资金需求，带动合作社产业发展壮大发挥了重要作用。合作社资金互助部成功发展依赖于它的以下几点优势：

一是以参照市场利率为主，降低信用风险。王家岭合作社资金互助部前期贷款利率为 5%，低于同期当地农信社个人贷款利率，也远低于当地民间借贷 10%—12% 的利率。资金互助部运营的第一年，除了预留的 10% 的风险准备金，400 万元的资金全部贷出，并出现社员长期占用互助金从事其他非农产业投资或家庭消费的情况，甚至出现个别社员用互助金进行套利的行为，阻碍资金的流动和周转，有违互助性的基本原则，资金难以回笼现象也一度导致资金互助部运营无法持续。针对这一难题，资金互助部通过多次"定价之争"的讨论和社员代表大会，最终将资金互助贷款价格调整到与市场价格持平的 10%—13%，结果虽有争议，但实施以来，大大提高了社员还款的积极性，加快了资金周转，满足了更多社员的信贷资金需求，提升了互助资金支农效果。社员以"信用抵押品"替代了其他金融机构要求的物质抵押品，加上申请程序简单、地理位置近、审批时间短等便利完全贴合农户需求，有生产性融资需求的农户基本能承担市场利率，短期、高频、低额的借款依托农业生产经营的周期可以做到正常还贷，合作社也不会流失这些特定的客户群体。

二是好的领导人和管理团队。合作社理事长王某作为村主任，一直把"带动全村一起脱贫致富"作为自己的奋斗目标，因此获得多项国家、省级殊荣。合作社成立初期，王某作为发起人投入 20 万元，并联合 10 户村民合股筹集资金 132 万元，发展种养循环经济，并向村里有养殖业发展意向的农户无偿提供技术培训、修建养鸡场的资金，吸引他们加入合作社。他社会关系广泛，一心维护社员利益，认真负责的工作态度以及优秀的资源动员能力等都决定了他出色的领导能力和经营管理能力。正如奥尔森提出的"小集团"有效行动理论，人数少的管理团队更能采取有效行动，破解"大集体"行动陷入困境的陷阱。合作社内资金互助部评议小组由 5 名村内土生土长、但各有所长的本村人组成，包括村书记、前村部会计、熟悉计算机的年轻大学生以及在村中颇具威望的老者等，他们因为拥有不同的资源禀赋而发挥各自优势，负责贷款发放和回收的不同的环节，信息共享、互相监督、利益相互制衡，从而达到强化资金互助内部治理结构，发挥小集体有效领导作用的优势。

2. 澧县锦绣千村农业专业合作社内资金互助的案例分析

（1）锦绣千村农业专业合作社资金互助发展概况

锦绣千村农业专业合作社（以下简称"锦绣千村合作社"）位于湖南省洞庭湖西岸的澧县，成立于 2011 年 5 月，由该县锦绣千村植保有限公司领办。作为湖南省农村社会化服务的一面旗帜，锦绣千村合作社以服务农户产前、产中、产后全程订单服务为宗旨，构建以"供销合作、生产合作、信用合作、教育培训"四大服务为一体的新型农业社会化服务体系为目标的综合服务型农民合作社。2014 年，合作社被国家农业部等 9 部委评为"国家级农民合作社示范社"、锦绣千村商标被认定为湖南省著名商标。理事长龚佑琼荣获"全国三八红旗手""巾帼创业英雄"等多项美誉。

锦绣千村合作社现有成员 6691 户，专职服务人员 67 人，其中农业技术专家 10 人，硕士研究生 2 人，大专以上学历占 38%。合作社以总社、分社、服务站三级服务体系为支撑，建有总社 1 家，镇级分社 13 家，村级服务站 97 家，配送网点 500 多个，辐射澧县、津市、临澧、石门、安乡及湖北省公安、松滋等县市。并建有六大产业化服务基地，为农户和成员提供农资采购配送、土地托管、集中育秧、统防统治、机耕机收、烘干仓储、农产品购销、技术指导、内部资金互助等多元化农业社会化服务。提供就业岗位 300 多个，提供技术培训 2 万多人次，带动农户 10 万余户，为周边区县的 29 个乡镇提供服务，土地托管面积 40 多万亩，流转土地 3800 亩，涵盖水稻、油菜、蔬菜、葡萄、柑橘等农作物，其中农资采购配送达 5 亿元，集中育秧 10 万多亩，统防统治 20 多万亩，农机服务 40 万亩次，粮食购销 20 多万吨，其中烘干 3 万吨，国储 2 万吨，为农户节本增收每年达 1 亿元以上。2017 年，合作社经营收入达 2.67 亿元，在农业社会化服务领域作出了有益的探索，为推进现代农业发展提供了有效的解决方案。

为缓解农户融资约束，为农户社员培养自身造血功能，经工商行政管理机关登记注册，锦绣千村合作社于 2016 年 2 月开始在成员内部开展资金互助业务，先后建立了盐井、垱市、城头山、白衣、新洲 5 家资金互助部营业网点，为成员提供农资采购配送、仓储、粮食收购、购买大宗农机具和养殖项目等农业生产和经营所需资金和结算服务。资金互助部坚持以"成员制、封闭制、不对外吸储放贷、不设立固定回报"的原则，遵循"始于成员需求，终于成员满意"的社训，力求打通金融服务的"最后一公里"问题。社员可以在合作社资金互助部任何一家网点开立互助金存取款账户，闲散资金可存入资金互助部，存款年预期收益率为 1.5% — 6%。合作社社员均可在资金互助部办理授信卡，有互助金存款的成员可享有存款额度的 50% 和 90—150 天的无息贷款；无存款的成员也可享受无抵押贷款，且贷款利率稍低于农信社同期利率，操作流程简单，3—5 个工作日即可办结手续。

（2）资金互助部缓解社员融资约束情况

锦绣千村合作社资金互助部针对成员生产经营的特性，为成员量身制定合作社内部"三大银行"包括土地银行、粮食银行和资金银行（见图4—6），全面创新农业生产活动的融资模式：土地银行，即成员将土地全权交给合作社统一耕作管理，成员直接享受合作社分发的土地红利；粮食银行，即成员在遭遇卖粮难而又不具备仓储条件的情况下，将粮食交给合作社储存，可向合作社预支一部分资金，待粮食市场行情走向良好时，由合作社统一出售存粮，并向存粮户支付剩余粮款；资金银行，即成员可拿出手头闲置资金，自愿入股合作社的资金互助部，由资金互助部统一进行资金调剂，为有资金需求的成员提供借贷服务，入股成员享受资金红利。合作社内部"三大银行"

相互配合、相互补充，囊括了资金互助部基本的金融业务，有效解决了成员在生产经营中的资金需求，促进了现代农业发展的血液循环。

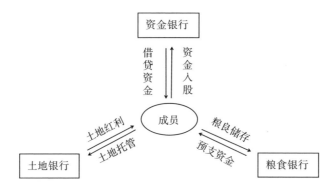

图4-6 锦绣千村合作社资金互助部业务开展流程

2017年，澧县澧南镇种田大户李邦灯在锦绣千村合作社内部资金互助部借款3笔共计20万元，及时解决了购买农资、农机具、流转土地等资金需求。澧县大堰垱镇戴家河村贫困户李太山，一个人种2亩地独自抚养儿子，为了帮其改善生活困境，该村村支书出面，帮其在锦绣千村合作社互助部借款4万元，购买了肉牛6头，3个月后肉牛出售，不仅还清了全部借款，还获得纯收入1万多元，2018年再次借款4万元购买了6头肉牛，目前已成功脱贫。像李邦灯、李太山一样向合作社互助部借款的例子，不胜枚举。据统计，截至2017年8月25日，自愿参加内部资金互助的成员936户，合作社成员互助金余额1627.16万元，为成员提供互助金借款余额1214.3万元，服务成员5000余户次，带动农资销售近3000万元，很大程度上增强了农户自我"造血"功能。在与资金互助部唐汇总经理交流时，他的一番话让人印象深刻："我在中国工商银行工作30年，当行长10年，没有给农民贷过一分钱，而锦绣千村合作社资金互助部不需要银行要求的抵押品，只给农民发放信用贷款，却没有一笔坏账，社员基本提前归还贷款。"锦绣千村资金互助部运行一年多以来，无支付风险，无不良贷款，无安全事故，基本解决了种植大户和普通成员急需资金而借贷无门的问题。

（3）案例总结

要解决我国农户融资难、融资贵的问题，培养农户自我"造血"功能，要把分散的农户黏合在一起，发展具有包容性、普惠性特征的农村合作金融业务，锦绣千村合作社就是很好的佐证。锦绣千村合作社资金互助部成立时间不到两年，其发展速度之快、发展规模之大、辐射农户之广在湖南省都是首屈一指。该资金互助部成功发展取决于其所具有的以下几点优势：

强大的实体经济支撑。资金互助的发展需要合作社生产合作、消费合作的支持。我国中央政府也多次提到，允许有条件的合作社发展信用合作，这里"有条件的"是指发展较好、带动力强的优秀示范性合作社。锦绣千村合作社一直秉承着"始于成员需求，终于成员满意"的社训，坚信为农户提供"一买一卖、一转一包、一存一取"是发展农村经济最好的"药方"。锦绣千村合作社成立 6 年来，从 2011 年年初创时的年经营收入 29.9 万元，到 2017年的 2.67 亿元，增长 892 倍，帮助 6691 户成员平均每亩年增收 300 元以上，为发展资金互助业务缓解农户融资约束创造了多元化的资金来源渠道。

健全的管理制度体系。营业伊始，资金互助部就把"防控风险、确保安全"视为生命线，制定、修改、完善各项规章制度，把紧支付、亏损弥补、借款用途、借款"三查"、保证措施、业务监管等七道关口，把一切金融业务行为关进制度的"笼子"，真正做到了"稳步推进、规范运行"。以确保支付为例，资金互助部始终留足 20% 的存款准备金，其他各类准备金保持在 3%以上，以预防挤兑风险，为了保证社员随时支取的需要，资金互助部每个服务点留足不少于 2 万元的备用金，5 万元以上大额支取只需提前一天预约，重大节日调配足额资金确保支付，运行以来从未出现过支付问题。借款用途关口更是严格，所有借款只能用于农资采购配送、农产品购销、农业生产服务、大型农机具的购置和养殖项目。严禁受理与"农"字无关的借款项目，任何人无权改变借款用途。

3. 合作社内资金互助缓解农户融资约束的优势

依托农民专业合作社组建资金互助部，以社员自愿性、封闭性、互助性为基本原则，通过与社员进行互联性金融交易，对农户提供资金、技术、生产要素购买、产品销售等方式，缓解社员在生产环节中遇到的融资问题。这里引入"互联性金融交易（Interlinkage）"理论，即借贷交易双方同时也是土地租佃交易、劳动雇佣交易、商品买卖交易的主体。互联性金融交易利用坚实的微观基础，将农民合作社与农户结合在一起，形成一个双边依赖的整体，打通金融市场和其他要素、产品市场之间的联系，避免金融交易脱离实体经济而孤立无援，减少农户违约风险，让农户自我履约，从而保证农村金融市场的正常运作。合作社内开展资金互助将生产资料购买与农资营销结合起来，就是互联性金融交易的一种形式。合作社将金融服务与土地租佃、生产资料购买、农产品销售结合在一起，不仅延伸了合作社产前、产后服务链，加强了产业链多个环节的融合，还有利于合作社以及社员闲散资金的协调使用，具有信用与经济双重功能。这类以互联性交易形式开展的资金互助是由我国不完全金融市场所决定的，在信息不完善和某些市场缺失的情况下，生产、购销业务与信用业务的结合能够提升效率，内化风险，并提升交易双方的福利水平。我国农业经济社会的发展也决定了互联性金融交易具有独特优势，这也是我国鼓励依托合作社发展组建内生性农村合作金融组织的重要原因。

（1）内生发展模式，更能满足农户实际需求

依托农民专业合作社产业发展的需求开展内部资金互助，坚持"依托产业，服务产业"的基本原则，使二者的联合产生"1 + 1 > 2"的协同效应，是"内生于民、互帮互助"的新型农村合作金融发展模式，符合学术界倡导的内生性合作金融发展的路径，也符合我国近年来政府积极推进的农村合作金融改革的制度逻辑。农民专业合作社的出现和发展推动了资金互助的产生，合作社是资金互助部的母体，资金互助部内部管理制度和治理结构也是依托于合作社而生，进行的金融创新完全是顺应社员的实际生产需求和资金流动状况。比如王家岭合作社作为资金供给主体，为相同或相似生产经营活动的社员统一提供赊销、延期付款等信贷业务，将农产品生产成果作为信贷抵押担保品，贴近农户实际状况，能基本满足社员的生产性融资需求。再如锦绣千村合作社，农业生产具有季节周期性，社员在春耕或者秋季"双抢"时节需要平滑收支的季节性错位，而此时合作社承包大规模农田刚好需要大量劳动力，当金融市场发育不完全、信息不畅通，各自的需求弹性并不大，那么依靠合作社内部借贷与劳务合同的互联性交易刚好能解决双方的需求，实现互利互惠。

（2）互联性交易模式，信息更对称，交易成本更低

农户从正规金融机构申请贷款时，由于缺乏银行认可的抵押物和担保品，一般需要提供更多的信息和证明材料，审核的时间和周期也较长，因而交易

费用更高，银行方因为信息不对称，监督成本也更高。然而，合作社在以同一产业链特定农产品生产和经营基础上，参与资金互助的社员基本来源于同一或相邻村庄，社员的信用状况、家庭经营状况以及资金使用状况等信息相互熟悉，这些信息资源作为借贷交易的判断依据，能节约合作社资金互助的贷款前信息甄别成本。另外，合作社在已有的土地合约、劳务合约以及农产品交易合约的基础上开展信用合作，把这些既定合约与资金交易挂钩，在信息收集、合约执行、交通费用等方面都具有优势，能最大限度降低农户融资面临的交易成本高、信息不对称问题。互联性交易有助于实现规模经济，促进合作社内部资金的有效循环和利用，再通过信用合作助力生产合作，两者相辅相成、紧密结合，因而具有更强的生命力和发展前景，是保持合作金融属性不变、探索真正的农村合作金融组织持续发展的有益尝试。

第五章　我国增量农村金融机构缓解
农户融资约束的满意度研究

　　农村金融增量改革的思路是通过成立村镇银行、农村资金互助社和贷款公司等新型农村金融机构以达到帮助低收入人群中那些有愿望、有潜力发展的人解决融资难、融资贵问题，帮助他们获得提高收入和摆脱贫困的机会，并填补农村金融空白，打击农村高利贷，促使民间金融的正规化。近年来的中央一号文件也持续强调加快农村金融制度创新，强化金融机构服务"三农"的职责。那么，当前我国增量农村金融机构在其行为逻辑下缓解农户融资约束的效果如何？怎样评价我国增量农村金融机构为农户提供的融资服务？本节通过农户对增量农村金融机构提供融资服务的满意度来衡量其缓解农户融资约束的效果。农户对增量农村金融机构提供融资服务越满意，增量农村金融机构缓解农户融资约束的效果越好。

　　国内外学者关于金融机构服务满意度的研究主要集中于客户对商业银行提供融资服务满意度的探讨。由于满意度是从总体上进行的评价，而非从局部或者特定方面进行的评价，因此，很多学者对满意度的研究主要体现在影响客户满意度的因素方面。麦克杜格尔和莱韦斯克（Mcdougall 和 Levesque，2000）在对西方零售银行客户满意度的影响因素研究中发现服务质量和服务特色是最主要的两个方面。[①] 曼拉伊和曼拉伊总结了四类影响顾客对银行服务满意程度的因素，即机构环境、利息（包括收入和支出）、工作人员和服务的便捷性。[②] 阿萨纳索普洛斯（Athanassopoulos，2000）的研究结果表明，金融机构人员服务质量是影响顾客满意度的重要因素，并且不同的顾客满意度会

[①] Mcdougall G. H. G. , Levesque T. , "Customer satisfaction with services: Putting Perceived value into equation", *The Journal of Services Marketing*, Vol. 14, No. 5, 2000, pp. 392-410.

[②] Manrai L. A. , Manrai A. K. , "A Field Study of Customers' Switching Behavior for Bank Services", *Journal of Retailing and Consumer Services*, Vol. 14, 2007, pp. 208-215.

在顾客预期的服务与其实际感知的服务存在差别时形成。[1] 宋雪枫、杨朝军（2006）提出对客户需求的满足能力是商业银行可持续发展的关键所在，并阐述了商业银行顾客满意度诊断系统的概念，要求商业银行辨识出顾客满意敏感因素以提高其顾客满意度。[2] 陈亚荣、叶林珍（2007）以上海某商业银行为研究对象，进行了顾客期望与现实感知差别的满意度调查，发现在硬件设施、客户关系、产品和服务、口碑与形象和服务流程五个属性中，除了口碑和形象，该银行在其他四个属性方面的表现均没有达到客户的期望，尤其在客户关系上，客户对其期望是最高的，但现实感知却是最弱的。[3] 车宁、王余丁、郑邦宏、王五祥（2008）分析了河北省农信社金融服务的相关问题，表明网点设置的合理性、贷款手续的繁简、农信社的信誉等方面对农户满意度有不同程度的影响。[4] 黄海林、徐学荣、邱镛卿、梅生金、陈良锋（2011）对福建省 30 个乡镇信用社 253 名客户进行问卷调查的结果表明，218 名信用社客户感觉整体满意，占比为 86.2%，感觉不满意的有 35 人，占比 13.8%，并从服务特征、农户个人特征、贷款特征以及硬件等方面探讨了农村信用社客户满意与否的影响因素。[5] 此外，张松洁、田昆（2003），沈蕾、邓丽梅（2006），宋光磊（2010）也从银行工作人员的技能、业务处理水平、服务态度、银行的产品及硬件设施、营业环境、银行口碑与形象等方面研究了顾客满意度的影响因素。[6][7][8]

总之，国内外不少学者对商业银行顾客满意度影响因素进行了研究，并取得了丰富的研究成果，但鲜有文献进行农户对增量农村金融机构提供服务

---

[1]　Athanassopoulos A. D.，"Customer Satisfaction Cues to Support Market Segmentation and Explain Switching Behavior"，*Journal of Business Research*，Vol. 47，2000，pp. 191-207.

[2]　宋雪枫、杨朝军：《商业银行顾客满意度诊断系统研究》，《金融研究》2006 年第 2 期。

[3]　陈亚荣、叶林珍：《上海商业银行客户满意度调查》，《东华大学学报（自然科学版）》2007年第 5 期。

[4]　车宁、王余丁、赵邦宏、王五祥：《农户对农村信用社服务满意程度的 Logistic 模型分析——基于河北省农信社金融服务问题分析》，《金融理论与实践》2008 年第 5 期。

[5]　黄海林、徐学荣、邱镛卿、梅生金、陈良锋：《农村信用社客户满意度的影响因素分析——基于对三明市 30 个乡镇信用社客户的问卷调查》，《福建金融》2011 年第 4 期。

[6]　张松洁、田昆：《我国商业银行储蓄业务顾客满意度分析》，《金融论坛》2003 年第 3 期。

[7]　沈蕾、邓丽梅：《基于顾客满意度的品牌忠诚模型实证研究》，《管理评论》2006 年第 2 期。

[8]　宋光磊：《银行零售客户满意度的影响因素研究——基于问卷数据的实证分析》，《中央财经大学学报》2010 年第 3 期。

的满意度分析。尽管有少量文献进行了农户对农村信用社服务满意度的调查分析，但也仅限于对农村信用社服务进行总体描述性评价，没有探讨各分项满意度对总体满意度的影响程度。基于此，本研究利用 428 户农户的调研数据，对我国增量农村金融机构服务农户的效果进行评价，获悉农户对增量农村金融机构提供服务的总体满意度以及各分项服务满意度对总体满意度的敏感性，为增量农村金融机构的进一步发展与完善奠定基础。

一、研究方法与数据来源

（一）研究方法

本研究主要以村镇银行、小额贷款公司和农村资金互助社等增量农村金融机构为研究对象，探讨农户对这些新型农村金融机构提供服务的总体满意度及各分项满意度对总体满意度的敏感性。为了考察农户对新型农村金融机构提供服务的硬件设施、产品种类特别是贷款服务的满意度，本研究在借鉴以往学者研究的基础上建立了增量农村金融机构服务满意度指标体系，具体包括排队等候时间、服务态度、岗位配置情况、营业时间、大厅卫生环境及空调配置、自助服务设备配置、金融产品种类、业务办理速度和效率、贷款申请手续的复杂程度、贷款利率、贷款金额、贷款期限、贷款条件的苛刻程度、贷款审批时间等 14 项服务指标。按照李克特量表法，由农户对这 14 项服务指标的满意情况回答非常满意、比较满意、一般（基本满意）、不满意和很不满意 5 级，并分别赋值 5 分、4 分、3 分、2 分和 1 分以得出本次测评指标的量化结果，获得有关农户对增量农村金融机构服务满意度评价的结果。

敏感性分析是指从定量分析的角度研究相关因素发生一定程度变化对某一个或一组关键指标影响程度的一种不确定分析技术，其实质是通过逐一改变相关变量数值的方法来解释关键指标受这些因素变动影响大小的规律（郑德亮、袁建华、赵伟，2009）。[①] 本研究借鉴该方法分析增量农村金融机构服务效果的敏感度问题，即在获得各项服务指标满意度和增量农村金融机构服务总体满意度的基础上，进一步分析农户关于 14 个分项服务指标的满意度对总体服务满意度的影响及影响程度，具体用各分项满意度与总体满意度的相关系数来确定对总体满意度的敏感性有多大。相关系数是描述变量间线性关系强弱程度和方向的统计量，通常用 r 表示。r 的取值范围为 $[-1,1]$，若 $r>0$，表明两个变量正相关，即一个变量随着另一个变量的增加而增加；若 $r<0$，表明两个变量负相关，即一个变量随着另一个变量的增加而减少；若 $r=0$，表明两个变量间不是线性相关关系（但有可能是其他方式的相关关系）。r 的绝对值越大表明两个变量间的相关性越强。相关系数采用 *Pearson* 积矩相关公式计算：

$$r = \frac{\sum_{I=1}^{n}(x_I - \bar{x})(y_I - \bar{y})}{\sqrt{\sum_{I=1}^{n}(x_I - \bar{x})^2 \sum_{I=1}^{n}(y_I - \bar{y})^2}} \qquad （式 5-1）$$

式 5-1 中 n 为样本量，x_I、y_I 分别是变量 x、y 的第 I 个观测值，$\bar{x}$、$\bar{y}$ 分别是变量 x、y 的均值。

（二）数据来源

2014 年 12 月，我们选择长沙市、益阳市、邵阳市针对此问题展开了调研。因为长沙市是湖南省的省会城市，益阳市的桃江县则拥有湖南省首家由大型商业银行——中国建设银行股份有限公司发起设立的村镇银行，邵阳市是湖南省人口最多的城市，选择对这三个市的增量农村金融机构（以村镇银行、小额贷款公司为主）提供的服务进行调查具有一定的代表性。此次调查采用一对一、面对面访谈的方式，为避免理解上的偏差，调查人员就调查问卷所设计问题逐一向调查对象进行解释，并在调查对象对调查内容完全清楚的情况下当场填写问卷。此次共回收有效问卷 428 份，问卷调查内容涉及农户基本信息及家庭特征、对增量农村金融机构服务效果的总体评价、对各分

---

① 郑德亮、袁建华、赵伟：《农村公共投资满意度情况调查及其敏感度分析——以山东省农户调查数据为例》，《农业技术经济》2009 年第 6 期。

项指标的评价以及对发放贷款程序的评价（包括贷款营销、贷款调查、贷款审批、贷款发放、贷款监控和贷款催讨等各环节）等。

二、农户对增量农村金融机构提供融资服务满意度的实证分析

（一）增量农村金融机构客户的基本情况

1. 增量农村金融机构客户的个体特征

接受增量农村金融机构服务的 428 个样本户中，男性 292 人，占比 68.22%，女性 136 人，占比 31.78%。从年龄层次来看，22—35 岁 52 人，占总样本数的 12.15%；36—45 岁 260 人，占比 60.75%；46—55 岁 100 人，占比 23.36%；56 岁以上 16 人，占比 3.74%。在文化程度方面，初中及以下学历 89 人，占总样本数的 20.79%；中专及高中学历 142 人，占比 33.18%；大专及以上学历 197 人，占比 46.03%。总体上来说，接受调查的增量农村金融机构服务对象样本中更多的是偏年轻的（45 周岁以内的 312 人，占总样本数的 72.9%）、受教育程度高的（中专及以上学历的 339 人，占总样本数的 79.21%）、收入较稳定的客户。从目前从事职业情况来看，在接受增量农村金融机构服务的 428 个样本户中，在家务农的仅有 58 人，占总样本数的 13.55%，86.45% 的人从事非农经济活动，其中，外出打工占 28.50%，个体经营占 18.93%，另外 39.02% 是教师、公务员、企业管理人员、律师、医生、村干部等。具体如表 5-1 所示。可见，增量农村金融机构瞄准的目标客户并不是农户和低收入者等弱势群体，出现了目标偏移。这主要是因为村镇银行在商业银行的控股下，以追求利润最大化为目标，在服务对象上"偏富厌穷"或"择大弃小"，缺少瞄准弱势群体的主动性和积极性；而小额贷款公司因为资金短缺和机制缺失等原因举步维艰，从而没有服务"三农"的动机。

从调查的增量农村金融机构服务对象的 428 个样本户中筛选出属于农户家庭的共 97 个，在这 97 个样本中，男性 69 人，占比 71.13%；女性 28 人，占比 28.87%。在年龄层次方面，22—35 岁 13 人，占总样本数的 13.40%；

36—45 岁 41 人，占比 42.27%；46—55 岁 35 人，占比 36.08%；56 岁以上 8 人，占比 8.25%。在文化程度方面，初中及以下学历 75 人，占比 77.32%；中专及高中学历 18 人，占比 18.56%；大专及以上学历 4 人，占比 4.12%。目前从事职业方面，在家务农的有 58 人，占比 59.79%；外出打工有 22 人，占比 22.68%；个体经营有 14 人，占比 14.43%；另外 3 人分别为村干部、医生和小学教师，占总农户数的 3.1%（见表 5 - 1）。

表 5 - 1　样本基本特征

统计指标	分类	样本数	占总样本的比例（%）	农户样本数	占农户的比例（%）
总数	—	428	—	97	—
性别	男性	292	68.22	69	71.13
	女性	136	31.78	28	28.87
年龄	22—35 岁	52	12.15	13	13.40
	36—45 岁	260	60.75	41	42.27
	46—55 岁	100	23.36	35	36.08
	56 岁以上	16	3.74	8	8.25
文化程度	初中及以下	89	20.79	75	77.32
	中专及高中	142	33.18	18	18.56
	大专及以上	197	46.03	4	4.12
目前从事职业	农民	58	13.55	58	59.79
	打工	122	28.50	22	22.68
	个体经营	81	18.93	14	14.43
	其他①	167	39.02	3	3.1

2. 增量农村金融机构客户的家庭特征

在接受调查的 428 名增量农村金融机构客户中，其家庭年收入在 2 万元以下的 41 户，占 9.58%，年收入在 2 万—5 万元的有 237 户，占 55.37%，年收入在 5 万—10 万元的有 127 户，占 29.68%，年收入 10 万元以上的 23 户，占 5.37%。从收入来源来看，完全依靠农业收入的农户家庭仅有 18 户，占总样本数的 4.21%，依靠农业和务工收入的有 170 户，占比 39.72%，依靠农业和经营收入的有 192 户，占比 44.86%，完全依靠固定工资收入的有 48 户，占比 11.21%。从有无融资经历来看，381 户表示近三年内有融资经历，

---

① 其他包括教师、公务员、企业管理人员、律师、医生、村干部等。

占总样本数的89.02%，仅有47户没有融资经历，占总样本数的10.98%。从离农村增量金融机构距离来看，被调查的样本客户中，家庭住址距离增量农村金融机构2公里以内的有228户，占总样本数的53.27%，2—5公里的有176户，占比41.12%，5公里以外的有24户，占比5.61%。具体如表5－2所示。

在筛选出的属于农户家庭的97个样本中，其家庭年收入在2万元以下的有24户，占24.74%，年收入在2万—5万元的有58户，占59.79%，年收入在5万—10万元的有10户，占10.31%，年收入10万元以上的有5户，占5.16%。从收入来源来看，完全依靠农业收入的农户家庭有11户，占农户家庭的11.34%，依靠农业和务工收入的有44户，占比45.36%，依靠农业和经营收入的有35户，占比36.09%，完全依靠固定工资收入的仅有7户，占比7.21%。从有无融资经历来看，79户表示近三年内有融资经历，占农户样本数的81.44%，有18户没有融资经历，占样本农户数的18.56%。从离农村增量金融机构距离来看，被调查的农户样本中，家庭住址距离增量农村金融机构2公里以内的有23户，占农户家庭数的23.71%，2—5公里的有64户，占比65.98%，5公里以外的有10户，占比10.31%（见表5－2）。

表5－2　样本家庭特征

统计指标	分类	样本数	占总样本的比例（%）	农户样本数	占农户的比例（%）
总数	—	428	—	97	—
家庭年收入	2万元以下	41	9.58	24	24.74
	2万—5万元	237	55.37	58	59.79
	5万—10万元	127	29.68	10	10.31
	10万元以上	23	5.37	5	5.16
收入来源	农业收入	18	4.21	11	11.34
	农业和务工收入	170	39.72	44	45.36
	农业和经营收入	192	44.86	35	36.09
	固定工资收入	48	11.21	7	7.21
有无融资经历	有融资经历	381	89.02	79	81.44
	没有融资经历	47	10.98	18	18.56
离农村增量金融机构距离	2公里以内	228	53.27	23	23.71
	2—5公里	176	41.12	64	65.98
	5公里以外	24	5.61	10	10.31

（二）增量农村金融机构服务满意度的描述分析

对增量农村金融机构服务满意度进行调查的结果显示，被调查增量农村金融机构服务总体满意度的均值为 3.26 分。其中，分别有 2.36% 和 32.58% 的客户对增量农村金融机构服务的总体效果表示非常满意和比较满意，约55.75% 的客户对增量农村金融机构服务的总体评价一般（基本满意），还有9.31% 的客户对增量农村金融机构提供的服务表示不满意或很不满意。总体来说，现阶段客户对增量农村金融机构服务满意度的评价等级居中。在对服务满意度指标体系中各分项指标的评价排序中，排在前四位的分别是大厅卫生环境及空调配置、自助服务设备配置、岗位配置情况和上班营业时间。排名后四位的分别是贷款利率、贷款申请手续的复杂程度、贷款审批时间和贷款条件的苛刻程度，其满意度评价得分均在 3 分以下，贷款条件的苛刻程度的满意度得分均值更是低至 2.36 分。具体各分项指标得分及排序如表 5 − 3所示。

表 5 − 3　增量农村金融机构服务满意度及排序

分项服务指标	满意度（平均值）	排序
大厅卫生环境及空调配置	4.21	1
自助服务设备配置	4.09	2
岗位配置情况	3.85	3
上班营业时间	3.69	4
排队等候时间	3.54	5
服务态度	3.28	6
贷款期限	3.19	7
贷款金额	3.17	8
业务办理速度和效率	3.09	9
金融产品种类	3.02	10
贷款利率	2.97	11
贷款申请手续的复杂程度	2.69	12
贷款审批时间	2.53	13
贷款条件的苛刻程度	2.36	14

从表5－3中我们可以看出，客户满意度较高的、排名靠前的主要是增量农村金融机构的硬件设施，如大厅卫生环境及空调配置和自助服务设备配置等，因为机构处于成立初期，所有的硬件设施都是新的，给人舒适的感觉，而且近年来为了扶持新型农村金融机构发展，财政部和国家税务总局分别出台相关文件给予定向费用补贴和税收优惠，以弥补机构成立初期在机具购置、租用营业网点、人员培训、信息化建设等方面投入的巨大成本，减轻财务压力，为机构投入新的硬件设施提供了良好的经济基础。客户对分项指标"贷款金额"的满意度评价排名为第八，虽然增量农村金融机构逐年加大对农户和小微企业的贷款规模，但惜贷现象依然存在，调查对象中86.97%的客户表示贷款金额不能满足其资金需求，从而降低了客户对贷款金额的满意度。而对"金融产品种类"的满意度排名为第十，该项满意度得分较低的一个很重要原因可能是客户对增量农村金融机构的产品种类不熟悉、不了解，在调查过程中当客户被问及是通过哪种途径了解增量农村金融机构的产品和业务时，90.26%的客户回答"通过亲戚朋友的介绍"，仅有3.62%和4.57%的客户分别选择"通过当地增量农村金融机构工作人员"和"当地政府及媒体的宣传"。随着信息技术的发展，为了节约经营成本，增量农村金融机构关于金融产品和服务的推广主要是通过金融机构网站发布，但农户由于没有家用电脑或缺乏计算机操作知识导致信息获取不足，这在一定程度上降低了农户对"金融产品种类"的满意度。而客户对"贷款申请手续的复杂程度""贷款审批时间"和"贷款条件的苛刻程度"等贷款的具体事宜满意度评分较低（76.29%的被调查者对增量农村金融机构发放贷款的程序表示不满意），这与增量农村金融机构追求良好的财务绩效有很大关系，金融机构为了追求资金的安全性、流动性和盈利性，为了控制风险降低不良贷款，会设置相对较高的贷款门槛，并严格把关贷款的各项程序，导致贷款手续过于繁杂，资金到位不及时。此外，69.35%的农户反映在贷款发放过程中存在不公平和托关系现象，这些都影响了农户对贷款手续指标满意度的评价。

（三）农户对各分项服务满意度的敏感性分析

本研究运用SPSS 20.0统计软件，采用相关分析法讨论上述14个分项对增量农村金融机构服务总体满意度的敏感性大小，通过计算Pearson相关系数得到 14 个分项满意度与总体满意度的相关系数见表 5 - 4。

表 5 - 4　增量农村金融机构服务各方面满意度与总体满意度的相关系数及排序

分项服务指标	Pearson Correlation	Sig.	排序
贷款申请手续的复杂程度	0.726	0.000	1
贷款条件的苛刻程度	0.718	0.000	2
贷款金额	0.693	0.000	3
贷款审批时间	0.687	0.001	4
业务办理速度和效率	0.592	0.000	5
服务态度	0.588	0.003	6
贷款利率	0.575	0.000	7
金融产品种类	0.561	0.006	8
贷款期限	0.559	0.000	9
大厅卫生环境及空调配置	0.532	0.007	10
岗位配置情况	0.530	0.002	11
排队等候时间	0.521	0.000	12
上班营业时间	0.513	0.005	13
自助服务设备配置	0.498	0.000	14

注：以上数值均通过了显著性水平为 1% 的双尾 T 检验。

分项满意度与总体满意度的相关系数越大，表明两个变量之间的相关性越强，即敏感度越大。分析结果显示，在 14 个分项服务指标中，贷款申请手续的复杂程度满意度的提高对总体满意度的提高最敏感，其次是贷款条件的苛刻程度方面的改善和贷款金额的提高，敏感性最小的是自助服务设备配置。

为了能对比分析每一项服务的满意度与其对总体满意度的敏感性，本研究对所有数值进行标准化处理。标准化处理的具体方法为：以各项数值与平均值的差作为分子，以各项数值的平均值作为分母。所得的各项数值见表 5 - 5。为了将所有标准化数值置于同一个坐标系中进行对比，以标准化后的各分项服务满意度作为纵坐标，以标准化后的各分项服务对总体满意度的相关系数（敏感性）作为横坐标，如图 5 - 1 所示。

表5-5　标准化后各分项服务满意度及其与总体满意度的相关系数

分项服务指标	标准化满意度	标准化相关系数
排队等候时间	0.0849	-0.1204
岗位配置情况	0.1799	-0.1052
贷款申请手续的复杂程度	-0.1755	0.2257
贷款利率	-0.0897	-0.0292
服务态度	0.0053	0.0072
大厅卫生环境及空调配置	0.2903	-0.1018
业务办理速度和效率	-0.0529	-0.0005
贷款条件的苛刻程度	-0.2466	0.2122
金融产品种类	-0.0744	-0.0528
自助服务设备配置	0.2535	-0.1592
贷款金额	-0.0284	0.1700
贷款期限	-0.0223	-0.0562
贷款审批时间	-0.2246	0.1598
上班营业时间	0.1309	-0.1339

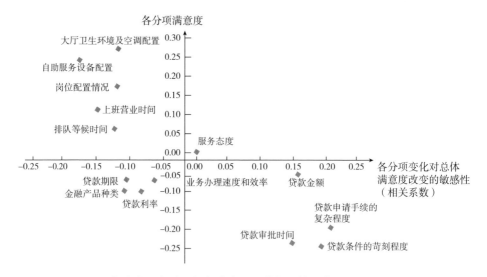

图5-1　标准化后各分项服务满意度及其与总体满意度的相关系数坐标

根据图5-1中四个象限内的点，可以比较出增量农村金融机构服务各方面的满意度及其敏感性：

①落在第一象限的点，说明该分项服务满意度的变化对总体满意度的改变比较敏感，并且该分项服务本身的满意度也比较高。被调查的 14 个分项服务中"服务态度"属于该类型，在当今农村金融竞争日趋激烈的大环境下，服务态度是一家农村金融机构软实力与竞争力的象征，直接影响其所能吸引的优质农户数量，只有以细心、耐心、热心为基础，以农户的需求为中心，时刻让农户感受到优越感和被尊重，才能培养农户对金融机构的忠诚度。增量农村金融机构应当努力保持这种优势，保证机构发展带来长久的经济效益和社会效益。

②落在第二象限的点，说明该分项服务满意度的变化对总体满意度的改变不太敏感，但其实际满意度的水平较高。大厅卫生环境及空调配置、自助服务设备配置、岗位配置情况、上班营业时间、排队等候时间都属于该类型。目前农户对农村金融机构上述几方面服务的满意度都达到相对较高的水平，由于农户对这些硬件设施已经形成了相对稳定的预期，因此其满意度的提高对增量农村金融机构服务总体满意度的带动作用并不大。但这并不说明这些方面对增量农村金融机构不重要，仅仅只是说明当前再增加这些方面的投入对总体满意度的提高效果并不明显，边际效用较低。

③落在第三象限的点，说明该分项服务满意度的变化对总体满意度的改变不敏感，且其本身实际满意度也较低，如贷款期限、金融产品种类、业务办理速度和效率以及贷款利率落在此象限内。上述几项指标的满意度较低，说明农户对这些指标内容提出了一定的要求，但由于贷款期限、贷款利率和业务办理速度等具体内容是在可以获得贷款的前提下才予以考虑的因素，相对于贷款的可获得性而言，其重要性相对较弱，因此其满意度的变化对总体满意度的改变不太敏感。

④落在第四象限的点，说明该分项服务满意度的变化对总体满意度的改变非常敏感，但其实际满意度水平较低。从落入第四象限的点来看，符合该特征的指标都与贷款的可获得性有关，主要包括贷款申请手续的复杂程度、贷款条件的苛刻程度、贷款审批时间以及贷款金额。这些分项条件应该成为增量农村金融机构努力的重点，因为这些指标本身的满意度较低，相对提升的空间较大，并且其满意度的提高对总体满意度的提高效果显著。因此，增量农村金融机构应该尽可能简化贷款申请手续，缩短信贷业务流程，精简管

理层级，直接贴近客户为其提供融资服务，从而保证信贷资金能及时到位，帮助农户及时抓住生产投资时机。

以上在对增量农村金融机构服务对象进行问卷调查的基础上，运用 Pearson 相关系数对客户对我国增量农村金融机构服务的满意度及敏感度进行了深入分析，通过利用实地调研数据分析可知，现阶段经济主体对增量农村金融机构服务的总体效果表示基本满意（被调查增量农村金融机构服务总体满意度的均值为 3.26 分），特别是大厅卫生环境及空调配置、自助服务设备配置等先进的硬件设施获得客户的满意度评价最高。但是对贷款申请手续的复杂程度、贷款审批时间以及贷款条件的苛刻程度的满意度评价较低，并且依次递减。事实上，真正使客户受到融资约束的原因跟增量农村金融机构的硬件设施的好坏关系不大，而主要跟贷款相关方面的指标有关，贷款条件过于苛刻、贷款手续麻烦、附加条件多、贷款审批时间长等都意味着农村金融机构在对农户提供融资服务时潜意识下设置较高的贷款门槛，这有可能使农户即使存在融资需要，也可能没有主动申请贷款或在申请贷款后选择自动放弃，导致农户面临需求型融资约束。而且贷款审批时间过长也可能导致农户即使获得了贷款，但因为贷款资金没有及时到位而贻误投资时机，损失经营项目的投资收益，变相地遭受到融资约束。从敏感度分析来看，大厅卫生环境及空调配置、自助服务设备配置等硬件设施满意度的提高对总体满意度的提高不太敏感，而获得农户满意度评价较低的贷款审批时间、贷款条件的苛刻程度以及贷款申请手续的复杂程度等指标的变化对总体满意度的改变非常敏感，并且其敏感度依次递增。由此我们可以得出，为了提高农户对增量农村金融机构服务的满意度，提升增量农村金融机构的服务水平，缓解农户面临的融资约束，当务之急是创新增量农村金融机构贷款品种，尽可能简化贷款申请、审批手续，改变层层上报、层层审核，信息传递层层衰减的效率低下的状况，通过缩短信贷业务流程，切实改变部分业务授权环节较多、操作流程较为复杂的状况，确保农户能及时得到所需要的信贷资金。

三、我国增量农村金融机构缓解农户 融资约束效果不佳的原因

2006 年以来实施的农村金融增量改革，虽然名义上是通过引进新型农村金融机构的增量式改革，但是在具体措施方面仍然是自上而下的改革，并没有改变存量改革的行为路径，仍然或多或少带有原来外生金融改革的烙印，并没能从实质上缓解农户面临的融资约束。

（一）增量改革仍然沿用的是自上而下的强制性制度变迁方式

改革开放以来，我国从来没有停止过对农村金融进行改革，但一直以来我国推行的农村金融改革主要依赖上层力量的驱动，都是在政府主导和严格控制下自上而下进行的，这种农村金融的外生性具有明显的"路径依赖"特征，基于市场经济条件下的自发创新很少，缺乏农村经济主体的普遍参与，在农村金融体系建设的过程中没有很好地考虑农村经济主体对金融服务的需求和参与意识的培养，导致农村金融体系与农村经济发展阶段和现有的资源禀赋结构不相适应。特别是我国农村金融改革一直只是着眼于对传统农村金融体制构架进行表层的修补，没有从确定农村金融主体、塑造独立的金融人格入手，也就没有从根本上改造旧的金融流程，结果不但没有触动传统的金融制度，反而使农村金融改革付出了巨大的成本。即使是 2006 年以后推行的农村金融增量改革也具有很强的外生性。从新成立的新型农村金融机构来看，无论是村镇银行还是小额贷款公司几乎都是来自农村经济之外的外生力量组建的，其建立过程、主要资金来源、组织运作基础主要都依赖于农村经济社会之外的力量。我国村镇银行必须由银行类金融机构发起和控股，基本沿袭发起行的业务管理模式和流程，很多村镇银行实质上成了大中型商业银行的专业化分支机构，是基于对外部大银行模式的移植与复制，不利于村镇银行充分发挥主观能动性服务"三农"。贷款公司也必须是银行类金融机构的全资附属子公司。农村资金互助社发展过程中内生发育被外力推动替代，行政色彩浓厚，从而导致新型农村金融机构被牢牢控制在原有的金融体系内部。

（二）增量农村金融机构是存量农村金融机构体系的派生物

新型农村金融机构作为农村金融改革和发展的"边际增量"，能为农村金融市场注入一股新鲜血液，引入竞争元素，容易在农村金融市场上形成"鲶鱼效应"。但是与大型商业银行相比，新型农村金融机构在品牌知名度、资金实力、经营网点数量和客户忠诚度等方面都不占优势，如果不进行产品和服务的创新就没有出路，容易成为商业银行的移植品和复制品，陷入产品和服务同质化的僵局。从目前增量农村金融机构改革的实际情况来看，新型农村金融机构并没有深入了解客户的特点和需求，因地制宜地创新产品和服务方式，实现服务广度和深度的有效结合，新型农村金融机构缺乏业务创新的积极性，在产品和服务开发上讲究"统一性"和"标准化"。以村镇银行为例，按照中国银监会对村镇银行成立的相关规定，其发起设立时必须要选择大中型银行业金融机构作为发起人、大股东，而这种要求必然导致村镇银行移植复制拷贝大股东的经营策略、业务管理模式和流程，内生性不足，突出表现在产品单一和服务僵化方面。按照《村镇银行管理暂行规定》第三十八条规定，村镇银行的业务范围包括吸收公众存款；发放短期、中期和长期贷款；办理国内结算；办理票据承兑与贴现；从事同业拆借；从事银行卡业务；代理发行、代理兑付、承销政府债券、代理收付款项及保险业务等。但是，实践中的绝大多数村镇银行并没有结合当地农村的资源禀赋结构和经济发展特征相应创新开办以上业务，而只是简单复制发起行在农村分支机构办理的公众存款和小额贷款业务，并且，这些自上而下、从外到里的"外生嫁接"式推动的新型农村金融机构在贷款方式上，信用贷款占的比例较低，仍然主要以抵押担保贷款为主。从利率定价来看，新型农村金融机构几乎都是简单地沿用大型金融机构的模式选择贷款利率上浮的"懒惰策略"。可见，新型农村金融机构的产品未能体现出特色化与创新性。从新型农村金融机构的从业人员来看，其整体素质不高，缺乏全面、系统的金融专业知识和业务操作技能培训，并且大多数员工都是由发起行直接委派的，他们仍习惯于大银行传统的经营模式与服务思维，缺乏对农村金融市场的了解，无法形成与农户软信息相匹配的服务方式，因此，这些外生于农村经济的农村金融机构的产品和服务不能适应农村经济发展的多样化需求。

（三）对增量农村金融机构的监管模式不合理

我国农村金融体系目前基本形成的是"一行一会"的金融监管格局，即由中国人民银行和中国银监会负责实施监管，中国人民银行在每个县设置县支行，中国银监会在每个县设置一个由 4 人左右组成的监管办事处。金融增量改革实施后，主要由县监管办事处与中国人民银行县支行对新型农村金融机构进行直接监管。中国银监会县监管办事处对村镇银行、农村资金互助社和贷款公司的监管仅限于准入监管，其思路是降低准入门槛，严格控制风险，对这三类机构的运营状况监管较少。而中国人民银行县支行对三类机构的监管则主要是人民币管理和金融统计业务等监管，并且村镇银行不能加入央行的支付结算系统，不能开展"银联卡"业务，贷款公司和农村资金互助社也难以申请央行支农再贷款。2005 年，中央银行为实现普惠金融，在各地整合民间资本、力推小额信贷，并试点组建"只贷不存"的小额贷款公司，但小额贷款公司成立至今一直没有获得中国银监会赋予的"金融机构"地位，处于监管主体缺失的状态。小额贷款公司作为一般类工商企业，本应由当地工商部门实施监督管理，但由于它从事的是特殊的金融服务，与一般企业提供的服务不同，所以应该由银行业监督管理部门实行监管。可是，中国银监会一直不承认小额贷款公司的金融机构地位而不愿意承担监管责任，并将其风险分散和风险控制的责任推给地方政府和中央银行，导致小额贷款公司一直处于监管主体不明的状态。这种自上而下的、以外部行政垂直监管为主的新型农村金融机构监管模式使监管机构之间处于分兵把守、各自为战的状态，对新型农村金融机构的营运监管形同虚设，导致监管信息难以协调共享，监管措施相互重叠或相互抵触的现象时有发生，监管效率低下。

第六章　增量农村金融机构的内生成长及其对农户融资约束的缓解

从前文的相关分析得出，农户在面临较大的生产及生活开支需求无法通过正规金融机构满足时，外出务工和非正规金融成为农户缓解融资约束的重要途径。相对而言，外出务工能更好地帮助农户增收，解决农户生产生活开支需求，缓解农户融资约束。但这一结论仅仅是静态分析下的结论。从动态来看，任何家庭当其收入水平提高后，又会产生新的生产经营行为和消费水平提升的需求，从而产生新的资金需求。而且从经济运行的规律来看，绝大部分以追求利润最大化为目标的经济主体都是赤字型部门，为了扩大生产规模、改进技术和设备、提高管理水平等，都需要从外部融入资金。在农户日益分化，逐渐演变成以追求盈利最大化为目标的小微经济主体的情况下，其融资还是需要靠金融市场、金融机构等外源融资渠道。而外生性正规金融机构由于其自身的特点和面临的路径依赖，当前情况下还难以满足农户的融资需求，内生性的农村金融机构是否应该成为增量农村金融机构的主要成长方式，以更好地缓解农户面临的融资约束呢？霍芙特（Hoft）和斯蒂格利茨（Stiglitz）曾指出，依靠熟人社会的人际信任，民间金融借助信息和交易成本等方面的优势，可以有效缓解农户的违约风险。之所以当前我国农村内生性的非正规金融没有很好地满足农户融资需求，主要原因在于当前制度环境条件下我国对内生性农村非正规金融还存在一定程度的打压，其业务很难光明正大地开展，机构很难得到有效发展，功能很难得到充分发挥，导致农村小微企业和农户陷入贫困恶性循环。这也充分说明，人为什么富裕、为什么贫穷和金融服务有很大的关系。在金融结构固化的情况下，一部分人总是优于另一部分人获得金融资源，那么社会结构也将固化，社会提升向上的纵向通道将会堵塞。也即如果农户得不到金融资源，农户演变成专业大户、家庭农场甚至分化成企业家等纵向通道就会堵塞，社会趋于和谐、繁荣和平等的趋势就会受阻，社会矛盾将日趋严重。因此，需要我们对金融体系进行更深层次的民主化、人性化和扩大化的改造（贝多广，2015）①，努力捕捉和发掘金融界新的发展动力，确保金融为社会各个阶层提供一视同仁的服务，以保证所有人都能更明智地参与金融系统。

不同农户的资源禀赋和偏好不同，在现有的以外生为主的农村金融体系下，金融机构从自身利益出发，不愿意为农户提供金融服务或服务门槛很高，农村金融资源的分配必然存在不均等的情况下，依靠农户自身力量实现自身境况的改善就是一种次优选择，即鼓励农户等农村经济主体之间的互助合作，由农村经济主体发起设立适合自身状况的融资机构来解决农户融资问题是更具可操作性的解决农户融资约束的办法，这种内生性金融机构不是外生地向农户配置金融资源，而是让农户这一弱势群体参与"金融—实体经济"的循环过程，使农户在经济增长中改变自身的资源禀赋，使自身成为集投资方和融资方为一体的金融服务对象或金融消费者（王颖、曾康霖，2016）。②

现在发达国家发达的金融机构、金融市场也是在其经济发展的过程中从内生于其经济体中的民间借贷、互助社、商业信用等经过不断的业务创新、产品创新、组织创新等逐渐发展并不断演进规范起来的，其发展的动力是在不断适应经济主体需求的基础上对自身经济利益的追求，是降低成本和风险的努力等。当然，在这一过程中，他们也根据自身的发展状况、能力和市场定位而建立起了自己的业务门槛和避险手段，从而自然而然地将业务对象限定为最有利于自身目标实现的对象。

作为发展中国家，特别是发展中国家的农村，外生性的、从发达国家移植和模仿的以及自上而下由政府主导建立的金融机构和市场显然只能满足部分经济主体的金融服务需求和政府目标的需要，靠这些外生性金融机构满足农村经济主体的金融服务需求显然是不现实的。很多学者也认为，市场经济的健康发展必须防止经济权利的过度集聚，应该采取更多的措施扩大资本所有权的分散范围，因此必须从农村经济主体的现实需要出发，在农村经济运行中培育金融自下而上发展的环境和条件，培育内生的农村金融主体，促使

① 贝多广：《好金融与好社会：问题的提出和答案》，《金融研究》2015 年第 7 期。
② 王颖、曾康霖：《论普惠：普惠金融的经济伦理本质与史学简析》，《金融研究》2016 年第 2 期。

越来越多的农村经济主体参与金融业务，这样发展起来的金融主体才可能从农村经济主体的需求出发设计产品和服务，创新组织模式，培育和巩固客户，开拓市场，并在此过程中促进农业农村经济的发展。那么什么是内生金融？其优势又有哪些呢？

一、内生金融的界定

内生金融和外生金融是从金融生成和发展的方式和动因角度对金融进行的划分，两者共同构成一个国家或地区的金融整体。国外并没有内生金融与外生金融的确切说法，但是在 20 世纪 90 年代中期，斯蒂格利茨和韦斯等（Stiglitz 和 Weiss et al.，1984）[①] 认识到要培育有效率的农村金融市场，需要一些社会性的、非市场的要素去支持它，其学术观点中暗含了农村金融主体的差异性，是内生金融与外生金融的一种表达形式。后来的一些金融理论家，如本西文加（Bencivenga）和史密斯（Smith，1991）[②]，杜塔和卡普尔（Dutta 和 Kapur，2010）[③] 摒弃了完全竞争的假设，引入诸如不确定性、不对称信息和交易成本等与完全竞争相悖的因素，对金融中介和金融市场的形成作了规范意义上的解释。由于这些理论模型都认为金融体系是在经济发展过程中内生形成的，因而统称为内生金融理论。从我国各金融机构的特点出发，一般来讲，正式金融的内生性最弱，准正式金融其次，非正式金融内生性最强。

国内学术界对于内、外生金融的界定主要从三个角度展开：

（一）金融组织成长与演化角度

张杰（1995）从发展状态角度描述内、外生金融，认为内生状态主要基于微观金融主体的参与和贡献，外生状态很少包含微观金融主体的内在贡献

---

① Greenwald，Bruce，Stiglitz，Joseph E. and Weiss，Andrew，"Informational Imperfections in the Capital Mrket and Macroeconomic Fluctuations"，*American Economic Review*，1984.

② Bencivenga，Valerie R.，and B. D. Smith，"Financial Intermediation and Endogenous Growth"，*Review of Economic Studies*，Vol. 58，No. 2，1991，pp. 195-209.

③ Dutta. J.，Kapur S.，"Liquidity Preference and Financial Intermediation"，*Review of Economic Studies*，Vol. 65，No. 3，2010，pp. 551-572.

因素，往往基于对外部金融的移植。[①] 与此类似，孙杰（1995）描述的金融内生状态为微观金融主体的积极参与，其形成是一种自发或者自然的过程，是与一国的经济与文化环境的内层启动机制联系在一起的，且不存在人为干预的行为。[②]

（二）资金融通角度

姜旭朝（1996）认为内生金融是以内生货币形式反映的金融过程，这种过程是在客观需求刺激下民间自发组织形成的"为民间经济融通资金的所有非公有经济成分的资金运动"[③]。韩丽娟（2007）认为内生性与外生性是指经济模型中变量的性质，如果一些变量的值是由模型之外的因素决定，则这些变量是外生的；如果一些变量的值由模型内部产生并受到外生变量与其他内生变量的影响，则这些变量是内生的。[④]

（三）政府监管角度

焦兵（2012）提出内生金融是指不受政府监管的金融活动，以满足农村微观经济主体自发的金融交易需求为目标而产生。[⑤]

尽管学者们对于内、外生金融的定义角度不一，但对其内涵均围绕内、外生金融的产生方式和形成规则进行阐释。从这些定义可见，我国当前的内生金融组织形式主要包括自由借贷和私人钱庄、合会、典当信用、民间集资、贴现和其他民间借贷组织（如金融服务公司、财务公司、股份基金会等）。[⑥]

二、农村金融内生成长的理论基础与现实依据

张杰（1995）认为金融的内生状态主要是基于微观金融主体的参与与贡

---

① 张杰：《中国金融成长的经济分析》，中国经济出版社1995年版。
② 孙杰：《货币机制中的金融过程——金融制度的国际比较》，社会科学文献出版社1995年版。
③ 姜旭朝：《中国民间金融研究》，山东人民出版社1996年版。
④ 韩丽娟：《供求视角和内生金融与农村金融改革》，《贵州社会科学》2007年第11期。
⑤ 焦兵：《中国农村金融变迁：从外生金融扩展到内生金融成长》，中国社会科学出版社2012年版。
⑥ 方晓燕、刘蕾：《内外生双重约束下农村外生与内生金融的融合》，《西部论坛》2012年第1期。

献，而外生状态很少包含微观金融主体的内在贡献因素，往往基于对外部金融的移植。[①] 基于此，我们来探讨农村金融内生成长的理论依据与现实条件。

（一）农村金融内生成长的理论基础

1. 局部知识与农村金融的内生成长

局部知识的存在要求农村金融走内生成长道路。局部知识指的是存在于特定时间、空间环境中，分散于个人的知识。一般来讲，个人无法掌握全局知识，但对某一方面知识的掌握程度而言，个人具有其他人不可比拟的优势；身在某一环境中的人，才拥有这一环境中的局部知识，才更了解这一环境的真实情况，从而作出正确决策（Hayek，1945）。[②] 局部知识进一步解释了知识分工（Knowledge of Division）的必要性，认为通过劳动分工而不是"精英决策"或政府干预，可以促进个人之间的合作与协调，作出有利于整体经济的决策，从而构建合理的经济秩序。

（1）内生农村金融机构可以充分利用局部知识，克服信息不完全和不对称问题，创造可靠的信用环境

农村金融市场的主要参与者是农户和小微经济主体，他们缺少完整的财务资料，其经营管理状况只有经营者自己较为了解，因而存在局部知识，即信息不完全和不对称现象大量存在（冯兴元、何梦笔、何广文，2004）。[③] 而自上而下的农村金融外生成长主要是政府主导的结果，很少包含微观金融主体的内在贡献因素，往往是基于对外部金融模式的移植，不能充分反映农村金融内部运行和农村小微经济主体金融服务需求的准确信息，导致包括农户融资约束缓解在内的一系列金融改革发生"目标偏移"（黄宁辉，2001）。[④] 而自下而上的农村内生金融机构则是由农村经济发展的现实需求衍生出来的，以农户的信贷、储蓄、养老、保险、投资等需求为驱动力，能够通过局部知

---

① 张杰：《中国金融成长的经济分析》，中国经济出版社 1995 年版。

② Hayek, F. A., "The Use of Knowledge in Society", *The American Economic Review*, Vol. 9, 1945, pp. 519-530.

③ 冯兴元、何梦笔、何广文：《试论中国农村金融的多元化——一种局部知识范式视角》，《中国农村观察》2004 年第 5 期。

④ 黄宁辉：《现代中国农业金融成长方式研究：1956—2000》，暨南大学硕士学位论文，2001 年。

识的运用有效克服信息不完全和不对称，并按照农户需求设计合适的农村金融产品和服务，满足农户金融服务需求，实现农村金融改革发展的既定目标。

（2）内生金融成长重视个人信息的重要性和决策的自主性，因而可以提高农户参与的积极性

农户自身的相关特点及其所决定的金融需求的真实信息，很难被其他人所掌握，外生性金融机构和制度正是由于缺少对这些信息的掌控而偏离了农村金融发展的规律和要求，其活动的开展往往是金融机构的一厢情愿，或受相关当局的影响和干预而被动执行，农户参与程度不高，因而金融机构发展缺少活力；而农村金融内生成长强调各经济主体的自发参与，各经济主体基于自身利益的考虑，尽可能发挥自己的信息优势，并通过价格体系将这些分散在农户中的信息协调起来，因此其整体经济绩效是个人信息和决策相互协调的结果。在这个过程中，农户了解自己的信息和自身决策在农村金融活动中的重要性，也会更加积极主动地参与农村金融的发展进程。因此，农村金融改革发展过程中主体参与的能动性是农村金融功能有效发挥的关键，也是局部知识在农村金融内生成长中发挥作用的重要体现。

2. 制度变迁与农村金融内生成长

制度是影响经济成长的关键，相对价格的根本性变化是制度变迁的最重要来源，促使制度遵循"均衡—非均衡—均衡"的变化规律。① 这里的相对价格是一种潜在利润，也称为外部利润，是现有制度条件下无法提供的利润，通过创新制度安排能够使潜在于现存制度安排结构外部的利润显露并内部化于新的制度安排结构中，实现利益最大化（姜新旺，2008）。② 促进农村金融从外生成长向内生成长转变的制度安排，遵循了农村经济发展的需要和农村金融发展的规律，可以促使外生条件下被抑制却内含于农村金融的潜在利润显现和对经济社会正效应的外溢，是一种具有正外部效应、可持续的制度变迁。另外，制度变迁还取决于人们的信念、认知、心智构念和意向性，相对价格需要改变这些先存的心智构念，才有可能引致制度变迁。只有制度与经

---

① ［美］道格拉斯·C.诺思：《制度、制度变迁与经济绩效》，杭行译，格致出版社、上海三联书店、上海人民出版社 2014 年版。

② 姜新旺：《内生金融与农户金融需求的满足》，《改革》2008 年第 7 期。

济主体的信念和认知相一致，才能得到有激励的设计，因此制度制定应建立在反映主体利益诉求和价值观念的基础上，注重制度变迁的有效性。

在制度变迁中，强制性制度变迁由外部主体主导推行，其影响因素包括外部主体意愿、利益等方面，主要满足外部主体的偏好，极有可能偏离内部主体的利益和发展目标。新中国成立初期，我国为了实现工业赶超，推行"以农养工"的发展战略，利用计划金融抽取农业剩余支持工业发展，就是一种外生金融成长方式。政府作为权力中心和推动制度变迁的第一行动集团，既有促进农村金融效益最大化的动机，更有巩固既定经济体制和自身利益的意愿，导致中国农业发展长期缓慢，农村金融没有成为农村经济发展的有力支撑，反而成为农村资金的"抽水机"（黄燕君，2000）。[1] 改革开放以来，农村金融改革主要依赖上层力量驱动，着眼于对传统体制构架表层的修补。直到 2006 年，以中国银监会放宽农村金融市场准入为标志，我国农村金融改革进入"增量"改革阶段，然而新型农村金融机构发起设立的相关规定导致其被牢牢控制在原有金融体制之内，其经营理念和行为逻辑都与原有金融机构趋同，服务"三农"的意愿不足（李明贤，2015），因此这一时期的农村金融制度变迁仍属于强制性制度变迁。[2] 诱致性制度变迁，则是从经济体系内部主体的需要出发衍生出来的、充分反映经济主体偏好和利益，是由众多单位和个人为达到经济目的而相互谈判、实现利益均衡的结果，这种制度变迁更加稳定、更富有效率（林毅夫、蔡昉、李周，1999），能够有效地将潜在的经济利润转化为现实的经济利润[3]。农村金融内生成长是一个市场自然选择的过程，随着市场力量的增强和制度约束条件的改变，农村市场内外部经济主体出于自身经济利益的追求，会逐渐打破外生的政府强制性制度安排的路径，最终外生的政府强制性制度安排被内生的诱致性市场交易制度所替代（姜新旺，2008）。[4] 可见，兼顾各方利益、实现资源优化配置的农村金融内生成长是农村金融可持续发展的必然要求。

---

[1] 黄燕君：《农村金融制度变迁与创新研究》，《浙江社会科学》2000 年第 6 期。

[2] 李明贤：《农村金融改革需走内生成长之路》，《中国社会科学报》2015 年 2 月 2 日。

[3] 林毅夫、蔡昉、李周：《中国的奇迹：发展战略与经济改革》，格致出版社、上海三联书店、上海人民出版社 1999 年版。

[4] 姜新旺：《内生金融与农户金融需求的满足》，《改革》2008 年第 7 期。

3. 金融自由化与内生金融成长

金融成长包含"金融增长"与"金融发展"之义，体现了金融规模的扩张和结构的优化。由于外生金融主要依靠移植而来，其成长大多依靠系统外部资源的植入，属于"他组织"形式，即外部力量作用下金融体系的被动反应，因而缺乏内在的成长动力。内生金融成长则通过系统内部运行提高资源使用效率，属于质量型的变化（韩丽娟，2007），是"自组织"的金融成长，即通过完善的机制和结构，内部金融要素能自主协调配合来实现金融系统的有序运行和发展。[①] 金融自由化（金融深化）就是要将金融抑制、金融约束下的金融他组织成长转化为自组织成长，发展中国家推进金融成长的根本出路在于实现金融成长由外生状态向内生状态的转换（张杰，1994）。[②] 中国也不例外。

（二）农村金融内生成长的现实条件

论及我国农村金融的特殊性，离不开中国农村社会这一分析基础。中国农村社会是乡土社会，以村落为单位聚集，人们世代定居于同一片土地上，人际关系相对封闭稳定，且具有"圈层结构"特点，表现为以个人为中心，根据血缘关系、人际交往的亲疏像水纹一样一层层推开排列，关系越紧密的越接近中心（费孝通，2011）。[③] 尽管目前我国农村社会的流动性已大大增强，但家庭"圈层结构"并未发生质的改变和突破，人们自发地进入这一结构，使用这一体系，依靠它传递交换信息，获得及时帮助和稳定保障；在这一圈层结构中，基于人情法则的农村金融活动是近乎无限次的重复博弈，一次违约导致后续金融需求可能难以满足，且存在惩罚的扩大效应，因此，根植于农村社会结构中的内生金融，由于圈层结构这种天然社会网络的存在破解了农户的信用困境，局部真实信息以很低的成本在较为稳定的人际网络中得到传递，有效地克服了信息不对称；且处于"圈层结构"中的人们不会轻易违约，农村民间金融的运作风险可以得到控制。可以说，农村社会资本为

---

① 韩丽娟：《供求视角和内生金融与农村金融改革》，《贵州社会科学》2007 年第 11 期。

② 张杰：《金融成长的内生机制：理论分析与经验考察》，《福建论坛（经济社会版）》1994 年第 5 期。

③ 费孝通：《乡土中国　生育制度　乡土重建》，商务印书馆 2011 年版。

农村民间金融提供了一种激励和约束机制；不需要复杂的审批手续和借款流程，用"信任抵押品"代替了物质抵押品，为内生金融成长创造了良好的制度环境，可以使农户的金融服务需求在一定程度上得到满足。而且，在我国，农村经济主体的微观活动及其融资行为具有分散化、规模小、周期长、监控难、风险大等特点，难以得到商业化外生性正规金融的关注和重视，因此，小农经济天然、长期地与民间借贷相结合，特别是 20 世纪 90 年代，农村正规金融的退出导致农村非正规金融的迅速分蘗。但政府出于维稳、控制金融资源等考虑，对内生性草根金融进行管制，甚至刻意打压，内生力量推动下的农村金融成长不具备一个良好的环境，影响了其成长壮大和作用的发挥。

2006 年以来旨在缓解农户融资约束的新型农村金融机构的引入对于解决农户的信贷约束问题并没有起到显著的作用（张海洋、李静婷，2012）。[①] 其原因在于新型农村金融机构的设立和发展仍走的是外生成长之路，导致新型农村金融机构出现"水土不服"。（1）就我国农村社会关系网络的现实来看，互助性的"道义金融"仍是主流，制度化的"契约金融"缺乏生存基础。农村社会资本形式的演绎是农村金融内生成长的基础（张改清，2008）。[②] 我国农村社会以家庭血缘关系为中心的差序格局决定了农村金融是一种"道义金融"，即农户处在内生于家庭圈层结构的非制度信任体系中，其正常资金需求依赖于关系型信用，组织化程度较低，认可以人情为基础的无息或低息借贷形式（姜新旺，2008）。[③] 外生成长的正规金融期望建立以商业规则为运行依据的正规金融市场，属于"契约金融"的范畴，其对应的成长条件，如较高的组织化程度、开放扩大的社会关系网等，我国农村社会暂不具备，在短期内也无法培育，所以外生性的新型农村金融机构发展存在先天环境不足。（2）就金融机构本身来说，新型农村金融机构仍处于传统金融体系控制下，没有突破外生成长模式，难以给农村金融发展带来新局面。村镇银行必须由银行业金融机构发起成立，贷款公司也是商业银行或农村合作银行的全资附

---

① 张海洋、李静婷：《村庄金融环境与农户信贷约束》，《浙江社会科学》2012 年第 2 期。

② 张改清：《中国农村民间金融的内生成长——基于社会资本视角的分析》，《经济经纬》2008 年第 2 期。

③ 姜新旺：《内生金融与农户金融需求的满足》，《改革》2008 年第 7 期。

属子公司，农村资金互助社发展中行政色彩浓厚（李明贤、周孟亮，2013）①，可见新型农村金融机构发展没有实现真正意义上的创新，调动农村社会内部力量的能力有限，农户对新型农村金融机构的认知和信任程度有限，参与的积极性主动性不高，外生性的新型农村金融机构也不以为农户提供金融服务为目标，其定位偏差使其在面对农户融资困难时缺少主动对接农户需求的积极性和使命感，导致农户的融资约束难以缓解。

从根本上来说，外生性农村金融机构在缓解农户融资约束方面的无力是因为其超越了农村的现实条件和发展程度，而内生的、根植于当前农村经济社会环境内生成长起来的金融机构才适应并能有效促进农村经济的发展。一般说来，金融是经济发展到一定程度的产物，而经济的持续发展也离不开金融作用的发挥。发达国家的农村金融体系是发达的农业农村经济发展水平的产物，依靠商业金融为基础，以正式规则和制度为运行秩序，农户是面向市场、具有商业精神的经营者，但这一成熟的农村金融体系也是随着本国农村与农业经济的发展，逐渐由最初的合作金融体系内生演进而来的。我国目前的农业现代化水平落后于发达国家约一百年（何传启，2012），农民收入与城市居民收入仍存在明显差距，2015 年城乡居民收入比为 2.73∶1，2014 年年底农村贫困人口仍有 7017 万人。② 可见，我国农村金融成长的经济基础还较薄弱，自给自足、追求温饱的小农经济仍是主流，有的地方还不具备正规金融产生的条件，加上农村社会的差序格局和圈层结构，决定了非正式规则在信息传递和反馈、控制金融风险方面的作用，在此阶段只依靠正式规则的外生金融是缺乏生命力的。因此我国目前基于外生成长的金融发展思维，强行推行超越现有经济发展阶段的商业化金融模式，建立的偏离合作金融的农村信用社和商业化倾向明显、缺乏服务三农意向的其他农村金融机构，违背了金融内生性的要求，与中国农村金融制度环境难以兼容（胡卫东，2013）。③

① 李明贤、周孟亮：《我国普惠制农村金融体系建设研究》，商务印书馆 2013 年版。
② 何传启：《中国现代化报告 2012——农业现代化研究》，北京大学出版社 2012 年版。
③ 胡卫东：《发展我国农村金融的误区：一个内生分析框架》，《农村经济》2013 年第 5 期。

三、农村金融内生成长下农户金融
活动参与和融资约束缓解的机制

与外生金融带来的疏离感相比，农户遇到贷款需求时更倾向于向较为熟悉的内生金融寻求支持。这主要是由于内生金融是自组织的，是基于金融参与主体的利益而发展起来的，主要受制于内部规则的约束而运转。这种规则是分散个体在交往的过程中自发形成的，它能有效获取并充分利用相关内部信息，且成本较低，也能得到相关个体的认同和信任，因此参与主体更愿意主动遵守规则。而外生金融是被组织的，金融参与主体的利益不再是最重要的考虑因素甚至被忽略，金融机构的运营主要受制于外部规则，这种规则由外部制定或移植，难以反映系统内部微观主体的具体信息，导致信息不对称和较高的交易成本，因此金融机构缺少开展相关业务活动的主动性和积极性，往往设置较高的业务门槛，造成农户存在需求型融资约束，主动放弃与正规金融机构发生业务关系，因此内生农村金融在缓解农户融资约束方面具有较大的潜力，具体作用机制如图 6-1 所示。

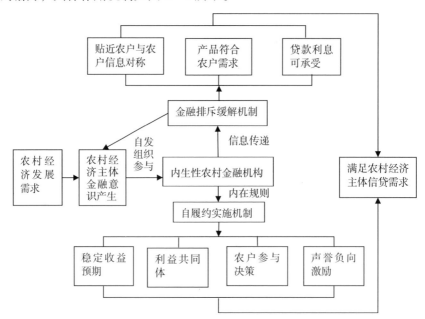

图 6-1　内生农村金融缓解农户融资约束的作用机制

（一）　金融排斥缓解机制

体制上，我国农村金融体系依靠外力推动建立，金融机构缺乏良好的成长环境和条件，发展十分落后，存在"离农"的趋势，表现为存在较为严重的金融排斥，甚至形成"金融空洞"，导致弱者更弱、城乡差距扩大的"马太效应"，损害社会经济发展。如1998年我国银行业分支机构改革中，四大国有商业银行以及农村信用社对其农村地区的分支机构进行了不同程度的撤并，加深了农村地区的金融排斥。一般来说，金融排斥是指在金融体系中人们缺少分享金融服务的一种状态，包括社会中的弱势群体缺少足够的途径或方法接近金融机构，以及在利用金融产品或金融服务方面存在诸多困难和障碍（王修华，2009）。[1] 内生金融的发展思路就决定了其内含金融排斥缓解机制，能较好地满足农户的融资需求。

内生金融应农户的需求而产生，贴近农户，在收集农户信息方面具有成本优势，能够有效地对农户信贷进行风险评估，贷款流程也更为简便；内生金融通过调动农户参与和让农户决策，使农户了解农村金融的相关组织和制度，从而认可这种金融形式，在有融资需求时愿意主动向其寻求支持。新中国成立初期农村信用社能较好地提供农户贷款，其原因就在于其离农户距离比较近，农户参与度高；对农户情况掌握充分，能根据实际情况灵活发放贷款。

（二）　自履约实施机制

在农村金融运行中存在农户违约风险这一问题上，内生金融因为内含还款的天然保护机制，即自履约实施机制而具备独特的优势，保证了借贷双方的利益和借贷行为的重复性。

首先，能自我履约的制度、规则本身必须是合理的、可实施的，此时参与者遵循规则是最优行为。在实现契约自履行的过程中，"预期"具有十分重要的意义，如果契约人对潜在收益超过违约成本缺乏稳定的"预期"，长期契

---

① 王修华：《新农村建设中的金融排斥与破解思路》，《农业经济问题》2009年第7期。

约关系或隐性契约就很难维持（孙昌群，2003）。① 从博弈论角度来看，在参与人的策略互动中内生的博弈规则能在交易者中产生维持诚实交易的行为，实现交易博弈重复进行的稳定均衡。内生的规则、制度是对均衡博弈路径上的显著和固定特征的一种信息浓缩，这种信息被参与人所预期和感知，并据此作出策略决策。这样，制度就以一种自我实施的方式制约着参与人的策略互动，又被他们在连续变化的环境下的实际决策不断再生产出来（青木昌彦，2001），② 因此，内生的制度能在变化的情况下找到稳定均衡点，形成遵循行为人利益的合理预期。其次，能自我履约的规则、制度必须是有效的，存在相应的约束机制克服不遵守规则的行为倾向，惩罚破坏制度的行为，保障制度能被执行。当然并非任何博弈的均衡解都是有效的制度（张旭昆，2002），③ 因为不能保证这种均衡解必然能够实现，合理的制度不一定被遵守或实施，如果某一规则由于不能被执行而失去生命力，那么它自然会被淘汰或被新的规则取代。因此应区分制度和制度的有效性，制度建设寻求的是有效的制度。内生规则、秩序从表面看杂乱无章，甚至没有固定的书面形式，但实际上比那些看似正式规范的外生规则更能得到认可和执行，因为农户本身的产权结构决定了由此产生的制度安排包含着互相约束（姜新旺，2008）。④ 内生规则具有生命力，表现在规则之间通过相互联系而形成了一个缜密的运行系统，其中内含激励和约束机制来保证有效制度规则的执行，淘汰违背系统运行的规则。

内生农村金融机构发源于农村内部资金供求，农户在储蓄者和贷款者之间转换，在农户的借贷活动中，农户的信用情况和借贷愿望一般不为外人所知，农户的真实信息、制度之间的相互约束，能够得到内生性农村金融机构的充分了解，因而金融机构能提供及时适当的资金支持，实现资金向农户的流动；农户遵循已有的制度安排，从而同时根据个人信息变化作出决策影响制度安排，成为农村金融网络体系上的一个节点，并依赖它作为生存生产保障，即声誉机制负向激励贷款违约行为，稳定了潜在收益大于违约成本的预

---

① 孙昌群：《风险投资制度的自实施机制研究》，西安交通大学博士学位论文，2003 年。
② ［日］青木昌彦：《比较制度分析》，周黎安译，上海远东出版社 2001 年版。
③ 张旭昆：《制度的定义与分类》，《浙江社会科学》2002 年第 6 期。
④ 姜新旺：《内生金融与农户金融需求的满足》，《改革》2008 年第 7 期。

期，因此农户不会轻易"背信弃义"脱离这个体系，而是积极主动履行还款义务，实现资金向供给者的回流。这样就实现了个体农户利益和金融机构利益的一致，帮助借贷双方构建起长期稳定的关系型融资关系（姜新旺，2008）。[①]

[①] 姜新旺：《内生金融与农户金融需求的满足》，《改革》2008 年第 7 期。

第七章　增量农村金融机构缓解农户融资约束的信贷机制设计、策略与环境条件创设

一、增量农村金融机构缓解农户融资约束的信贷机制设计

当前我国农村金融增量改革具有明显的路径依赖特征，增量农村金融机构具有明显的外生性，转变这种外生成长模式不能一蹴而就，因此在当前既定的情况下，为了缓解农户面临的融资约束，必须从农村金融增量改革的信贷机制入手，通过创新信贷机制设计，解决增量农村金融机构与农户之间的信息不对称问题。

（一）增量农村金融机构与农户之间的信贷博弈

1. 博弈的假设前提及各变量的含义

假设前提：（1）增量农村金融机构是金融企业，作为理性经济人，在经营过程中追求利润最大化；（2）农户对自身财产以及经营项目所能获得的预期收益等情况清楚，但增量农村金融机构与农户之间存在信息不对称现象，无法准确掌握农户的信息；（3）博弈双方行动顺序存在先后，一方先行动，而另一方的行动则根据对方行动来决定。因此，增量农村金融机构与农户之间的博弈为不完全信息的动态博弈。博弈过程中各变量的具体含义如表 7-1 所示。

表 7 - 1　各变量的具体含义说明

变量	变量的具体含义	变量	变量的具体含义
M	增量农村金融机构的贷款本金	R	农户贷款需支付的利息
R_b	增量农村金融机构对外投资、贷款给富裕人群或存放央行的收益	F	农户经营项目获得的收益
C_b	农户申贷成本	C_e	农户从其他融资渠道获得资金的成本
T	农户违约情况下，增量农村金融机构的追究成本，T 为抵押物、信用担保、相关法律法规的函数，为一个减函数	C_r	农户失信导致的自身信用损失，C_r 是农村信用体系的增函数
C_a	增量农村金融机构的交易成本（对农户贷款产生的包括贷款调查、审核、贷后监管等各种交易费用）	B	农户遭受的罚款

2. 增量农村金融机构与农户的动态博弈过程

（1）博弈树分析

①当农户需要资金时首选从非正规金融的民间借贷渠道获得资金，而不向正规金融机构申请贷款。增量农村金融机构用这部分资金（农户未申请的贷款资金）对外投资、贷款给富裕人群或存放央行的收益为 R_b，而农户从其他渠道融资后获益为 $F - C_e$，双方支付函数为（R_b，$F - C_e$）。②农户申请从增量农村金融机构贷款，而增量农村金融机构拒绝发放贷款，则增量农村金融机构获益仍为 R_b，但农户无法追回在申请贷款过程中所花费的成本 C_b，因此农户的获益为 $F - C_e - C_b$，双方支付函数为（R_b，$F - C_e - C_b$）。③农户从增量农村金融机构申请贷款且成功获得贷款，并严格守信——积极还款，则增量农村金融机构获得农户支付的贷款利息为 R，农户经营项目获得投资回报收益为 F，增量农村金融机构与农户的支付函数为（$R - C_a$，$F - R - C_b$）。④农户成功从增量农村金融机构申请并获得贷款，但农户选择不守信即不归还贷款。如果增量农村金融机构选择不理睬即容忍农户的不守信和不还款行为，则农户不仅得到了贷款本金，还收获了经营项目的投资回报，但损失了自己的信用 C_r，虽然表面上没有付出任何成本，但农户后续的融资成本会被提高。而增量农村金融机构则不仅需承担贷款发放过程中产生的各项费用和交易成本，还损失了贷款本息和，此时，增量农村金融机构与农户的支付函

数为（$-M-R-C_a$，$M+F-C_b-C_r$）。⑤农户从增量农村金融机构申请贷款且成功获得，农户仍然实施不守信行为——不归还贷款，但增量农村金融机构追究农户责任并成功收到罚款。农户遭到信用损失 C_r 以及罚款损失 B，而增量农村金融机构获得的收益为发放贷款的利息加上收到的罚款，再减去提供贷款时产生的各项交易费用和追究成本。增量农村金融机构与农户的支付函数为（$R+B-C_a-T$，$F-R-C_b-C_r-B$）。⑥农户成功从增量农村金融机构申请并获得贷款，但农户失信不归还贷款，而增量农村金融机构追究农户责任以失败告终。此时，增量农村金融机构无法追回贷款本息、追究成本和提供贷款时产生的各种交易费用，农户仅承担信用损失 C_r，但获得了经营项目的回报，还得到了贷款本金，双方支付函数为（$-M-R-T-C_a$，$M+F-C_b-C_r$）。详见图 7-1（图中增量农村金融机构用"农金"表示）。

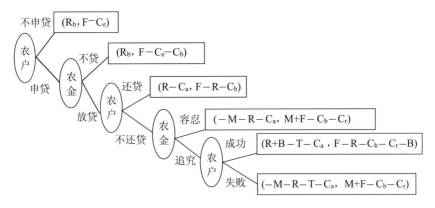

图 7-1 增量农村金融机构与农户动态博弈的博弈树

（2）增量农村金融机构与农户动态博弈的纳什均衡

研究图 7-1 可以发现，增量农村金融机构与农户之间的博弈是一个信息不完全、不对称的并有一定次数限制的动态博弈过程。在这一过程中一共存在四个决策节点，每个决策节点都含有自己单独的信息集，并在这一信息集下由博弈个体进行决策，该过程可以视为一个子博弈过程。因此，我们主要运用逆向归纳法来求含有子博弈的动态博弈的均衡解（李明贤、罗荷花，2013）。①

---

① 李明贤、罗荷花：《信用缺失、融资激励与小微企业发展》，《云南财经大学学报》2013 年第 4 期。

假定农户存在不守信即违约的可能。当农户拒绝偿还贷款后，假定增量农村金融机构进行贷款追究，且获得成功的概率为 p，则增量农村金融机构失败即无法追究贷款的概率为（1－p）。由于农户一般是以自雇或家庭作坊的方式从事生产活动，其生计往往依赖于家庭经营，但家庭经营一般规模较小，没有完整的经营记录和财务信息，在金融机构更不存在长期信用记录，而且在农村地区很难建立一个处理抵押物的市场，在这样的情况下，增量农村金融机构追究农户违约贷款将花费很高的成本，即成本 T 很大，且与追究非农户贷款成功的概率相比，追究农户贷款成功的概率 p 很小，此外，由于农户在增量农村金融机构没有完整的信用档案，也没有可抵押的财产，因此农户违约拒绝偿还贷款造成的信用价值损失 C_r 比一般企业违约不偿还贷款造成的信用价值损失要小很多。

在博弈的最后阶段，增量农村金融机构如果追究农户的违约责任，增量农村金融机构收益为 p（R＋B－T－C_a）＋（1－p）（－M－R－T－C_a），由于 T 较大，p→o，则 p（R＋B－T－C_a）＋（1－p）（－M－R－T－C_a）→－M－T→－M 是成立的，即增量农村金融机构如果选择追究农户违约责任将损失更多。因此，在博弈的最后阶段，追求利润最大化的理性增量农村金融机构会选择容忍农户的违约行为，不追究其不还贷的违约责任。

在博弈的第三阶段，理性的农户意识到增量农村金融机构不追究其贷款违约责任，即增量农村金融机构对农户不归还贷款选择容忍时，农户在比较不归还贷款的收益（M＋F－C_b－C_r）和归还贷款的收益（F－C_e－C_b）后作出的理性选择是违约，因为 C_r 对于农户来说是很小的，因此 M＋F－C_b－C_r＞F－C_e－C_b 成立。

在博弈的第二阶段，理性的增量农村金融机构意识到农户选择违约不偿还贷款将导致自身无法追回贷款本息。增量农村金融机构在比较不发放贷款给农户（即增量农村金融机构对外投资、贷款给富裕人群或存放央行）的收益 R_b 与给农户发放贷款的收益（－M－R－C_a）后，由于－M－R－C_a＜R_b，理性的增量农村金融机构会选择拒绝给农户发放贷款。这就是目前普遍存在的包括中国农业银行、农村信用社、增量农村金融机构等在内的农村金融组织对农户产生惜贷行为的博弈论阐释，也是增量农村金融机构以利润最大化为目标的理性选择的结果。

在博弈的第一阶段，农户预测其贷款申请会被增量农村金融机构拒绝，理性的农户会选择放弃贷款申请，因为申请贷款时农户需花费 C_b 的申贷成本。博弈均衡解是农户放弃贷款申请，增量农村金融机构信贷行为不产生，双方收益为（R_b，$F - C_e$）。

通过以上分析，我们得出：增量农村金融机构与农户在不完全信息下动态博弈模型的最优解为"增量农村金融机构不放贷，农户不还贷"，这种结果说明在当前的农村信用环境下，农户与增量农村金融机构之间出现不合作的局面，农户在自有资金不足时无法获得所需的信贷资金，从而形成了融资约束，并由此形成了"增量农村金融机构不放贷，农户不还贷"的恶性循环，阻碍了农村金融增量改革的进一步推行和目标的实现。造成这种结果的主要原因有两个：一是增量农村金融机构与农户之间存在严重的信息不对称，而且农户通常缺乏受法律保护的符合金融机构要求的抵押品，加之增量农村金融机构对农户进行监督的成本又比较高，导致农村金融机构不愿意为农户提供融资服务。二是即使农户获得了农村金融机构提供的贷款资金，在信息不对称下，农户容易发生道德风险问题，包括不能审慎使用贷款资金、没有还款意愿、恶意赖账等，这种行为发生后往往导致增量农村金融机构更不愿意为农户提供融资服务。为了解决现实中存在的增量农村金融机构"不放贷"，农户"不还贷"的困境，必须创新设计相应的信贷机制，如设计合理的抵押品替代机制、建立横向监督机制、实行动态激励还款机制以及创新联动监管机制等，从而促使增量农村金融机构"愿意放贷"、农户"愿意还贷"良性循环的形成，缓解农户融资约束。

（二）增量农村金融机构服务"三农"的信贷机制设计

1. 抵押替代机制

（1）增量农村金融机构贷款抵押替代机制设计目标

在无抵押和担保的条件下，由于信息的约束，金融机构对农户的行为无法有效观测和监督，正规金融机构因而不愿为农户和农村低收入弱势群体提供金融服务。因此，在农户缺乏金融机构所要求的抵押担保品的情况下，应通过利用农户实有的资产，包括社会资本、社会网络、社会关系等设计合理的抵押品替代机制，实现由物质担保向社会担保的转换，以消除由于信息不对称所导致的信贷配给问题。

（2）传统金融机构信贷抵押替代机制的现状与存在的问题

在传统金融机构的贷款模式下，抵押物或担保是必需的，因为抵押品有利于克服信息不对称给正规金融机构所带来的风险，在一定程度上是对信息搜索活动的一种替代，有利于降低银行所面临的逆向选择和道德风险问题，提高贷款回收率和降低信贷风险损失。但是，在偏僻落后的农村地区，绝大多数穷人除了自己居住的低价值住房和饲养的牲畜以外，没有其他高价值的财产，另外，即便存在可用来抵押的物品如土地、房屋、劳动力以及农机具等，农村金融机构也不愿意接受这些抵押物，原因是在农村没有一个处理抵押物的市场，也很难建立这样一个市场（大部分这类商品涉及拥有者的生计和基本生存问题，处理这类商品会引发道义谴责），金融机构处理这些抵押物的执行成本太高，或近乎不可执行。因此，农户、低收入家庭和微型企业等通常缺乏受法律保护的符合金融机构要求的抵押品。即使有时采取了抵押等限制性条款，但由于对农户抵押品执行处理的成本过高，也无法形成真正的还款替代。为了保障信贷资金的安全，抵押替代机制是在借贷者缺乏足够的担保和抵押品前提下一种有效的制度设计，健全贷款抵押替代机制，能有效缓解农户和小微企业"缺乏符合要求抵押品"的困境，解决信息不对称和交易成本高的问题，进而解决农户和小微企业的融资难题。

（3）健全增量农村金融机构贷款抵押替代机制的对策建议

①进一步完善农户联保贷款。农户小组联保是孟加拉国格莱珉银行最为核心的贷款技术，也是在全球范围内影响最广的小额信贷技术之一，用小组联保代替传统的抵押担保制度是一种制度创新。小组联保贷款模式可以通过借款人自由选择同伴组成联保小组的过程，利用小组成员"物以类聚"的特征区分借款人风险高低的类型，并通过小组内部对执行合同的强制和组员之间彼此的监督，达到降低贷款违约率、提高偿还率的目的。但是，相关研究表明，农户之间形成联保小组的过程不容易，农户普遍存在的联强不联弱的心理使没有共同利益关系的农户难以形成联保小组。在某些地区由于农户之间的富裕程度各不相同，较富裕的农户资本充足，并没有强烈的贷款需求，不需要也不愿意与其他农户进行联保；而较贫穷的农户资本不足，虽然有较

强的贷款需求，但由于家庭收入水平低、底子薄，其他农户不愿意与其结成联保小组。因此，为了防止联保小组内出现"嫌贫爱富"的倾向，要适度放大联保小组成员的最高贷款限额。农户联保贷款的授信额度不能仅仅局限在小额的范围内，这可能制约优质客户运用贷款，应根据县域地方经济发展水平、当地居民收入和需求、增量农村金融机构的资金供应等状况确定贷款限额，作出更贴近实际的判断和决策。

②进一步发展农业保险及农户小额贷款保险。我国是农业大国，农户贷款主要用于农业生产的局面在短期内将不会改变，而农业的自然风险以及处于过剩经济环境中面对的市场风险很大，这成为制约农户贷款发放的"瓶颈"，应该通过发展农业保险来转移农业信贷风险。农业保险本身可能并不是抵押品，但是保险可以防止天灾人祸导致的贷款损失，发挥和抵押物相类似的作用，作为抵押物的替代。另外，保险还具有将不合格抵押物向合格抵押物转化的作用，例如大牲畜保险，就能将大牲畜本身不确定性的收益转变成确定性的收益，降低贷款的违约率以及农村金融机构的信贷风险，从而符合农村金融机构对抵押品的要求。农户贷款保险作为专为农户量身设计的险种，也具有抵押替代的作用。针对农村金融机构因担心贷款农户出现意外事故不敢放贷的实际情况，保险公司在农村金融机构向农户发放小额贷款时，专为贷款户配套提供一款意外伤害保险，并约定银行为第一受益人，贷款户一旦出险，必须在清偿贷款后，保险赔付才能得到相应赔偿，从而能有效化解银行经营风险，提高银行农户放贷的积极性，有效解决农户找担保难的问题。

应鼓励各保险公司与农村银行类金融机构建立广覆盖、多层次、政策互补、风险共担的互动机制，加强产品开发、销售渠道和风险管控等方面的合作，充分发挥银行利率和保险费率的杠杆机制，探索分散农业风险和解决农村经济主体"贷款难"问题的有效方式，完善农村金融支持体系。要通过加强保险业与农村银行、邮政、农信社等机构的合作，强化金融对"三农"的资金支持和风险保障作用，要进一步提高保险业和上述机构的合作层次和深度。第一，建立农险产品合作开发机制。联合开发小额信贷借款人意外伤害保险、借款人财产保险等新产品，并按照"整体推动、市场运作、保障全面、保费低廉"的原则联合推广。第二，建立融资与保险配套合作机制。一方面，由增量农村金融机构完善现有的农户经济档案内容，增加贷款户的保险记录，并将申请贷款户是否参保、参保类别、参保金额、参保年限等内容作为审核发放贷款的重要参考因素；另一方面，由保险公司进一步丰富农业保险品种，提高保险服务质量，发挥农业保险对防范和化解农村信贷风险的积极作用。第三，健全再保险市场体系。探索建立政策性农业再保险机制，通过采取财政补贴、税收优惠等有力措施，鼓励各类商业性保险公司为农业保险提供再保险支持，建立有效的巨灾风险分散机制，从而降低贷款的风险。

③进一步强化"信誉"社会资本的作用。农户能否顺利与他人组成符合农村金融机构要求的联保小组是其能否取得贷款的关键因素，不守信用的农户一般很难与他人结成联保小组。而内嵌于当地农村地区的社会资本有利于解决农户与金融机构之间存在的信息不对称问题，因此，越来越多的金融机构开始利用社会担保向农户提供贷款，借款人的名声及其所属的社会网络取代了传统的实物和金融抵押，成为另一种抵押替代。信誉起到了替代担保物的作用，实现由物质担保向社会担保的成功转换，这在客观上迫使不守信誉的农户遵守信用，重新塑造其在当地农村居民中的形象。为了进一步强化"信誉"社会资本的作用，农村金融机构应加强信用文化的宣传，增强农户的信用观念，增强"信任"因素的价值回报，对于在借贷市场上有良好信誉的借款者给予更多的贷款机会和更加多样化的融资渠道，从而促使其主动建立良好的信用记录，保持较高的信誉水平，推进农村信用环境建设。

2. 横向监督机制

增量农村金融机构与农户之间由于存在信息不对称，当农户获得贷款后，容易发生道德风险问题，主要表现在以下几个方面：一是当借款人为风险偏好者时，偏好于选择潜在收益较高和风险也较高的项目，不能审慎地使用资金；二是借款人借入资金进行投资，只承担有限责任，在项目经营中努力程度不够并存在懈怠倾向，加大了项目风险，导致项目成功的概率降低；三是借款人在项目收益实现后可能谎报项目收益情况，加大贷款人对项目的审计成本；四是项目收益实现后，借款人没有还款的意愿，恶意赖债。解决这些问题，关键在于建立起横向监督机制

（1）横向监督机制与项目选择、努力程度选择

相比于个人责任贷款技术，连带责任贷款技术的横向监督机制可以有效

解决借款人倾向于选择高风险项目的道德风险问题。增量农村金融机构采用连带责任贷款技术的核心和关键在于，如果某个借款人的项目失败导致破产，项目的搭档要支付罚金并负连带责任。正是因为连带责任的存在，使借款人相互监督的积极性得到提高，监督的结果便是借款人最终会选择较为安全和风险程度较低的项目。同时，借款人之间的主动监督行为也有利于化解借款人在项目经营过程中的偷懒倾向。

（2）横向监督机制与审计成本、执行偿付

增量农村金融机构为了核实贷款项目的实际收益需要对贷款项目进行审计，当放贷项目的潜在审计成本高于贷款收益时，贷款机构难以实现盈亏平衡，难以保证财务可持续，贷款的可行性空间将缩小。在农村金融机构贷款实践中，审计成本的降低也是农村金融机构得以生存的条件之一。加塔克和吉内恩（Ghatak 和 Guinnane，1999）的研究表明，连带责任贷款技术有利于减少审计成本，提高效率。[①] 当借款者声称项目收益太低而难以还款时，连带责任小组成员可以执行项目审计，证实项目收益，避免农村金融机构高额的审计成本。仅当整个贷款小组的成员都宣称无力还款时，贷款机构才需要对其进行项目审计，从而大大降低了贷款人的审计成本，扩大贷款的可行性空间。连带责任贷款技术通过横向监督机制引发的社会制裁迫使其小组成员偿还贷款，或者说项目成功的小组成员可以代替项目失败的小组成员偿还所欠贷款，这种机制有利于提升还款率。值得说明的是，连带责任技术应该警惕整个小组合谋而集体违约从而对偿还率造成负面效应的后果。横向监督有效解决道德风险问题的机制如图 7 - 2 所示。

同时，应注意横向监督机制不能盲目推行。我国目前大多是借鉴孟加拉国格莱珉银行的小组联保模式来建立横向监督机制，但事实上，小组联保模式不是在任何地方任何时候都能够取得成功的，其自身有一些适用条件，我国还存在很多不利于小组联保贷款实施的因素。因此，增量农村金融机构在运用小组联保贷款模式时，应根据当地农户收入状况、贷款平均规模、当地农村的产业结构以及市场竞争程度等作出相应调整。

---

① Ghatak M., Guinnane T. W., "The Economics of Lending with Joint Liability: A Review of Theory and Practice", *Journal of Development Economics*, Vol. 60, No. 1, 1999, pp. 195 - 228.

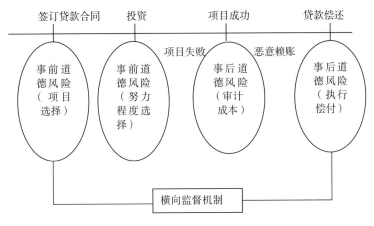

图 7 - 2　横向监督机制

3. 动态激励还款机制

在高监督成本下，提高农户贷款偿还率的制度创新是建立动态激励机制安排。包括次序贷款、符合条件的再次贷款、累进贷款等技术安排，这有利于形成对借款人还款的动态激励。次序贷款技术的核心在于不是一次性向小组成员同时发放贷款，而是按照次序依次对小组成员发放贷款，产生正向的分类配对，甄别出风险程度较高的借款人。符合条件的再次贷款和累进贷款制度安排是这样一种策略，首先对客户发放较小数额的贷款，如果客户能及时偿还贷款则再对其发放数额较大的贷款，如果贷款不能及时偿还则立即切断信用渠道停止发放贷款。下面对累进贷款制度安排的激励还款机制进行具体说明。

假定农户融入资金后的生产过程分两个阶段进行。首先，农户从增量农村金融机构获得贷款 1 元，并将 1 元资金投入生产，第一阶段获得投资回报收益 y。如果农户能按时偿还第一阶段贷款本息和 R（$R < y$），那么农户在第二阶段将得到增量农村金融机构发放的数量为第一阶段贷款数量 λ 倍的贷款，其中 $\lambda \geq 1$。假定农户投入第二阶段生产的 λ 元资金可以获得投资收益 λy。如果农户获得第一阶段贷款后选择违约，则在第二阶段增量农村金融机构不可能对其继续发放贷款，但继续假定农户能从民间借贷等其他融资渠道获得贷款的可能性为 p。此时，可以用激励相容约束条件来分析农户在第一阶段后的决策，假定未来投资收益的贴现率为 δ。

第一阶段结束后，如果农户选择违约，拒绝偿还贷款本息，则农户可以获得投资回报收益 $y+\delta\lambda y$；如果农户履行承诺偿还贷款本息和，则其获得的收益为 $y-R+\delta py$。要使农户不违约必须满足条件：$y+\delta\lambda y<y-R+\delta py$，即：$R<\delta y(\lambda-p)$。上式结果表明，增量农村金融机构实施累进贷款制度安排的动态激励机制的效果与未来收益的贴现率、农户经营项目的预期回报收益以及从其他融资渠道获得贷款的可能性等因素有关。因此，为了增强增量农村金融机构实施动态激励机制的效果，应该根据当地经济和农户的实际情况来实施。另外，对于通过"检验"的具有良好信用记录的借款者则可以对其提供连续贷款承诺、逐渐增加贷款额度，在条件允许的情况下贷款利率随客户还贷次数的增加和资信状况的提高而逐次降低，从而在更大程度上满足农户的资金需求，并以农户对连续贷款的期望来约束他们的行为，提高增量农村金融机构的贷款质量。

二、促进增量农村金融机构内生成长的策略

（一）放宽民间资本准入限制，培育农村内生金融力量

我国绝大多数农村地区较低的经济发展水平和农户居住分散、贷款监测困难、缺乏抵押物、收贷难、较高的交易费用和成本等特征决定了农户难以成为大型金融机构的服务对象，而具有管理监督成本优势和信息成本优势的内生于农村经济的中小型金融机构才是最适合为农村经济主体提供金融服务的金融组织。因此，在风险可控前提下适当放松金融管制，鼓励民间资本进入农村金融市场，培育农村内生金融力量应该是我国农村金融改革的方向。我国农村金融发展不适应农村经营体制的特点和农村经济发展水平，难以促进农民收入增长，是目前我国农村金融体系以政府为主导的强制性制度变迁所形成的外生金融"失灵"的表现，也是内生机制缺乏的表现。洪正（2011）对各类增量农村金融机构改善农户融资状况及其监督效率进行了比较分析，认为农村资金互助社可以显著改善农户融资状况，因为其内生于农户生产经营活动，能实施有效监督管理且成本较低；而村镇银行和贷款公司无法长期持续经营，因为其发起行一般是商业银行或其他大型金融机构，缺乏

监督的比较优势；小额贷款公司也难以在农村地区普遍设立，因为小额贷款公司的资金完全来自于自有资本，而对民营资本的监督条件一般要求非常高。① 因此，我们在推行农村金融增量改革的同时，一定要改变以大型金融机构为代表的国有金融为主导、严格限制民间资本准入金融市场的模式，必须在农村金融增量改革过程中鼓励更有效率的民间资本准入农村金融市场，赋予农村经济主体更多的金融交易权，允许农村经济主体自发地进行各种金融创新，通过培育起新兴的市场力量来推动整个金融发展环境的根本改变。但值得注意的是，在大力培育具有管理监督成本优势和信息成本优势的内生于农村经济的中小型金融机构时，其数量不能盲目扩张，而应该稳中求进，数量布局扩张只是实现农村金融发展的过程和方式，不是追求的最终目标。机构盲目扩张会带来服务目标容易偏向富裕人群、服务质量下降的消极影响，且容易导致监督成本增加。如果现在不正确引导增量农村金融机构的发展道路，只是一哄而上地成立各类增量农村金融机构，很有可能出现严重的后果。

（二）增量农村金融机构应树立普惠金融的理念

由于受传统金融理念的影响，一般认为农户和低收入者等弱势群体信用度低，因此大多数以追求利润最大化为目标的金融机构会将这部分群体拒之于门外，导致银行"惜贷"现象严重。2006 年诺贝尔和平奖获得者孟加拉国格莱珉银行的创立者穆罕默德·尤努斯通过事实表明，在监管合理的条件下，穷人是遵守承诺和守信用的。国际上一些成功的小额信贷例证也表明通过承担社会责任而提高金融服务的广度与深度与金融机构的利润目标和可持续发展目标的实现这两者之间是可以同时达到的。因此要求增量农村金融机构突破原有的思维定势，树立普惠金融理念，意识到扶助贫困弱势群体能使金融机构赢得良好的社会形象，创造丰富的无形资产，承担社会责任能给金融机构带来持续发展的强大动力，并最终获得持久的长远利益。

---

① 洪正：《新型农村金融机构改革可行吗？——基于监督效率视角的分析》，《经济研究》2011年第 2 期。

（三）培育社会型的增量农村金融机构

社会型企业一般不以利润最大化为唯一目的，而是更多关注社会效益，努力实现社会公平。我国目前缺少有社会责任的投资者，由新一轮增量改革而成立的新型农村金融机构也都表现出盈利动机性太强的特征。以村镇银行为例，在追求利润最大化的目标下，部分村镇银行不"村镇"，设立地倾向于向经济发达的县城地区聚集，有"冠名村镇、实为城镇"的发展趋势。为了不使新型农村金融机构只是充当"吸储机的花瓶"，而成为真正为实现普惠制农村金融提供资金来源，不仅要对新型农村金融机构加强教育和宣传，在舆论导向上加以正确引导，还应该在政策上明确农村金融机构必须做到资金"取之于农，用之于农"。为此，国家应尽快出台"将农村地区金融机构新增存款一定比例投放当地"的贷款政策实施办法，建立农村资金强制回流机制。美国和印度的做法值得借鉴。为了禁止对贫困地区的借贷歧视，美国政府在1977年制定了《社区再投资法案》，该法案规定，金融机构在向其所在地社区提供贷款方面有确定的义务，包括向低收入社区和中等收入社区提供贷款。印度政府为了能为全国农村地区提供金融支持，制定了优先部门贷款支持计划，规定本国银行对优先部门（农业、小型企业等）的放款不得低于贷款净额的40%，并且直接用于农业的部分不得低于贷款净额的18%。

（四）提供专业的微贷技术培训，建设一支执行力强的信贷员队伍

增量农村金融机构为农户提供贷款一般无抵押、风险大、成本高、笔数多，管理难，难以进行有效的市场拓展，因此需要提供专业的信贷技术培训，让专业的人去做专业的事。从国内和国际的一些成功案例来看，只要能严格按照业务流程，安排执行力很强的信贷员队伍去做贷款，其不良贷款率就会得到控制。因此，贷款的风险其实就等于信贷员的风险，应通过提供全方位的专业技术培训，建设一支强有力的信贷员队伍来控制贷款风险。具体包括以下方面：一是严格挑选合格的信贷员。不一定只有高学历的人员才能成为增量农村金融机构的信贷员，对信贷员的文化水平要求并不像高端金融服务机构那么高，但是要成为合格的农村金融机构的信贷员，必须要有爱心和责任心。二是督促信贷员树立"普惠金融"理念。合格的信贷员必须有强烈的

帮助穷人脱贫的意识，要想方设法为穷人的事情去忙碌。三是定期开办各种短期的小额信贷人员培训班，安排各种课程内容的学习，包括小额贷款业务受理、操作风险管理、客户关系管理、财务风险管理等课程。四是为信贷员提供可持续发展的平台，帮助他们进行职业生涯规划，增强信贷人员的归属感和责任心。

三、为增量农村金融机构发展
创造良好的基础条件和环境

第一，大力宣传普及互联网金融知识。在调查过程中我们发现，农户对增量农村金融机构的产品信息不太了解，关于机构开展金融业务知识的信息主要是通过亲朋好友的介绍获得的。由于绝大部分农户缺乏对互联网金融服务渠道的了解，认为电子信息载体看不见摸不着从而安全性较低，因此，仍然把物理网点作为获取金融服务的主渠道的这种传统观念在农民心目中根深蒂固。为了克服增量农村金融机构网点不多的劣势，增量农村金融机构要大力宣传普及互联网金融知识，使更多的农户认识、了解并且接受电话转账、手机银行和网上银行等互联网金融服务设备，让农户不需要到网点现场办理业务，足不出户便能获得方便快捷的一站式服务，一方面减轻增量农村金融机构现场办理业务的压力；另一方面节约农户的时间，有利于提高农户对增量农村金融机构服务的满意度。第二，为增量农村金融机构开展普惠金融业务建立激励机制，如给予增量农村金融机构与农村信用社同等的税收优惠政策，提升其业务竞争力。第三，加强金融与财政的协调配合，充分发挥财政资金启动社会资本的杠杆作用和弥补市场不足的功能。第四，针对中央银行与中国银监会在农村金融增量改革方面步伐的不协调，可以尝试在国家层面成立领导小组，统筹管理农村金融，加强对涉农金融发展和风险状况等信息的沟通，并加强中央银行、中国银监会和地方政府之间的协调，形成相互配合的密切关系。第五，大力推进农村金融基础设施的建设。尽快建立包括覆盖所有农户和农村企业的征信体系，完善金融法律法规，加快推进农村地区支付清算体系建设，完善支付结算品种，拓宽支付服务渠道，提高资金流转率，提升增量农村金融机构的运行效率。

四、增强农村金融机构的自生
能力和服务农户的主动性

长期以来，我国农村金融机构风险较高、可持续发展能力较差，缺乏为农户和农村经济主体服务的积极性。这主要是因为我国农村金融改革一直由政府驱动，缺乏农村经济主体的普遍参与，是政府主导的产物。事实上，农村金融成长理应是一个全体农村居民共同参与的过程，纵观改革开放 40 年，但凡成功的改革案例（如乡镇企业发展、农村经济体制改革等）均遵循了"基层创造——顶层设计——实践检验"等自下而上的制度创新模式；凡是效果有限或失败的改革案例，实行的均是"上层设计——试验推广"的自上而下的制度模式（李明贤，2006）。[①] 因此，我国此轮农村金融增量改革必须遵循农村金融自身的演进逻辑，从当前我国经济发展水平和现有的农村经济结构实际出发，摆脱依赖政府外在驱使的模式，坚持走内生成长之路，走农村经济主体普遍参与的渐进式、适应性改革之路，促使农村金融由外生成长向内生成长转化，增强新型农村金融机构的自生能力。

根据内生增长理论，一个地区的金融发展绝不应是外部力量推动的结果，而应该通过内生因素的作用形成。也就是说，我国农村金融发展的内在规律应是顺应农村地区经济发展水平、产业分布和技术结构发展的需要，按照比较优势理论对有限的资本进行有效配置，以满足符合比较优势的生产活动对资金的需要，实现农村金融由外生成长向内生成长转化。为了让农户获得更适合的、更全面的金融服务，增量农村金融机构在开展传统的存贷款业务之外，应积极推动内生于农村经济的、符合农村生产活动比较优势的金融产品与服务创新，比如银行卡业务、异地汇款、信息服务、代理保险和技术指导等一揽子金融服务，并在对农户进行细分的基础上针对不同类型的农户创新设计不同的产品，提高产品的适应性。针对低收入贫困农户，增量农村金融机构在提供普通存贷款业务的基础上，为农户提供保险和技术指导等服务显得更为重要。针对个体经营户，增量农村金融机构需要为其频繁的业务往来

---

① 李明贤：《农村金融发展滞后的负面效应及改革思路探讨》，《农业经济问题》2006 年第 8 期。

提供结算服务以及为其闲散资金提供理财等服务。针对种养大户，增量农村金融机构在考虑到其资金需求量大以及对种养殖信息的需求后，应为其量身定做提供大额度贷款，并配套提供信息咨询和技术指导等服务；针对常年外出打工的农户，增量农村金融机构应提供资金汇划或汇兑等服务，满足农户在打工地存款、家乡取款的特殊需求。值得提出的是，增量农村金融机构即使是提供同类型的金融产品，也应适时适地进行调整。以小额信贷为例，不同地区自然条件、经济发展水平以及社会文化等千差万别，如果各地增量农村金融机构对小额信贷照搬一种模式难免出现水土不服，因为不同收入层次的农民可能需要的贷款额度、期限不同，能提供的抵押担保品也不同，只有根据农户需要和农户生产活动特点和财产状况开发设计的金融产品和服务才能长久地、可持续地发展下去。

参考文献

1. ［美］道格拉斯·C. 诺思：《制度、制度变迁与经济绩效》，杭行译，格致出版社、上海三联书店、上海人民出版社 2014 年版。

2. ［美］弗雷德里克·S. 米什金：《货币金融学》，郑艳文译，中国人民大学出版社 2006 年版。

3. ［美］罗纳德·I. 麦金农：《经济发展中的货币和资本》，陈昕、卢骢译，上海人民出版社、上海三联书店 1997 年版。

4. ［英］H. 迈因特：《发展中国家的经济学》，复旦大学国际政治系编译组译，商务印书馆 1978 年版。

5. ［日］青木昌彦：《比较制度分析》，周黎安译，上海远东出版社 2001 年版。

6. 贝多广：《好金融与好社会：问题的提出和答案》，《金融研究》2015 年第 7 期。

7. 曹力群、庞丽华：《改革以来农户生活消费的变动特征及近期的发展趋势》，《中国农村经济》2000 年第 11 期。

8. 车宁、王余丁、赵邦宏、王五祥：《农户对农村信用社服务满意程度的 Logistic 模型分析——基于河北省农信社金融服务问题分析》，《金融理论与实践》2008 年第 5 期。

9. 陈方、李金平：《小额贷款公司对中小企业融资的影响——对 61 家小额贷款公司及其贷款业务的实证分析》，《金融评论》2012 年第 6 期。

10. 陈鹏、刘锡良：《中国农户融资选择意愿研究——来自 10 省 2 万家农户借贷调查的证据》，《金融研究》2011 年第 7 期。

11. 陈丘：《成都市农房抵押贷款模式及其配套制度研究》，四川农业大学硕士学位论文，2012 年。

12. 陈亚荣、叶林珍：《上海商业银行客户满意度调查》，《东华大学学报（自然科学版）》2007 年第 5 期。

13. 陈军、曹远征：《农村金融深化与发展评析》，中国人民大学出版社 2008 年版。

14. 褚保金、卢亚娟、张龙耀：《信贷配给下农户借贷的福利效果分析》，《中国农村经济》2009 年第 6 期。

15. 邓建平、曾勇：《金融关联能否缓解民营企业的融资约束》，《金融研究》2011 年第 8 期。

16. 丁志国、谭伶俐、赵晶：《农村金融对减少贫困的作用研究》，《农业经济问题》2011 年第 11 期。

17. 董志勇、黄迈：《信贷约束与农户消费结构》，《经济科学》2010 年第 5 期。

18. 杜晓山：《小额信贷的发展与普惠性金融体系框架》，《中国农村经济》2006 年第 8 期。

19. 杜晓山：《小额信贷与普惠金融体系》，《中国金融》2010 年第 10 期。

20. 方晓燕、刘蕾：《内外生双重约束下农村外生与内生金融的融合》，《西部论坛》2012 年第 1 期。

21. 费孝通：《乡土中国　生育制度》，北京大学出版社 1998 年版。

22. 费孝通：《乡土中国　生育制度　乡土重建》，商务印书馆 2011 年版。

23. 冯巍：《内部现金流与企业投资——来自我国股票市场上市公司财务报告的证据》，《经济科学》1999 年第 1 期。

24. 冯兴元、何梦笔、何广文：《试论中国农村金融的多元化——一种局部知识范式视角》，《中国农村观察》2004 年第 5 期。

25. 冯旭芳：《贫困农户借贷特征及其影响因素分析——以世界银行某贫困项目监测区为例》，《中国农村观察》2007 年第 3 期。

26. 甘宇、朱静、刘成玉：《中国农户面临的信贷排斥——来自 4625 个样本的数据》，《财经理论与实践》2015 年第 6 期。

27. 葛永波、周倬君、马云倩：《新型农村金融机构可持续发展的影响因素与对策透视》，《农业经济问题》2011 年第 12 期。

28. 顾宁、范振宇：《农户信贷需求结构分析》，《农业经济问题》2012 年第 8 期。

29. 郭峰、胡金焱：《农村二元金融的共生形式研究：竞争还是合作——基于福利最大化的新视角》，《金融研究》2012 年第 2 期。

30. 郭梅亮：《传统文化习俗下的农村消费性金融需求分析》，《中国经济问题》2011 年第 1 期。

31. 郭晓焜：《我国村镇银行发展现状与对策建议》，《宏观经济管理》2014 年第 6 期。

32. 韩丽娟：《供求视角和内生金融与农村金融改革》，《贵州社会科学》2007 年第 11 期。

33. 何广文：《从农村居民资金借贷行为看农村金融抑制与金融深化》，《中国农村经济》1999 年第 10 期；《农村金融服务供求现状、问题及对策建议》，《农业部"中国农业和农村经济结构战略调整"课题》，2002 年。

34. 何传启：《中国现代化报告 2012——农业现代化研究》，北京大学出版社 2012 年版。

35. 韩俊：《中国农村金融调查》，上海远东出版社 2007 年版。

36. 贺莎莎：《农户借贷行为及其影响因素分析——以湖南省花岩溪村为例》，《中国农村观察》2008 年第 1 期。

37. 洪正、王万峰、周轶海：《道德风险、监督结构与农村融资机制设计——兼论我国农村金融体系改革》，《金融研究》2010 年第 6 期。

38. 洪正：《新型农村金融机构改革可行吗？——基于监督效率视角的分析》，《经济研究》2011 年第 2 期。

39. 胡士华、李伟毅：《信息结构、贷款技术与农户融资结构——基于农户调查数据的实证研究》，《管理世界》2011 年第 7 期。

40. 胡卫东：《发展我国农村金融的误区：一个内生分析框架》，《农村经济》2013 年第 5 期。

41. 黄福广、李西文：《风险资本对中小企业融资约束的影响研究——来自我国中小企业板上市公司的证据》，《山西财经大学学报》2009 年第 10 期。

42. 黄海林、徐学荣、邱镛卿、梅生金、陈良锋：《农村信用社客户满意度的影响因素分析——基于对三明市 30 个乡镇信用社客户的问卷调查》，《福建金融》2011 年第 4 期。

43. 黄宁辉：《现代中国农业金融成长方式研究：1956—2000》，暨南大学硕士学位论文，2001 年。

44. 黄文胜、陶建平：《创新农村新型金融机构，破解农村金融"边缘化"》，《生产力研究》2009 年第 4 期。

45. 黄燕君：《农村金融制度变迁与创新研究》，《浙江社会科学》2000 年第 6 期。

46. 黄祖辉、刘西川、程恩江：《中国农户的信贷需求：生产性抑或消费性——方法比较与实证分析》，《管理世界》2007 年第 3 期。

47. 黄胜忠：《转型时期农民专业合作社的组织行为研究：基于成员异质性的视角》，浙江大学出版社 2008 年版。

48. 黄宗智：《华北的小农经济与社会变迁》，中华书局 2000 年版。

49. 黄宗智：《长江三角洲小农家庭与乡村发展》，中华书局 2000 年版。

50. 霍学喜、屈小博：《西部传统农业区域农户资金借贷需求与供给分析——对陕西渭北地区农户资金借贷的调查与思考》，《中国农村经济》2005 年第 8 期。

51. 姜新旺：《内生金融与农户金融需求的满足》，《改革》2008 年第 7 期。

52. 焦兵：《中国农村金融变迁：从外生金融扩展到内生金融成长》，中国社会科学出版社 2012 年版。

53. 焦瑾璞、杨骏：《小额信贷和农村金融》，中国金融出版社 2006 年版。

54. 姜旭朝：《中国民间金融研究》，山东人民出版社 1996 年版。

55. 金烨、李宏彬：《非正规金融与农户借贷行为》，《金融研究》2009 年第 4 期。

56. 阚立娜、李录堂、薛凯文：《农地流转背景下新型农业经营主体信贷需求及约束研究——基于陕西杨凌农业示范区的调查分析》，《华中农业大学学报（社会科学版）》2016 年第 3 期。

57. 雷立钧：《基于增量改革的中国农村金融发展》，《财经问题研究》2008 年第 11 期。

58. 黎来芳、黄磊、李焰：《企业集团化运作与融资约束——基于静态和动态视角的分析》，《中国软科学》2009 年第 4 期。

59. 李科、徐龙炳：《资本结构、行业竞争与外部治理环境》，《经济研究》2009 年第 6 期。

60. 李凌：《村镇银行监管创新——兼评主发起行制度》，《理论与改革》2014 年第 1 期。

61. 李明贤、陈铓：《我国小额贷款公司"双赢"机理研究》，《贵州大学学报（社会科学版）》2015 年第 2 期。

62. 李明贤、陈铓：《小额贷款公司的制度优势及其发展困境探讨——以湖南省郴州地区为例》，《湖湘论坛》2012 年第 6 期。

63. 李明贤、罗荷花：《信用缺失、融资激励与小微企业发展》，《云南财经大学学报》2013 年第 4 期。

64. 李明贤、周蓉：《异质性社员参与农村资金互助业务的博弈分析》，《农业经济问题》2016 年第 2 期。

65. 李明贤：《农村金融发展滞后的负面效应及改革思路探讨》，《农业经济问题》2006 年第 8 期。

66. 李明贤：《农村金融改革需走内生成长之路》，《中国社会科学报》2015 年 2 月 2 日。

67. 李明贤、刘程滔：《当前我国农户融资需求的特点及其面临的融资约束分析》，《理论导刊》2015 年第 9 期。

68. 李明贤、周孟亮：《我国普惠制农村金融体系建设研究》，商务印书馆 2013 年版。

69. 李锐、李超：《农户借贷行为和偏好的计量分析》，《中国农村经济》2007 年第 8 期。

70. 李锐、李宁辉：《农户借贷行为及其福利效果分析》，《经济研究》2004 年第 12 期。

71. 李锐、朱喜：《农户金融抑制及其福利损失的计量分析》，《经济研究》2007 年第 2 期。

72. 李延喜、杜瑞、高锐、李宁：《上市公司投资支出与融资约束敏感性研究》，《管理科学》2007 年第 1 期。

73. 李焰、陈才东、黄磊：《集团化运作、融资约束与财务风险——基于上海复星集团案例研究》，《管理世界》2007 年第 12 期。

74. 连玉君、彭方平、苏治：《融资约束与流动性管理行为》，《金融研究》2010 年第 10 期。

75. 梁静雅、王修华、杨刚：《农村金融增量改革实施效果研究》，《农业经济问题》2012 年第 3 期。

76. 林坚、黄胜忠：《成员异质性与农民专业合作社的所有权分析》，《农业经济问题》2007 年第 10 期。

77. 林坚、王宁：《公平与效率：合作社组织的思想宗旨及其制度安排》，《农业经济问题》2002 年第 9 期。

78. 林毅夫、蔡昉、李周：《中国的奇迹：发展战略与经济改革》，格致出版社、上海三联书店、上海人民出版社 1999 年版。

79. 林毅夫：《关于制度变迁的经济学理论：诱致性变迁与强制性变迁》，上海人民出版社 1994 年版。

80. 林毅夫、孙希芳：《信息、非正规金融与中小企业融资》，《经济研究》2005 年第 7 期。

81. 刘安琪：《农村小额信贷的问题分析与前景展望》，《金融发展研究》2009 年第 5 期。

82. 刘玲玲、杨思群、姜朋等：《清华经管学院中国农村金融发展研究报告完结篇（2006—2010）》，清华大学出版社 2010 年版。

83. 刘艳华、王家传：《中国农村信贷配给效率的实证分析》，《农业经济问题》2009 年第 5 期。

84. 刘营军、褚保金、徐虹：《政策性金融破解农户融资难研究——一个微观视角》，《农业经济问题》2011 年第 11 期。

85. 刘文璞：《中国农村小额信贷扶贫的理论与实践》，中国经济出版社 1997 年版。

86. 卢亚娟、孟德锋：《民间资本进入农村金融服务业的目标权衡——基于小额贷款公司的实证研究》，《金融研究》2012 年第 3 期。

87. 陆智强、熊德平、李红玉：《新型农村金融机构：治理困境与解决对策》，《农业经济问题》2011 年第 8 期。

88. 罗党论、甄丽明：《民营控制、政治关系与企业融资约束——基于中国民营上市公司的经验证据》，《金融研究》2008 年第 12 期。

89. 罗荷花、李明贤、曹艺馨：《我国农户融资需求及其融资可获得性的影响因素分析》，《农村经济》2015 年第 8 期。

90. 罗荷花：《我国普惠制农村金融机构支农能力建设研究》，湖南农业大学硕士学位论文，2011 年。

91. 罗琦、肖文翀、夏新平：《融资约束抑或过度投资——中国上市企业投资—现金流敏感度的经验证据》，《中国工业经济》2007 年第 9 期。

92. 马晓青、黄祖辉：《农户信贷需求与融资偏好差异化比较研究——基于江苏省 588 户农户调查问卷》，《南京农业大学学报（社会科学版）》2010 年第 10 期。

93. 马晓青、刘莉亚、胡乃红、王照飞：《信贷需求与融资渠道偏好影响因素的实证分析》，《中国农村经济》2012 年第 5 期。

94. 马晓青、朱喜、史清华：《农户融资渠道偏好顺序及其决定因素——来自五省农户调查的微观证据》，《社会科学战线》2010 年第 4 期。

95. 马晓青、朱喜、史清华：《信贷抑制与农户投资回报——云南、宁夏农户调查案例分析》，《上海经济研究》2010 年第 9 期。

96. 马勇、陈雨露：《作为"边际增量"的农村新型金融机构：几个基本问题》，《经济体制改革》2010 年第 1 期。

97. 娜达·科贝丝、张坤：《银行是经济发展和社会变化的引擎》，《银行家》2009 年第 1 期。

98. 邱晖、孙少岩：《村镇银行的股权结构、治理结构与绩效》，《学术交流》2014 年第 12 期。

99. 邵科、徐旭初：《成员异质性对农民专业合作社治理结构的影响——基于浙江省 88 家合作社的分析》，《西北农林科技大学学报（社会科学版）》2008 年第 2 期。

100. 邵科、徐旭初：《合作社社员参与、概念角色与行为特征》，《经济学家》2013 年第 1 期。

101. 沈杰、马九杰：《农村金融新政对增加农村金融信贷供给的作用——基于对新型农村金融机构的调查分析》，《现代经济探讨》2010 年第 7 期。

102. 沈蕾、邓丽梅：《基于顾客满意度的品牌忠诚模型实证研究》，《管理评论》2006

年第 2 期。

103. 史清华、陈凯：《欠发达地区农民借贷行为的实证分析——山西 745 户农民家庭的借贷行为的调查》，《农业经济问题》2002 年第 10 期。

104. 宋光磊：《银行零售客户满意度的影响因素研究——基于问卷数据的实证分析》，《中央财经大学学报》2010 年第 3 期。

105. 宋雪枫、杨朝军：《商业银行顾客满意度诊断系统研究》，《金融研究》2006 年第 2 期。

106. 孙昌群：《风险投资制度的自实施机制研究》，西安交通大学博士学位论文，2003 年。

107. 孙杰：《货币机制中的金融过程——金融制度的国际比较》，社会科学文献出版社 1995 年版。

108. 谭飞燕、李孟刚、吴伟：《我国农户信贷约束及其影响因素分析》，《统计与决策》2014 年第 21 期。

109. 唐双宁：《高度重视城乡金融发展的不平衡》，《第一财经日报》2006 年 10 月 23 日。

110. 唐双宁：《尽快解决城乡金融的八大不平衡》，《中国经济周刊》2006 年第 31 期。

111. 王芳：《我国农村金融需求与农村金融制度：一个理论框架》，《金融研究》2005 年第 4 期。

112. 王家传、丁述军、冯林：《合作社信用互助业务规范发展意愿调查》，《金融发展研究》2015 年第 4 期。

113. 王静、吕罡、周宗放：《信贷配给突变分析——破解信贷配给难题的理论模型》，《金融研究》2011 年第 8 期。

114. 王劲屹、张全红：《村镇银行回归服务"三农"路径研究》，《农村经济》2013 年第 1 期。

115. 王美智：《村镇银行涉农业务分析及政策建议——以天津市为例》，《金融理论与实践》2013 年第 5 期。

116. 王芹、罗剑朝：《新型农村金融机构农户满意度影响因素研究——以 473 户新型农村金融机构借款农户的数据为例》，《农村经济》2014 年第 8 期。

117. 王曙光、王丹莉：《边际改革、制度创新与现代农村金融制度构建（1978—2008）》，《财贸经济》2008 年第 12 期。

118. 王苇航：《关于发展农村资金互助合作组织的思考》，《农业经济问题》2008 年第 8 期。

119. 王修华、贺小金、何婧:《村镇银行发展的制度约束及优化设计》,《农业经济问题》2010 年第 8 期。

120. 王修华、刘志远、杨刚:《村镇银行运行格局、发展偏差及应对策略》,《湖南大学学报(社会科学版)》2013 年第 1 期。

121. 王修华:《新农村建设中的金融排斥与破解思路》,《农业经济问题》2009 年第 7 期。

122. 王翼宁、赵顺龙:《外部性约束、认知偏差、行为偏差与农户贷款困境——来自 716 户农户贷款调查问卷数据的实证检验》,《管理世界》2007 年第 9 期。

123. 王颖、曾康霖:《论普惠:普惠金融的经济伦理本质与史学简析》,《金融研究》2016 年第 2 期。

124. 魏锋、刘星:《融资约束、不确定性对公司投资行为的影响》,《经济科学》2004 年第 2 期。

125. 温铁军:《农户信用与民间借贷研究》,《中国经济信息网》2001 年 6 月 7 日。

126. 武晓芬、邱文静:《村镇银行普惠性信贷资金运行效率以及扶贫效益的提高与创新——以云南省为例》,《经济问题探索》2011 年第 12 期。

127. 夏英、宋彦峰、濮梦琪:《以农民专业合作社为基础的资金互助制度分析》,《农业经济问题》2010 年第 4 期。

128. 谢地、李冠华:《村镇银行贷款"脱农化"问题亟待解决》,《经济纵横》2011 年第 4 期。

129. 谢平:《中国农村信用合作社体制改革的争论》,《金融研究》2001 年第 1 期。

130. 谢升峰:《微型金融与低收入群体信贷——理论及对我国新型农村金融机构的解析》,《宏观经济研究》2010 年第 9 期。

131. 熊建国:《中国农户融资的现状分析与民间金融——来自江西省上饶市的个案调查与思考》,《中国农村经济》2006 年第 3 期。

132. 熊学萍、阮红新、易法海:《农户金融行为、融资需求及其融资制度需求指向研究——基于湖北省天门市的农户调查》,《金融研究》2007 年第 8 期。

133. 徐旭初、邵科:《合作社成员异质性:内涵特征、演化路径与应对方略》,《农林经济管理学报》2014 年第 6 期。

134. 项继权、操家齐:《困局与突围:我国农户金融供需现状及政策建议——基于全国 28 个省市(自治区)抽样调查的分析》,《浙江大学学报(人文社会科学版)》2011 年第 4 期。

135. 许圣道、田霖:《我国农村地区金融排斥研究》,《金融研究》2008 年第 7 期。

136. 薛薇、谢家智：《我国农业资本配置效率的比较研究》，《农业技术经济》2011年第7期。

137. 颜志杰、张林秀、张兵：《中国农户信贷特征及其影响因素分析》，《农业技术经济》2005年第4期。

138. 杨虎锋、何广文：《商业性小额贷款公司能惠及三农和微小客户吗?》，《财贸研究》2012年第1期。

139. 杨松、张永亮：《我国村镇银行设立制度之省察及重构——以民间资本进入银行业为视角》，《法商研究》2014年第3期。

140. 杨小玲：《农村金融发展与农民收入结构的实证研究》，《经济问题探索》2009年第12期。

141. 杨兆廷、连漪：《农村小额贷款问题探析》，《农村金融研究》2006年第2期。

142. 杨云：《林权抵押贷款运行机制及其绩效评价研究——基于福建的案例分析》，福建农林大学硕士学位论文，2010年。

143. 姚先斌、程恩江：《小额信贷的概念、原则及在中国的实践》，《中国农村经济》1998年第4期。

144. 易小兰：《农户正规借贷需求及其正规贷款可获性的影响因素分析》，《中国农村经济》2012年第2期。

145. 于奎：《农村金融制度创新与城乡和谐市场构建》，《经济经纬》2006年第2期。

146. 张兵、张宁：《农村非正规金融是否提高了农户的信贷可获性?——基于江苏1202户农户的调查》，《中国农村经济》2012年第10期。

147. 张承惠：《中国金融改革需要推进关键性突破》，《中国经济时报》2016年5月12日。

148. 张改清：《中国农村民间金融的内生成长——基于社会资本视角的分析》，《经济经纬》2008年第2期。

149. 张海洋、李静婷：《村庄金融环境与农户信贷约束》，《浙江社会科学》2012年第2期。

150. 张皓：《基于完善农村金融体系诉求下的新型农村金融机构发展研究》，《南方金融》2011年第9期。

151. 张杰：《金融成长的内生机制：理论分析与经验考察》，《福建论坛（经济社会版）》1994年第5期。

152. 张杰：《农户、国家与中国农贷制度：一个长期视角》，《金融研究》2005年第2期。

153. 张杰：《中国金融成长的经济分析》，中国经济出版社 1995 年版。

154. 张龙耀、江春：《中国农村金融市场中非价格信贷配给的理论和实证分析》，《金融研究》2011 年第 7 期。

155. 张彼西、肖诗顺：《提升还是下降？论村镇银行支农绩效》，《金融发展研究》2015 年第 11 期。

156. 张松洁、田昆：《我国商业银行储蓄业务顾客满意度分析》，《金融论坛》2003 年第 3 期。

157. 张旭昆：《制度的定义与分类》，《浙江社会科学》2002 年第 6 期。

158. 张亚维：《农户信贷市场的信息不对称与风险规避》，《农村金融研究》2004 年第 5 期。

159. 赵志刚、巴曙松：《我国村镇银行的发展困境与政策建议》，《新金融》2011 年第 1 期。

160. 郑德亮、袁建华、赵伟：《农村公共投资满意度情况调查及其敏感度分析——以山东省农户调查数据为例》，《农业技术经济》2009 年第 6 期。

161. 郑江淮、何旭强：《上市公司投资的融资约束：从股权结构角度的实证分析》，《金融研究》2001 年第 11 期。

162. 周立：《张大妈与一万元农贷的故事》，《银行家》2005 年第 7 期。

163. 周脉伏、徐进前：《信息成本、不完全契约与农村金融机构设置——从农户融资视角的分析》，《中国农村观察》2004 年第 5 期。

164. 周天芸、李杰：《农户借贷行为与中国农村二元金融结构的经验研究》，《世界经济》2005 年第 11 期。

165. 周文根：《基于企业框架的专业合作社激励机制》，《中央财经大学学报》2007 年第 7 期。

166. 周文平、周素彦：《我国新型农村金融机构发展中的激励机制分析》，《宏观经济研究》2011 年第 12 期。

167. 周小斌、耿洁、李秉龙：《影响中国农户借贷需求的因素分析》，《中国农村经济》2004 年第 8 期。

168. 周小斌、李秉龙：《中国农业信贷对农业产出绩效的实证分析》，《中国农村经济》2003 年第 6 期。

169. 周宗安：《农户信贷需求的调查与评析：以山东省为例》，《金融研究》2010 年第 2 期。

170. 朱守银、张照新、张海阳、汪承先：《中国农村金融市场供给和需求——以传统农区为例》，《管理世界》2003 年第 3 期。

171. Athanassopoulos A. D. , "Customer Satisfaction Cues to Support Market Segmentation and Explain Switching Behavior", *Journal of Business Research*, Vol. 47, 2000, pp. 191-207.

172. Aghion, P. and Bolton, P. A. , "Theory of Trickle-down Growth and Development", *Review of Economic Studies*, Vol. 64, No. 2, 1997, pp. 151-172.

173. Ahlin C. , Jiang N. , "Can Micro-credit Bring Development", *Journal of Development Economics*, Vol. 86, 2005, pp. 1-21.

174. Alti, A. , "How Sensitive is Investment to Cash Flow When Financing is Frictionless?", *Journal of Finance*, Vol. 58, 2003, pp. 707-722.

175. Atieno, Rosemary, *Formal and Informal Institutions*, College of Humanities and Social Sciences, 2001.

176. Avery, R. B. , Samolyk, K. A. , "Bank Consolidation and Small Business Lending: The Role of Community Banks", *Journal of Financial Services Research*, Vol. 25, No. 2-3, 2004, pp. 291-325.

177. Ayyagari M. , Demirgüc-kunt A. , Maksimovic V. , "Formal versus Informal Finance: Evidence from China", *Review of Financial Studies*, Vol. 23, No. 8, 2010, pp. 3048-3097.

178. Baker, M. , J. Stein and J. Wurgler, "When Does the Market Matter? Stock Price and the Investment of Equity-Dependent Firms", *Quarterly Journal of Economics*, Vol. 118, 2003, pp. 969-1005.

179. Banerjee A. V. , Newman A. F. , "Occupational choice and the process of development", *The Journal of Political Economy*, Vol. 101, 1993, pp. 274-298.

180. Basu K. , "On Misunderstanding Government: an Analysis of the Art of Policy Advice", *Economics & Politics*, Vol. 9, 2010, pp. 231-250.

181. Baydas, M. , Meyers, R. and Aguilera- Alfred, N. , "Discrimination against Women in Formal Credit Markets: Reality or Rhetoric?", *World Development*, Vol. 22, No. 7, 1994, pp. 1073- 1082.

182. Aghion B. A. , Morduch J. , *The Economics of Mcrofinance*, Cambrige, MA: MIT Press, 2005, p. 352.

183. Benito, A. , "Financial Pressure, Monetary Policy Effects and Inventories: Firm-level Evidence from a Market-based and a Bank-based Financial System", *Economica*, Vol. 72, 2010, pp. 2010-224.

184. Bennett, "The Necessity and the Dangers of Combining Social and Financial Intermediation to Reach the Poor", *Paper Presented at a Conference on Financial Services and the Poor at the*

Brookings Institution, September 28-30, Washington, D. C. 1994.

185. Bencivenga, Valerie R. , and B. D. Smith, " Financial Intermediation and Endogenous Growth", *Review of Economic Studies*, Vol. 58, No. 2, 1991, pp. 195-209.

186. Berger, A. N. , Hunter, W. C. , Timme, S. G. , "The Efficiency of Financial Institutions: A Review and Preview of Research Past, Present and Future", *Journal of Banking & Finance*, Vol. 17, No. 2 – 3, 1993, pp. 221-249.

187. Berger, A. N. , Udell, G. F. , "Relationship Lending and Lines of Credit in Small Firm Finance", *Journal of Business*, Vol. 68, No. 3, 1995, pp. 351-381.

188. Berger, A. N. , Udell, G. F. , "Small Business Credit Availability and Relationship Lending: The Importance of Bank Organisational Structuer", *Economic Journal*, Vol. 112, No. 477, 2002, pp. F32 – F53.

189. Biais, B. and C. Gollier, "Trade Credit and Credit Rationing", *Review of Financial Studies*, Vol. 10, 1997, pp. 903-937.

190. Black S. E. , Strahan P. E. , "Entrepreneurship and Bank Credit Availability", *Journal of Finance*, Vol. 57, 2010, pp. 2807-2833.

191. Blundell, R. , S. Bond, M. Devereux and F. Schiantarelli, "Investment and Tobin's Q: Some Evidence from Panel Data", *Journal of Econometrics*, Vol. 51, 1992, pp. 233-257.

192. Bond, S. , and C. Meghir, "Dynamic Investment Models and the Firm's Financial Policy", *Review of Economic Studies*, Vol. 61, 1994, pp. 197-222.

193. Boucher, S. , Carter, R. M. and Guirkinger, C. , "Risk Rationing and Wealth Effects in Credit Markets: Theory and Implications for Agricultural Development", *American Journal of Agricultural Economics*, Vol. 90, No. 2, 2008, pp. 409-423.

194. Burkart, M. and T. Ellingsen, "In-Kind Finance: A Theory of Trade Credit", *American Economic Review*, Vol. 94, No. 3, 2004, pp. 569-590.

195. Carpenter, R. , S. Fazzari and B. Petersen, "Financing Constraints and Inventory Investment: A Comparative Study with High-frequency Panel Data", *Review of Economics and Statistics*, Vol. 80, 1998, pp. 513-519.

196. Carter, M. R. , "Equilibrium Credit Rationing of Small Farm Agriculture", *Journal of Development Studies*, Vol. 28, No. 1, 1988, pp. 83-103.

197. Cheng, E. , "The Demand for Micro-credit As a Determinant for Microfinance Outreach-Evidence from China", *ACESA*, 2006.

198. Conning J. Outreach, "Sustainability and Leverage in Monitored and Peer-monitored

Lending", *Journal of Development Economics*, Vol. 60, No. 1, 1999, pp. 51-77.

199. Critchfield, T. S. , Tyler Davis, Lee Davison, George, "The Future of Banking in America-Community Banks: Their Recent Past, Current Performance, and Future Prospects", *Social Science Electronic Publishing*, 2004.

200. Cull R. , L. C. Xu, and T. Zhu, "Formal Finance and Trade Credit during China's Transition", *World Bank and China Europe International Business School*, 2007.

201. Demirguc – kunt A. , "Law, Finance, and Firm Growth", *Journal of Finance*, Vol. 53, 1998, pp. 2107-2137.

202. Deyoung, R. , Hunter, W. C. , Udell, G. F. , "Whither the Community Bank?", *Journal of Financial Services Research*, Vol. 25, No. 2-3, 2004, pp. 81-84.

203. Diamond, Douglas W. , and P. H. Dybvig, "Bank Runs, Deposit Insurance, and Liquidity", *Federal Reserve Bank of Minneapolis Quarterly Review*, Vol. 24, No. 3, 2000, pp. 401-419.

204. Dutta J. , Kapur S. , " Liquidity Preference and Financial Intermediation", *Review of Economic Studies*, Vol. 65, No. 3, 2010, pp. 551-572.

205. Elizabeth Littlefield, Jonathan Morduch & Syed Hashemi, "Is Microfinance an Effective Strategy to Reach the Millennium Development Goals?", *Focus Notes*, No. 24, 2003.

206. Evans D. S. , Javanovic B. , " An Estimated Model of Entrepreneurial Choice under Liquidity Constraints", *Journal of Political Economics*, Vol. 97, 1989, pp. 808-827.

207. Fazzari S. M. , Hubbard R. G. , Petersen B. C. , "Financing Constraints and Corporate Investment", *Brookings Papers on Economic Activity*, 1988, pp. 141-195.

208. Freixas, X. , Rochet, J. C. , "Microeconomics of Banking", MIT Press, 2008.

209. Ghatak M. , Guinnane T. W. , "The Economics of Lending with Joint Liability: A Review of Theory and Practice", *Journal of Development Economics*, Vol. 60, No. 1, 1999, pp. 195-228.

210. Otero M. , Rhyne E. , "The New World of Microenterprise Finance: Building Healthy Financial Institutions for the Poor", *Small Business Economics*, Vol. 6, 1994, pp. 479-482.

211. Graham D. H. , Nagarajan G. , "Financial Likeralization, Bank Restructuring and the Implication for Non-bank Intermediaries in the Financial Markets of Africa: Lessons from the Gambiat", *International Association of Agricultural Economists*, 1997.

212. Greenwald, Bruce, Stiglitz, Joseph E. and Weiss, Andrew, "Informational Imperfections in the Capital Market and Macroeconomic Fluctuations", *American Economic Review*, 1984.

213. Hauswald R. B. H. , Mcrrquez R. , "Competition and Strategic Focus in Lending Relationships ", *Social Sciencte Electronic Publishing*, 2001.

214. Hayek, F. A., "The Use of Knowledge in Society", *The American Economic Review*, Vol. 9, 1945, pp. 519-530.

215. Holland, D., R. Waldrop, and W. Kuta, "Interstate Banking-The Past, Present, and Future", *FDIC Banking Review*, Vol. 6, No. 1, 1996, pp. 1-17.

216. Hoshi T., Kashyap A., and Scharfstein D., "Corporate Capital Structure, Liquidity, and Investment: Evidence from Japanese Industrial Groups", *Quarterly Journal of Economics*, Vol. 106, 1991, pp. 33-60.

217. Hossain M., "Nature and Impact of the Green Revolution in Bangladesh", *International Food Policy Research Institute (IFPRI)*, 1988, pp. 107-115.

218. Hulme, D., Arun, T., "Microfinance: An Introduction", *Routledge*, 2009, pp. 47-60.

219. Hulme, David, Paul Mosley, "Finance Against Poverty", *Psychology Press*, Vol. 2, 1996, pp. 89-101.

220. Jaramillo F., Schiantarelli F., and Weiss A., "Capital Market Imperfections before and after Financial Liberalization: An Euler Equation Approach to Panel Data for Ecuadorian Firms", *Journal of Development Economics*, Vol. 51, 1996, pp. 367-386.

221. Jonathan Morduch, "The Microfinance Promise", *Journal of Economic Literature*, Vol. 37, No. 4, 1999, pp. 1569-1613.

222. Joseph E. Stiglitz and Andrew Weiss, "Credit Rationing in Markets with Imperfect Information", *The American Economic Review*, Vol. 71, No. 3, 1981, pp. 393-410.

223. Kaplan, S., and L. Zingales, "Do Investment-Cash Flow Sensitivities Provide Useful Measures of Financing Constraints?", *Quarterly Journal of Economics*, Vol. 112, 1997, pp. 169-215.

224. Kashyap, A., O. Lamont, and J. Stein, "Credit Conditions and the Cyclical Behavior of Inventories", *Quarterly Journal of Economics*, Vol. 109, 1994, pp. 565-592.

225. Keeton L. W., "Equilibrium Credit Rationing", New York: Garland Press, 1979.

226. Klappera L., Laevena L., Rajanr R., "Entry Regulation as a Barrier to Entrepreneurship", *Journal of Financial Economics*, Vol. 82, 2006, pp. 591-629.

227. Kon, Y. and Storey, D. J., "A Theory of Discouraged Borrowers", *Small Business Economics*, Vol. 21, 2003, pp. 37-49.

228. Lapenu C., Zeller M., "Distribution, Growth, and Performance of the Microfinance Institutions in africa, Asia and Latin America: A Recent Inventory", *Savings & Development*, Vol. 26, No. 1, 2002, pp. 87-111.

229. Manrai L. A. , Manrai A. K. , "A Field Study of Customers' Switching Behavior for Bank Services", *Journal of Retailing and Consumer Services*, Vol. 14, 2007, pp. 208-215.

230. Lamont, O. , C. Polk and J. Saá-Requejo, "Financial Constraints and Stock Returns", *Review of Financial Studies*, Vol. 14, 2001, pp. 529-554.

231. Love L. , "Financial Development and Financial Constraints: International Evidence from the Structural Investment Model", *The World Bank Working Paper*, Vol. 16, 2003, pp. 765-791.

232. Mc dougall G. H. G. , Levesque T. , "Customer Satisfaction with Services: Putting Perceived Value into Equation", *The Journal of Services Marketing*, Vol. 14, No. 5, 2000, pp. 392-410.

233. Modigliani, F. and Miller M. H. , "The Cost of Capital, Corporate Finance, and the Theory of Investment", *American Economic Review*, Vol. 48, 1959, pp. 261-297.

234. Mohieldin, M. S, and P. W. Wright, "Formal and Informal Credit Markets in Egypt", *Economic Development & Cultural Change*, Vol. 48, No. 3, 2000, pp. 657-670.

235. Myers S. C. , and Majluf N. , "Corporate Financing and Investment Decisions When Firms Have Information That Investors Do Not Have", *Journal of Financial Economics*, 1984.

236. Okurut, F. N. , A. Schoombee, and S. V. D. Berg, "Credit Demand And Credit Rationing in the Informal Financial Sector in Uganda", *South African Journal of Economics*, Vol. 73, No. 3, 2005, pp. 482 – 497.

237. Oliver. E. Williamson, *The Economic Institutions of Capitalism-Firms*, *Markets*, *Relational Contracting*, The Free Press, 1985.

238. Olivares-Polanco F. , "Commercializing Microfinance and Deepening Outreach? Empirical Evidence from Latin America", *Journal of Microfinance*, Vol. 7, No. 2, 2005.

239. Pischke, Adams, Donald, *Rural Financial Markets in Developing Countries*, The Johns Hopkins University Press, 1987.

240. Rajan R. and Zingales L. , "Financial Dependence and Growth", *American Economic Review*, Vol. 88, 1998, pp. 108-125.

241. Remenyi Joe and Quinones Benjamin, "Microfinance and Poverty Alleviation: Case Studies from Asia and the Pacific", Pinter, 2000.

242. Rosenberg R. , "Microcredit Interest Rates", *CGAP Occasional Paper*, The World Bank, 2002.

243. Robinson, M. S. , "The Microfinance Revolution : Volume 2. Lessons from Indonesia",

World Bank Publications,2002.

244. Shahidur R. Khandker, Rashidur R. Faruqee, "The Impact of Farm Credit in Pakistan", *The World Bank Working Paper*, 1999.

245. Sharma M., Schrieder G., "Impact of Finance and Povery Alleviation: A Review and Synthesis of Empirical Evidence", AGRIS, 2012.

246. Shaw E. S., "Financial Deepening in Economic Development", *Economic Journal*, 1973, Vol. 84 (333), p. 227.

247. Stiglitz, Joseph E., and A. Weiss, "Credit Rationing in Markets with Imperfect Information", *American Economic Review*, Vol. 71, No. 3, 1981, pp. 393-410.

248. Suwansirikul, Chaisak, T. L. Friesz, and R. L. Tobin, "Equilibrium Decomposed Optimization: A Heuristic for the Continuous Equilibrium Network Design Problem", *Transportation Science*, 1987, pp. 254-263.

249. Turvey C. G., Kong R., "Informal Lending Amongst Friends and Relatives: Can Microcredit Compete in Kural China?", *China Economic Review*, Vol. 21, 2010, pp. 544-556.

250. Von Pischke, J. D., *Finance at the Frontier. World Bank*, *Economic Development Institute*, Washington, D. C., 1991.

251. Turvey C. G., Kong R., "Informal Lending amongst Friends and Relatives: Can Microcredit Compete in Rural China?", *China Economic Review*, Vol. 21, 2010, pp. 544-556.

252. WB-PBOC, *Secured Transactions Reform and Credit Market Development in China*, Beijing, China, CITIC Press, 2006.

253. Whited T., "Debt, Liquidity Constraints and Corporate Investment: Evidence from Panel Data", *Journal of Finance*, Vol. 47, 2002, pp. 1425-1460.

254. Zeller M., Sharma M., Meyer R. L., "Access to and Demand for Financial Services by the Rural Poor: A Multicountry Synthesis", CAB Direct, 2002.

255. Zeldes, S. P., "Optimal Consumption with Stochastic Income: Deviations from Certainty Equivalence", *Quarterly Journal of Economics*, Vol. 104, No. 2, 1989, pp. 275-298.

256. Zhang, J., Z. Yuan, and P. Lin, "From Interpersonal Credit to Unregulated, Private-Governed Financial Institutions: Formats and Pricing Mechanisms of Informal finance", *Journal of Financial Research*, 2002, pp. 101-109.

257. Asif Dowla, Dipal Barua, *The Poor Always Pay Back*, Beijing: China City Press, 2007.

258. Conning J. and Udry C., Rural Financial Markets in Developing Countries in Evenson, R. and Pingali, P. (eds.).

259. *Agricultural Development*: *Farmers*, *Farm Production and Farm Markets*, Amsterdam: North Holland, 2007.

260. Freixas, Xavier, and J. C. Rochet. , *Microeconomics of Banking*, MIT Press, 2008.

261. Malcolm Gillis, Dwight H. Perkins, Michael Roemer and Donald R. Snodgrass, *Economics of development*, W. W. Norton, 1996, pp. 29-50.

262. Torre M. L. , Vento G. A. , "Microfinance", *Palgrave Macmillan Studies in Banking and Financial Institutions*, 2006, pp. 139-140.

263. Otero M. , Rhyne E. , "The New World of Microenterprise Finance: Building Healthy Financial Institutions for the Poor", *Small Bussiness Econvmics*, Vol. 6, 1994, pp. 479-482.

264. Williamson O. E. , "The Economic Institutions of Capitalism-Firms, Markets, Relational Contracting", The Free Press, 1985.

265. Sebstad, Jennefer and Gregory Chen, "Overview of Studies on the Impact of Microenterprises Credit", Washing ton D. C. , 1996.

266. Wright, B. D. and Hewitt, J. A. , "Crop Insurance for Developing Countries In Food Security and Food Inventories in Developing Countries", *Edited by peter Berck and David Bigman. Wallingford*, UK: CAB International. Chapter 6, 1993.

后 记

　　本书是在我主持的国家社科基金项目《基于农村金融增量改革的农户融资约束缓解研究》的结题报告的基础上不断修改完善而成的。

　　农户和小微经济主体融资难、融资贵问题是我从读研究生开始就一直关注的问题。我出生在农村，亲眼见到过农民受区区小额资金所困错过农时而造成作物减产；也为农民因为邻里借贷而在农忙季节草草忙完自家的农活又去帮邻里忙活来归还因负债而欠下的人情债的无奈而身同感受；更为农民因为金融知识和能力的缺乏而受不法金融之骗导致一生省吃俭用的积累血本无归而痛心……所以几十年来，尽管中间有过摇摆，但最终我坚持了农村金融的研究方向，并不断的在农村金融领域探索。

　　本选题是我在对农村金融问题研究的过程中不断思考的结果，本书的形成是项目组成员集体智慧的结晶。本项目的研究成员包括罗荷花、叶慧敏、周蓉、唐文婷、周孟亮、陈铯、王璇等。在项目研究的过程中，项目组成员一起深入农村、金融机构和相关管理部门开展调研，利用节假日，特别是寒暑假整理问卷、处理数据；在书稿形成和修改的过程中，罗荷花、周蓉、唐文婷等付出了很多的辛劳。我也为她们在学业上的成长和养成的踏实肯干、勤勉上进的严谨学风而欣慰。项目研究的过程中，项目组成员在《管理世界》《农业经济问题》《财经科学》《社会科学》《经济体制改革》等国内刊物发表了二十多篇论文，为研究成果的质量奠定了良好的基础。在此对项目组成员表示深深的感谢。

　　感谢在农村金融领域不断耕耘的同行们，我们每年都会在各种各样的学术盛会上见面，相互交流，碰撞出火花，为我的研究提供了源源不断的启发。为了防止挂一漏千，就不一一列出姓名了。

　　我也要感谢我的同事和家人，他们的陪伴是我能安心从事科学研究，他们也帮我分担了很多工作和生活上的冗杂事务，给我从事科学研究创造了良好的条件。

我还要感谢人民出版社的张燕编辑，在书稿的出版过程中，她严谨细致、不厌其烦的工作作风深深的影响着我们，使我们能够耐心地对书稿一遍遍的进行校对和修改。相信这一定会对本书增色不少。

我将常怀感恩之心，感念人生中点滴的美好，努力在农村金融领域不断耕耘，为解决农户融资难问题作出不懈的努力，为实现农村金融的包容性发展贡献自己的绵薄之力。

李明贤

2018 年 10 月 26 日于长沙

责任编辑：张　燕

封面设计：胡欣欣

责任校对：苏小昭

图书在版编目（CIP）数据

基于农村金融增量改革的农户融资约束缓解研究/李明贤，罗荷花，叶慧敏 著.
　—北京：人民出版社，2018.12

ISBN 978 – 7 –01 –019925 –2

Ⅰ.①基…　Ⅱ.①李…　②罗…　③叶…　Ⅲ.①农户—融资—研究—中国

Ⅳ.①F323.9

中国版本图书馆 CIP 数据核字（2018）第 236166 号

基于农村金融增量改革的农户融资约束缓解研究

JIYU NONGCUN JINRONG ZENGLIANG GAIGE DE NONGHU RONGZI YUESHU HUANJIE YANJIU

李明贤　罗荷花　叶慧敏　著

人 民 出 版 社 出版发行

（100706　北京市东城区隆福寺街99号）

北京中科印刷有限公司印刷　新华书店经销

2018 年 12 月第 1 版　2018 年 12 月北京第 1 次印刷

开本：710 毫米×1000 毫米 1/16　印张：16.25

字数：260 千字

ISBN 978 – 7 –01 –019925 –2　定价：55.00 元

邮购地址 100706　北京市东城区隆福寺街 99 号

人民东方图书销售中心　电话（010）65250042　65289539